新装版 口語訳 教行信証

附 領解

金子大榮

法藏館

本書は、平成一一（一九九九）年刊行の『口語譯　教行信證　附　領解』第一二刷をオンデマンド印刷で再刊したものである。

目次

顯淨土教行證文類

總序

ひそかに思うに、大いなる誓願《ねがい》は生死《まよい》の海を渡す慈悲の船であり、さわりなき光明《ひかり》は現世《このよ》の暗を破る智慧の日である。これに依りて淨土の教は提婆に惑わされた阿闍世の逆惡《つみ》を縁とし、釋迦の勸めに依る韋提希の願を機として興起せられた。これ即ち應《おし》現《めし》の攝化《みちびき》、共に苦惱の群生《われら》を救い、大聖の慈悲、正しく逆惡《つみふかきもの》と謗法《ぶつぽうをそしるもの》とを惠もうとせられるものである。ここに至德の御名は惡を轉じて德と成す智慧であり、金剛の信心は疑を除き證を獲しむる眞理であると知らしめられる。

まことにこれ凡小も修し易き眞實の敎法であり、愚鈍も往き易き近道である。釋尊一代の教もこの功德の法に及ぶものはない。しかれば穢を厭い淨を欣《ねが》うても、行に迷い信に惑う者、或は心昏《くら》く識《さとり》すくないために、惡重く障多きものは、特に釋迦の勸めを仰ぎ、必ず最勝の道に歸し、專ら御名につかえ、ただ信心を崇むべきである。

ああ如來の本願には多生にも値《あ》いがたく、眞實の信心は永き世かけても獲がたいことである。さればたまたま行信を獲る身とならば遠く宿世の縁を喜ばねばならぬ。もしまた今もなお疑いに蔽われることがあらば、更に永劫の流轉《さまよい》を免れぬであろう。誠

淨土教の興起　阿闍世、提婆に誘惑せられて父王頻婆娑羅の殺害を企つ王后韋提希それを救おうとして、かえって阿闍世のために王宮に幽閉せられた。釋迦これを機縁として說かれたのが即ち淨土の教である。觀無量壽經である。

應現の攝化　提婆、阿闍世、韋提希みな應現の聖者である。

大聖　釋迦。

にこれ攝めて捨てずと宣いし眞の教、世に超えて希れなる正しき法と、よくよく聞思して遲慮《ためろう》してはならぬ。

ここに愚禿釋の親鸞は慶ばしいことには西方印度の聖典、中國、日本の師釋に遇いがたくして今遇うことを得、聞きがたくして已に聞くことを得たのである。眞宗の教行證を敬信して特に如來の恩徳の深きことを知らしめられた。ここを以て聞くところを慶び、獲るところを嘆《たゝえ》んとして、この經釋の編集をせんとするのである。

愚禿　親鸞の自稱、「已に僧にあらず俗にあらず是の故に禿の字を以て姓とす」（後序）。釋は佛弟子の稱號。

領解

生死の不安に惱む惑は盡きない。ここに大悲の本願を思う。有無に執えられる無明は深い。ひとえに如來の光明を仰ぐ。

しかれば大悲の本願は、はてなきこの世の業苦を超えて涅槃の彼岸に渡る大船であり、如來の光明は人間の愚かさに徹して長夜の迷を照らす無碍の智慧と思い知られる。

まことにこれ不可思議の因縁であり、久遠の眞實である。

その因緣を事實として證明するものは、淨土教興起の歷史である。淨土の教は提婆に惑わされた阿闍世の逆惡を緣とし、釋迦の勸めによる韋提希の請求《ねがい》によつて興起せるのであつた。これ卽ちかかる機緣においてのみ本願の眞實が信知せられることを顯わすものである。

この機緣は常に形をかえ、すがたをかえて、われらに迫りつつあるのである。どうすることもできない時代惡は緣となりて、淨土を求むる機を待ちつつあるのではないであろうか。とすれば提婆・阿闍世の逆惡も、釋迦・韋提の勸請も單なる昔物語ではない。畢竟これ當今の道を指示する歷史的意味を有つものである。したがつて釋尊の大悲は言うまでもなく、提婆・阿闍世・韋提希も今日のわれらを機として攝化するために應現せる導師といわねばならぬであろう。それは、阿闍世・韋提希等に意識せられてあつたことではない。ただ淨土教興起の歴史的意味においてである。

大悲の願船に乘ずることなくば、光明の廣海に浮ぶことができない。愛憎を和ぐる念佛ありて、有無に執えられない信境が開ける。生死に礙りなきを得て人間の愚かさを離れることは、ただ眞實の行信によるのである。

惡を轉じて德となすものでなくては、正しい智慧ではない。さればただ善惡を明らかにし、または善惡を空觀するのみでは、正智とはいえぬであろう。疑を除き證を獲しめるものでなくては、眞實の道理ではない。されば觀念といい唯物というも、生死に迷いなく、順逆に惑なからしめぬならば眞理とはいわれぬであろう。正智はただ念佛にあり、眞理はただ信心にあるのである。

自覺に徹しない者にも念佛の有難さは感ぜられる。ここに身命を惜しむ凡夫のままで生死を超える易行の法がある。愛憎を離れない心にも淨土は願われる。ここに事理を辨えない愚鈍の身も、さとりにいたる近道がある。まことに釋尊の眞教は、この法を說き、この道を顯わすことの他ないのであつた。
穢を厭い淨を欣うは人間の理想であり、行に迷い信に惑うは凡夫の現實である。この矛盾は愚鈍のために心くらく識すくないからであり、凡小のゆえに惡重く障多いからである。この事實を自身に思い知る者は、特に釋尊の勸めに順い、本願の白道に歸し、專ら御名につかえ、ただ信心を崇むべきである。

はじめて「愚鈍」の語にわが身を言い當てられた感激の日の思出は、今もなお目がしらを熱うする。何事につけても凡小の器であることを反省せしめられる人生は悲しい。「佛かねて知ろしめして」とは、この身のことであつたのであろうか。
ひるがえつて本願を信ずる人を廣大勝解者と宣う御言に耳を傾け、念佛を「大人の法」と說かれた文字に眼をみはらしめられる。まことに難思の法海である。

如來の願心においては、群生の迷は偶然であり、さとりは必然である。凡夫の業苦においては、流轉は必然であり、さとりは偶然である。その惠まれた偶然において必然にならしめられた願心を思う。喜びつきぬ宿世の緣である。ひるがえつてその願心を疑えば、遂に永劫流轉を免れないことを思う。底知れない怖れである。

佛の出世と知りつつ、その敎化の時を待たで死なねばならぬ身を悲しめる者があつた。それは恐らく人間にとりての最深の悲しみであろう。本願に遇えるわれらの喜びは、まさにそれをうら返せるものである。それゆえに、その喜びは遠く宿世の緣を偲ばしめ、かえつてまた遇わなかつた場合のおののきとの交感によりて盡くることがない。洵にこれ一念に獲得されたる永遠の喜びである。

愚禿の己稱には凡小の身を省み、親鸞の自名には正法に遇える喜びを感ぜられたのであろう。遇いがたくして今遇うことを得、聞きがたくして已に聞くことを得たる感激は盡きぬことである。遇うとは信ずることであるといわれる。それは信ずるとは遇えることの喜びに他ならぬからである。

聖教を信解するが故に眞宗の行・信・證は案ぜられ往還の廻向も顯わされる。また聖教を行證する身には悲喜の感情を表白することもあるであろう。佛弟子親鸞の道である。されど愚禿の身にふさわしいことは、ただ聞思せる慶びを記し、その聖教を讃仰するの他ないことである。それが『教行信證』の作意であつた。

教の巻

大無量壽經

眞實の敎
淨土眞宗

大意

つつしんで思うに、淨土眞宗には、二種の廻向ということがある。一を往相といい、二を還相という。その往相の廻向について眞實の教・行・信・證がある。

眞實の教は『大無量壽經』である。この經の大意は、彌陀、誓いを發して廣く法藏を開き、凡愚を哀れみて功德の寶を選び施したまい、釋迦、世に出でて廣く教法を說き群萠をすくい、惠むに、眞實の利を以てしようと思召すことである。ここを以て如來の本願を說いて經の宗とし、佛の名號《みな》を以て經の體とするものである。

出世の正意

釋迦出世の本意がこの經にありと知られることは、

『大無量壽經』に言う。（阿難の問）きよう世尊の全身に悅びあり、御はだいろは淨らかで、かおばせは光かがやくこと明鏡のようである。おん容《すがた》のけだかさ申しようもなく、曾て見ざりし妙《たえ》なるものである。おお大聖よ、私は心ひそかに念う。きよう世尊《ほとけ》は奇特の法に住《あら》せられる。きよう世雄《ほとけ》は佛の所住に住せられる。きよう世眼《ほとけ》は導師の行に住せられる。きよう世英《ほとけ》は最勝の道に住せられる。きよう天尊《ほとけ》は如來の德を

廻向　心をめぐらして願の方向へと思いをはこぶ。めぐみ(廻施)佛の願によりて我等のものとなる佛德。(賜物。)宗教生活の根源力。
往相廻向　淨土への法のめぐみ。平等へと歸一せしめる力。
還相廻向　この世へかえる法のめぐみ。現實に還り隨順せしめる力。
功德の寶　佛のみ名。
眞實の利　精神の幸福。
經の宗　經の中心思想。
經の體　即ち行法。

行じたもう。過去・未來・現在の佛たちは、佛と佛と相念じたもう。されば今の佛も諸佛を念ぜられることであろう。そうでなければ、かかる威神の光を示したもう筈がない。ここにおいて世尊は阿難に尋ねられる。「その問は諸天の指示によるか、汝の知見によるか」。阿難はお答えした。「諸天の指示ではなく、ただ自見による」と。佛はそれを快きことに思召して阿難に「汝の問は大なる佛事を爲すもの」なることを告げたまい、そして「よく問うてくれた。深き了解と巧みな表現とで世の爲を思いつつこの問を發したのであろう。如來は無上の大悲を以て三界《まよえるもの》を哀れみ、世に出現するゆえは、教法を説き道徳を明らかにし、群萠をすくい、惠むに眞實の利を以てしたいと欲《おも》うからである。かかる出現の機會は無量劫《ながきよかけて》にも値いがたく見がたいことは、靈瑞華の花咲くこと稀なるごとくである。今、汝の問うたことは世を利益することが多く、一切の人天を開化する。阿難よ、如來の正覺《さとり》の智慧は量りがたい。廣く世を導びき、その知見は礙りなく、抑え止むるものがない」と仰せられた。

『無量壽如來會』に言う、阿難、佛に白していう、「世尊よ、私はみずから希れなる如來の光瑞を見てお尋ねしようと念うたのであつて、他の指示によるものではありません」。佛、阿難に告げたもう、「まことに快ばしいことである。善く觀察し微妙の辯を以て其の義《いみ》を問うてくれた。一切の如來は大悲に安住して群生を利益する爲に

三界　生活に苦しむ欲界、しずかなる快樂を求むる色界、無念無想に耽る無色界。苦樂を受くる感覺の差異にて三界を分つ。

靈瑞華　アウドウムバラの花。發芽してより三千年にして花開くという。希有にしてめでたき花とて靈瑞華と譯せられた。

『無量壽如來會』『大無量壽經』の別譯。

優曇華の如く希に世に出現するのである。汝は其の事を明らかにする爲に、また群生を愍れみて安らかならしめる爲に能く如來に問うたことである」

『平等覺經』に言う、阿難よ、優曇華は佛の出世の前兆としてのみ開く。されば佛の世にあることは、希であり値うことは難い。今われは佛として世に出で、汝は聰明にしてよく佛意を知る。興法の因緣空しからぬことである。

憬興師の註

「今日世尊、奇特の法に」　神通力にて現われた相である。それは特異であるだけでなく、また等しきものがない。

「今日世雄、佛の所住に」　普く平等に一切の佛を見る境地、これによつて雄健なる魔も制服せられる。

「今日世眼、導師の行に」　肉・天・慧・法・佛の五眼をいう。群生を導くにそれに勝るものがない。

「今日世英、最勝の道に」　佛は大圓・平等・妙觀・成事の四智に住したもうこと、獨り秀れて匹がない。

「今日天尊、如來の德に」　佛は第一義天といわれる。第一義とは佛性不空ということ、佛性不空であるから無量の功德あり、その無量の功德を具えたもうから佛を第一義天というのである。

「如　來　の　正　覺」　即ち奇特の法

「智　見　は　無　礙」　最勝の道を意味する

「抑え止むるものがない」　即ち如來の德

優曇華　アウドゥムバラの音譯。

『平等覺經』　『大無量壽經』の別譯『無量清淨平等覺經』の略稱。

憬興　法相宗の人と思われるが傳不明、『無量壽經述文贊』を作る。

結釋

かように引用した經文は眞實教を顯わす明證である。誠にこれ如來出世の本意を示す正說、奇特最勝の功德を具うる妙典、唯一究竟の眞實を詮わす極說、速疾圓融の利益を恵む金言、諸佛稱讚して眞實を證する誠言、應化時に順い機をうるおす眞教である。

領解

動亂の現世を超えて靜寂の淨土に向う。これを往相という。淨土のさとりを身につけて煩惱の人生に順應する。これを還相というのである。

しかるにその往還は自力の歩行ではない。ひとえに如來の本願力に依るのである。即ち本願力の廻向によりて、往還はこの身に成就するのである。したがつて往相には還相の德が具わり、還相を躰として往相が現われるのである。しかれば往還というも、ただ本願力を信證するの他ないであろう。それを指示するものは眞實の敎行である。

これに依りて本願の敎法を淨土眞宗と名《よ》ぶのである。

釋迦が印度に生誕せられなければ、如來の此世に出現せられたことを感知することができない。この意味において釋迦の降誕は長く記念せらるべきことであろう。されどそれは遠い昔のことである。これに對して此世に出現せられた如來は、今現にわれらを教えたもうのである。

この世とは、われらの時代を攝めて、さらに將來にも及ぶ歴史社會である。如來はその此世に出現せられたのである。その出現は釋迦の涅槃によりて明らかにせられたものである。まことに親を失うて、はじめて親に遇う如く、釋迦の涅槃によりて如來は出現せられたのであつた。
彌陀の本願というも、その如來の教説に他ならぬものである。

彌陀の本願は釋迦の教説となりて顯われ、普ねく群生の聞知することとなつた。本師釋迦の恩徳は高い。されどまた彌陀の本願を説くことなくば、釋迦出世の意味も空しきものとなるであろう。その生誕は此世のわれらと縁のないものとなるからである。

今日はじめて聞くところの彌陀の本願は、宿世久遠の大悲眞實であつた。しずかに「久遠實成阿彌陀佛、五濁の凡愚をあわれみて、釋迦牟尼佛としめしてぞ、伽耶城には應現する」の讃を誦せしめられる。感銘きわまりないものがあるのである。

眞實の教は本願を説くを宗（心）とし、名號を以て體（法）とするものである。したがつて本願の體は名號であり、名號の宗は本願である。しかれば、われらの道もまた本願を宗（信心）とし、名號を體（念佛）してゆくものでなくてはならぬであろう。一切の群生を救う本願名號の眞理は、この身の行信によりて事實となるのである。

聖典を有つものの喜びは深い。眞實を説きたまいし佛陀の面影が偲ばれ、阿難の覩見せる尊容を傳えた經家も懷かしいことである。

阿難の覩見せる「奇特の法」は大悲の佛心を表現せるものであり、「佛の所住」は大涅槃と一如であり「導師の行」は世間の眼となつて群生を導びきたもうものであり「最勝の道」とはおん智慧の内外に徹して類い無いことである。そしてこれによりて萬人に歸仰せられる御姿が「如來の德」と拜せられたのであつた。その尊容は今もわれらの前に現われたもうのである。

しかるに阿難は釋迦の尊容から「過去・未來・現在の佛たちは、佛と佛と相念じたもう。されば今の佛も諸佛を念ぜられることであろう。さうでなければ、かかる威神の光を示したもう筈がない」と想念せるのであつた。その佛々相念の境地は、どうして凡智の測り得るものであろう。されど念佛するものには、ほのかに感ぜしめられているのである。まことに不可思議のことといわねばならない。

釋迦のさとりは最尊であつても獨一のものではない。その智慧は三世十方に徹して、そこに無量無數の諸佛を見出し、そしてそれらの諸佛と相念せられるのである。故に佛法は個人釋迦の教ではない。諸佛の同證の眞理である。少數の賢聖にのみ行持せられるものではない。一切の群生もついには必ず歸入せしめられる大道である。

念佛者に取りて過去の佛と拜まれるものは親たちである。この世を去れる師友と同朋とである。されば未來の佛とは現に今いずこにあるのであろうか。過去佛に念ぜられている身をかえりみ、子孫の行末を想う。かくして拜むものと拜まれるものとは、一如の境地にあらしめられるのである。しかれば往還の廻向というも佛々相念において行われるものであろうか。

愛憎の動亂する生死海の底深く、善惡を是非する爭いの世の彼方に、佛々相念の境地が感ぜられる。その境地において佛たちは群生の救いの道あるに微笑み、各々の法も一に歸することに頷きあいたまう。これによりて諸佛の稱名は彌陀の本願となり、群生の信心は涅槃の眞因となるのである。

問う者に取りては、善き答ほど有難いものはない。大悲の智慧に攝化せられて、佛法を顯わすものとなるからである。

答うる身に取りては善き問ほど快よいものはない。それを機縁として眞實を說き、自證を成就することとなるからである。

阿難の問を讃めたもうた釋尊の心境を思う。まことに尊さ量りなきことである。

本願を説く經典において、釋尊は今われらの前に現われ、最勝の法によりて萬人一道に歸することを顯わしたもう。その法は單純にして覺りはやきものであるから、いかなる國の識者も稱讃すべきものであり、いかなる時代にも相應するものである。

「經は法であり常である。聖人の教は時うつり俗が易つても、その是非を改めることができない。故に常である。また人の規範となるのである。故に法というのである」（聖德太子）

行の巻

諸佛稱名の願

浄土眞實の行
選擇本願の行

大意

謹しんで往相の廻向を思うに、大行と大信とがある。大行とは無碍光如來の名《みな》を稱うることである。この行はよろずの善を攝め、よろずの德を具えて、速かに稱うる身に圓滿する、眞如一實の功德の寶である。故に大行と名づけらるる。

この行は大悲の願より現われる。その願は諸佛稱揚《ほとけたちほめらるゝ》の願といい、また諸佛稱名《ほとけたちみなをほめたもう》の願といい、また諸佛咨嗟《ほとけたちたたえたもう》の願と名づけられる。また往相廻向の願とも名《よ》ぶべく、また選擇稱名《えらばれしみな》の願とも名ぶべきである。

無碍光如來の名　即ち彌陀佛の名、南無阿彌陀佛。

眞如一實　諸法（ものみな）の實相（あるがまゝ）の眞理をいう、即ち眞實なるもの。

往相廻向の願　敎・行・信・證の四法はみな往相廻向ではあるが、正しく往相廻向の力を具うるものは大行である。

選擇稱名　稱名は、よろずの行の中より、我等の法として、佛の選びたまいしもの。

經説

——本願と成就——

諸佛稱名の願。『大經』に言《のたま》う。われ佛とならば、十方世界の量りなき佛たちに、悉くわが名を稱《ほ》めたたえられることとなるであろう。しからずば覺《さとり》の身とはなるまい。

また言う。

われ覺《さとり》をうる時に至らば
名は十方にひろく聞えん
もし聞えざるところあらば

誓う佛の身とならじ

あまねく法の藏を開きて
功德の寶を世に施し
つねに大衆の前にあらわれ
名告《なのり》つひろく法說かん

願成就の文。『經』に言う。十方の佛たち、みな共に無量壽佛の威德の不可思議なることを讚嘆したもう。

願成就の文 彌陀の本願は成就せられた。その成就の德を說かるゝ釋迦の言葉。

また言う、無量壽佛の威神は極りがなく、十方世界の無量無邊の佛たち、それを稱嘆せられぬはない。

また言う。

そのみ佛の願いとて
名をきき往《ゆく》をねがうもの
みな彼の國に到りては
おのずと不退の身とならん

無量壽如來會に言う。

『無量壽如來會』『大無量壽經』の別譯。

今　師に對《むか》い誓をのべぬ
菩提の因に證《しるし》をたまえ
もしこの願いみたさざれずば
永く覺の身とはなるまじ

菩提の因　衆生の稱名を如來の覺の因とする意。

弱き心に力ほどこし
貧しきものの苦《なやみ》を救い
世の人みなを安らかにせん

佛の道を修め行い
貧しきものの寶となりて
善き法みたしならぶものなく
大衆の中に雄々しく說かん

また言う。阿難よ、この義によりて、無量無邊の世界の佛たちは、皆ともに無量壽佛の功德を稱讃したもう。

『大阿彌陀經』に言う。われ佛とならば、わが名をして十方の佛國に聞えしめ、そ

『佛說諸佛阿彌陀三耶三佛薩樓佛檀過度人道經』を略して『大阿彌陀經』という。『大無量壽經』の別譯。

の國の佛をして僧衆に對し、わが功德とわが國土の善とを說かしめよう。而してただ天と人とのみではない。空に飛び地にうごめく小蟲に至るまで、すべて生けるものみなは、わが名を聞きて慈心を感じ歡びおどりて、みなわが國に生まれるようにならしめよう。

『平等覺經』に言う。われ佛とならば、わが名は十方の無數の佛國に聞え、その國の佛はみな其の弟子衆にわが功德とわが國土の善とを嘆えられるであろう。生けるもののみな、わが名を聞かばみな悉く喜びに踊りて、わが國に來り生れるであろう。しからずばわれは佛とはなるまい。われ佛となる時、世にある人、惡を爲せる緣によりてわが名をきき、また道を求めてわが國に生れんと欲うものあらば、その人を空しく惡道に落すということはないようにしよう。

阿闍世王太子と五百の長者子は、無量壽佛の本願をきき、みな大に歡喜し、われらもまた佛と作る時には、無量壽佛の如くあるべしと心中に倶に願われた。佛はその心を知りたまいて、弟子たちに告げたもう。「この阿闍世王太子と五百の長者子とは向後何時かは、みな無量壽佛の如き佛と作られるであろう。この人々は求道せられて已來、長い間、みな各々四百億の佛を供養せられた。そして今また來りてわれを供養せられた。この人々は前の世、迦葉佛の時にはわが弟子であつた。それが今またここに値遇することとなつたのである」と。弟子たちは佛の說をきき、みな胸を踊らし歡喜せぬものはなかつた。

佛たち、その國の求道者に說きたもう。

佛のみ名を聞く人は
心快しく和らぎて
われら今得し德により
わが國善かれと願うなり

彌陀は喜び應えつつ
われ前の世に願あり
正しき法を聞く人は
みなわが國に生《うま》るべし

つきぬ願はわが名きく
人の願に具わりて
わがこの國に來りなば

「彌陀は」已下「身とぞなれ」までは佛說のうちに現われる彌陀の本願である。

かならず不退の身とぞなれ
されば諸人《もろびと》すみやかに
安樂國にいたるべし
そのみ光の國にして
無數の佛を供養せよ

その身に功德あらざれば
この經《のり》の名を聞くを得じ
清き戒《おきて》を守るもの
いまし正しき法を聞く

邪智と　ほこりある人は
正しき法を信《う》けがたし
遠き世　佛にあえるもの
教を聞くを樂しまん

人の命は受けがたく
佛にあうはいとかたし
信をうることかたければ
聞くものつとめて求むべし

み法を聞きて忘れずに
敬い大きによろこべば
わが善き親友ぞとほめん
道を思いてふるいたて

ほのおの満つる世界にも
その中わけて法きかば
かならずほとけの身となりて
生死の流れを渡すべし

『悲華經』の大施品に言う。願わくは、われ無上道を成ずる時、量りなき世界にあ

『悲華經』よろずの佛と聖者たちの本願を説く。その中に彌陀の本願も説かれてある。「大施品」、とあるも現本では「授記品」にある。

る、あらゆる衆生、わが名を聞き、わが名を稱えて、わが國に生まれたいと欲うものあらば、その命の終りを期し、必ずわが國に生まれしめよう。ただ除くべきは、人を殺し、和を破り、聖人を謗り、正法を壞《や》ぶるものである。

結　釋

しかれば名《みな》を稱うれば、よくわれら一切の無明《やみ》は破れ、われら一切の志願《ねがい》は滿たされるのである。稱名はすなわちこれ最勝眞妙《すぐれてたえなるもの》の正業であり、正業はすなわちこれ念佛であり、念佛はすなわちこれ南無阿彌陀佛であり、南無阿彌陀佛はすなわちこれ正念であると知るべきである。

相承の師釋

一　龍　樹

『十住論』にいう、念佛三昧と大悲とを佛の家とよぶ。この二法から如來は生れる。念佛三昧は父であり、大悲は母である。また念佛三昧は父であり、無生法忍は母である。『助菩提』に説くように「念佛三昧を父となし、大悲無生を母として、よろずの如來は生れる」のである。その家は清淨であつて禍がない。それは涅槃に向う多くの

龍樹　眞宗第一祖、南天竺に生れし聖者、第二の釋迦といわる。『十住論』はその代表的著作。

念佛三昧　原文では般舟三昧という。般舟は佛現前という意、三昧(定)とは心一境に住すること。常に佛を念ずれば佛はその人の前に現われる。

無生法忍　無生の法とは一如の眞理、涅槃、忍は智慧、ここでは信心のこと。

『助菩提』現本『菩提資糧論』龍樹作。

る。

德と諦《あき》らかなる眞の道理と、虚心に現われる善き智慧と慈悲が具わつているからである。

　そこで此の家に生まれれば、自から世間道を轉じて、出世間道に入ることができる。

世間道とは凡夫の行うところである。それは涅槃に至らないで、常に生死に往來するのである。その世間道を轉ずれば、即ち生死の往來は止み、三界を出でることができる。そこに出世間道がある。故にこの家に生れるのを歡喜地に入るというのである。

　この境地に入れば、心がつねに歡喜多く、自然に佛の種を增長することとなる。故に其の人は賢善者と名《よ》ばれる。恰も眞理を見證した賢聖は、惡道に落ちることがなく、法を見て法に入り、法を得て法に住し、必ず涅槃に至るように、この歡喜地に入つた道人は眠るも惰るも迷界に沈むことのない心境が開ける。そこに眞實に涅槃への法を見出したるものの喜びがある。今それを一毛の百分の一というような細い毛を以て大海の水を分ち取り、その分ち取つた二三滴の水と大海の水とを比較することに寄せて說いてみよう。業苦の滅したものは二三滴の水の如く、その滅しないものは大海の如くであつても、歡喜の心境においては、かえつて已に滅びた業苦は大海の如く、まだ滅びない業苦は二三滴の水の如くに感ぜられるのである。かような歡喜は、この家に具わる種々の德と道理と智慧との滋味に養われるからである。

またこの歡喜の地位に入れば、過去・現在・未來の佛たちを念じて、その佛たちの無量・無邊・無碍の德を以て、自在に群生の心を知ろしめすことを感知することができる。そしてそれによつてその人は必定して成佛すべきを知り、百千の魔軍にも壞亂されることなく、大悲心を得て大人となるのである。この第一希有の行なる念佛によつて、道人は歡喜を得るのである。

思うに初めて佛道を求むるものにも、佛・法・僧を念じての歡びはあるであろう。けれどもその喜びは歡喜地を得たものと比較することはできない。それは必ず成佛するという身證は、歡喜地に入つたものにのみあつて、初心の求道者にはないからである。譬えば王家に生まれても、太子の位にあるもののみが、特に期待される喜びが多いようなものである。

この道人は深く佛法に入つて心が動かず、信力はいや增して、聞見する正法に疑いなく、諸佛の無量の功德を信受し深く群生を愍念《あわれむ》する大悲のこころは、骨身に徹るのである。その功德は殊勝であり、限りのないものである。

またいう、佛法には無量の門がある。恰も世間の道に難と易があつて陸路を步行するのは苦しく、水道に乘船するのは樂しいように、道人の道にも勤め勵んで至るものと、信を方便《たより》とする易行もて速かに不退轉の境地に達するを得るものとがある。

方便　方法。

されば もし不退の位をすみやかに得たいとおもう人は、まさに恭敬の心もて佛名を執持して稱えるがよい。特にこの身において不退轉地を得て、無上道を成ぜんと欲うものは、十方の佛たちを念ずべきである。

『寶月童子所問經』に說きたもう、

西方の善世界に
無量明と名《よ》ぶ佛います
み光の智慧は明らかに
照らしたまいてきわもなし
その佛の名を聞くものは
不退の位にいたるべし

量りなき時のむかし
海德と名告る佛いましぬ
現に在す十方の佛は　みな
かの佛に從いて願を發したまえり

無量明　即ち阿彌陀佛。

海德　久遠の彌陀。

その諸佛の壽命《いのち》は量りなく
光明《ひかり》はきわみなく照らします
國土はいとも清淨にて
名を聞くものは不退を得ん

然るにそれら十方の佛たちは、みな彌陀の名を稱讃して、その本願を憶念したもう。その阿彌陀佛の本願は「もし人、我を念じ、名を稱えて自ら歸すれば、すなわち不退の身となりて無上道を得ん」ということである。されば諸佛の名を聞くものは、常に彌陀の本願を憶念すべきである。

讃佛のうた

智慧の御身のみ光は
黄金の山の如くます
いま身と意　語もて
おろがみ禮したてまつる

この御佛の量りなき
力と德を念じなば

やがて不退の身とならん
み名よび常にほめまつる

佛たらんと願う人
心に彌陀を念じなば
直《じき》にその身を示します
本願力に歸命せよ

その願力に導かれ
四方のひじりはあつまりつ
つつしみ法を聽きたもう
すがたに我もうなだるる

たとい善根うう
疑いあらば花さかず
信心きよきその人は

開ける華に佛を見ん

十方に在す佛らは
いまさまざまの因縁《いわれ》もて
彌陀の功德をほめたもう
われいま歸依したてまつる

かの大願の船に乘り
生死の海に浮びつつ
佛は自他を救います
自在の人を禮しなん

その德たたえて佛たち
量りなき時へたもうも
說き盡すこと得じという
淸淨人に歸しまつる

我いま諸佛にならいてぞ
無量の徳を讃えまつる
それを縁とし願くは
御佛われを念じたまえ

二 天 親

『浄土論』にいう
眞實《まこと》の功徳《とく》を説きましし
經典《おしえのり》に依りまつり
我いま願生の心《むね》を歌い
世尊の御教《おしえ》に應えまつらむ
如來《ほとけ》の願力《ねがい》に遇いぬれば
空しく過ぐる人あらじ
よく速かに大いなる

天親　眞宗第二祖、北天竺に生れし聖者。論書多く、千部の論主といわる。『淨土論』は特に淨土の三經を通説せられしものである。

功徳の寶を滿たさしむ

またいう。聖者は禮拜と讃嘆と作願《ねがい》と觀察《ちえ》との四門に入り自利《わがため》の行を成じ、廻向の第五門に出でて、利他《よのため》の行を遂げたもう。かくして自利・利他の五門の行を修して、速かに無上道を成就したもうのである。

三　曇　鸞

『淨土論註』にいう。龍樹の『十住論』に依れば、不退轉を求むるのに二種の道がある。難行と易行とである。その難行道とは、濁亂《にごれる》の世、無佛《ほとけいまさぬ》の時に於て、不退轉を求めることの難きをいう。その事情も多いことであるが、今その二三を擧げて難き所以を明らかにしよう。一には外道の善は道人の法とまぎれる。二には自身のためにするものは大慈悲を障える。三には反省のない惡人は他の徳を破り、四には浮世の果報《しあわせ》に執著して人倫を壞る。五には道を求めてもただ自力であつて他力に持《たも》たれることがない。かようなことが現前の事實である。ここに不退轉を求めることの難さは、恰も陸路を歩行する苦しさの如くである。その易行道とは、ただ佛を信ずる因緣によつて、淨土に生れたいと願えば、佛の願力に乘じて、やがて彼の淨土に生まれることができ、佛力に攝められて、大乘の正定の聚に入れしめられる。その正定とはすなわ

聖者　原、菩薩ここでは法藏菩薩。

禮拜・讃嘆・作願・觀察・廻向　これを五念門という。この佛の自利利他したもう一道がすなわちわれらの念佛となる。

曇鸞　眞宗第三祖、中國の祖師、その著『淨土論註』は天親の『淨土論』の註釋である。その解釋、深く論意を得たるところから、或は『註論』といわれ、また『論註』を直に『論』といわれて來た。

外道　佛教已外の道、自覺を離れた思想、その說く善は眞でない。

ち不退轉である。これは恰も水路に乘船する樂しさの如くである。

この『淨土論』はその易行道を說く大乘の極致であり、不退の風航《ほかけぶね》となるものである。釋尊は曾て王舍城と舍衞國において、大衆に對し無量壽佛の功德を說きたもうた。(その功德は名號の德に他ならないから)無量壽佛の名號は、それらの經の體である。後に聖者天親、如來大悲の教を服膺して、經に依つて願生の偈を造られた。それが『淨土論』である。

「世尊よわれは一心に
光十方に碍りなき
如來に歸命しまつり
安樂國に生まれなん」

(「世尊」とは釋迦である。)『淨土論』を造つて、衆生と共に淨土に往生しようという願は重大であるから、如來が威力を加えられるように乞うて、世尊の名をよびあげられた。

「我は一心に」というは、天親の自督(自勸)の語である。そのこころは天親自ら、光碍りなき如來を念じて、安樂國に生まれようと願いたもう心が相續して他想の間《へだ》て雜ることがないのである。「歸命」とは、すなわち禮拜のこころである。禮拜はただ

王舍城の說　『大經』は王舍城の近くにある靈鷲山で說かれ、『觀經』は王舍城の宮中で說かれた。依りてこの二經を王舍城の說という。

舍衞國の說　『阿彌陀經』を指す。この經は舍衞國の祇園精舍で說かれた。

「世尊よ……」『淨土論』の偈。曇鸞、この一偈に、禮拜、讚嘆、作願の三念門あることを說く。

恭敬であつて、必ずしも歸命ではないが、歸命の心は自から禮拜となる。「光、十方に碍りなき如來」とは、如來を讃嘆するものである。およそ讃嘆するものは、如來のみ名を稱えて、その如來の光明の德を仰ぎ、その智慧に相應しようとするものである。今、天親「光、十方に碍りなき如來」という。それは讃嘆でなければならない。

「安樂國に生まれんと願う」とは作願である。すなわちこれ天親の歸命のこころばせである。

往生の意味に就ての問答。

問う、大乘の經論には處々に衆生は畢竟無生なること、虛空の如しと說く。(それは生死を見るは迷いであるとするものである。) 然るに天親は何故に生を願われるのであろうか。

答う、佛教の無生說には二種の思想がある。その一は凡人の思惟するように、人間が存在していて、實際に生死するということは、畢竟迷見に過ぎぬことを現わして無生と說くものである。その二は事物は因緣によつて生ずるものであるから、生ずるものとして、また生ずることとして執えられるものがない。それゆえに無生であるというのである。されば無生というても、その因緣生なることにおいて假に生と名づけることができるであろう。今、天親の生を願われるのは、正しく後の意味であつて、前の意味ではない。

問う。然らば（その因縁生における）往生ということの相狀は如何に領解すべきであろうか。

往生のすがたに就ての問答。

答う、ここに人あつて、五念門を修するのに、その行は念々に相續して因となり果となり、それによつて此土の人は自然に淨土の人となるのである。それゆえに、その此土の人と淨土の人とは一人であるとも、異人であるともいえない。またその相續される前心（念）と後心とも、一であるとも異であるともいえないであろう。何故ならば、若し一ならば因果ということがなくなり、若し異ならば相續ということがなくなるからである。この一異に關しては、龍樹の『中論』に委しく論ぜられている。

眞實の功德を說きましし
經典に依りまつり
願生の歌に心よせ
總持して御教に應えまつらん

眞實の功德……まつらん（『淨土論』の偈）。

「依る」とは（一）何に依り（二）何故に依り（三）如何ように依るのであろうか。（一）經典に依り（二）それに說かれる如來は眞實の功德なるが故に依り、（三）五念門を修して御教に相應するようにと依るのである。

ここに經典というのは、特に大乘經中の釋尊の直說のものを指すのである。眞實の功德とは、不實の功德でないということ、不實の功德とは、凡俗の善とし福とするものである。それは穢れた心から生じて、眞理に順わないから、因も果もみな顚倒《さかさま》であり虛僞《いつわり》である。眞實の功德とは聖者の智慧による淨き業から生じて、佛事を成就するものである。その功德は顚倒でなく、虛僞でない。顚倒でないのは、さながらに眞理に順い事象に應ずるからであり、虛僞でないのは、群生を攝めて、終極の淨樂に入らしめるからである。

「願生の歌に心よせ總持して御教に應えまつらん」という。その「持」は散失しないことであり、「總」は少に多を攝めることである。「願生」とは往生をねがうことである。「世尊の御教に應えまつる」とは、恰も函《はこ》と蓋《ふた》とが合うように『三部經』と『淨土論』と違うところないことである。

廻向とはすべての惱める群生を捨てず、廻施を首《さき》として、大慈悲の心を成し遂げようと、心に常に願いたもうことである。その廻向に二つある。一つは往相、二つは還相である。往相とは、己の功德を群生に廻施して、共に安樂淨土へ往生せしめようと願いたもうことである。

四　道綽

道綽　眞宗第四祖、『安樂集』はその著作。

『安樂集』にいう、『觀佛三昧經』に、釋尊が父王に念佛を勸めたもう。父王いわく、佛の境地は眞如であり實相であろう。何故にそれを修行させられないのであろうか。釋尊いわく、佛の境地は甚深微妙であつて凡夫の體解し得るものではないから父王に念佛をお勸めするのであります。父王いわく、しからば念佛にはいかなる功德があるのであろうか。釋尊は說きたもう。

「方四十里なる伊蘭の林に、一科《もと》の梅檀があつて、その芽生えない間は、その伊蘭の惡臭があたりにみち、華果を食うものは狂死する。けれども梅檀が根を張り、漸く生長して枝葉を生ずるようになれば、その盛んな芳香のために、伊蘭林は一變して香氣に包まれ、人をして稀有の心を生ぜしめるのである。父王よ、生死の中にあつて念佛する心もまた是のようである。ただよく念いをかけて止まなければ必らず佛の前に生まれ、一切の惡を變じて大慈悲と成らしめられること、恰もかの梅檀が伊蘭林を改めるが如くである」と。

その伊蘭林とは貪・瞋・痴の三の毒、惑・業・苦の三の障を具えた無邊の重罪の身にたとえ、梅檀とは念佛の心にたとえ、漸く長じて枝葉を生ずるとは、ただよく念をつみてたえなければ、往生の業事を成辨するにたとえるものである。

眞如・實相　もののみなに具わる眞の理、あるがまゝの相、それは佛智の境である。凡夫の知識するところはすべて眞でなく實でない。

伊蘭　エーランダ樹、花は紅にして有毒。

問う、どうして念佛にそれほどの功力があるのであろうか。答う。大乘經典によつて念佛の功德の不可思議なことを顯わそう。『華嚴經』にいう。たとえば師子の筋を琴の絃として彈奏すれば、他の絃《いと》は悉く切斷される如く、人もし求道の心もて念佛を行ずれば、すべての煩惱すべての障りは悉く斷滅する。また牛・羊・驢馬等の乳を入れた器中に、師子の乳の一滴を落せば、それらの諸乳に混和しないで、かえつて諸乳を分解して淸水となすように、人もし求道の心もて念佛すれば、一切の障碍にも難なく過ぎるであろう。また、かの經には、翳身藥《みをかくすくすり》を持つて步行すれば、誰もその人を見ないように、求道の心もて念佛すれば、一切の惡神も、その人を見ることができず、至るところに障がない。何故なれば念佛は一切の知・行の王たるものであるからと說かれてある。

師子の筋、師子の乳の二譬、恐らく師子の威を詩化せるものであろう。

また『大智度論』にいう、「他の行も行には違いない。けれどもそれらの行は、或は貪欲を制し得ても、瞋・痴を除き得ず、或は瞋恚を制し得ても、痴・貪を除くことができず、或は愚痴を止め得ても、貪・瞋を抑えることができない。また或は現在の障を除き得ても、過去・未來の一切の障を如何ともすることができないのである。然るに若し常に念佛すれば、よく三世の一切のもろもろの障は悉く除かれるのである」と。

『大智度論』龍樹の大著。

また『大經讃』には

『大經讃』曇鸞作『讃阿彌陀佛偈』。

阿彌陀佛の御名をきき
よろこびたたえたてまつり
歸依の一念おこりなば
功徳の寶　身に滿たん

たとい大千世界に
みてらんほのおありとても
その中わけて御名をきけ
聞かば不退の道を得ん

また『目連所問經』に、釋尊、目連に語りたもう、「たとえばあらゆる川々に流れゆく草の葉、木の片を觀るに、前なるものは後をかえりみず、後なるものは前をかえりみず、すべては大海へと流れ込むように、世の樣もこれに似て、いかに富貴であり、權勢があつても、悉く生・老・病・死を免れることができない。そして佛教を信じないものは、後の世にますます苦惱に沈んで、佛の國には生まれられないのである。これによつて我は淨土の往き易い道を說くけれども、人これを行わず、かえつて種々の邪道につかえる。この人は無眼人であり、無耳人であるといわねばならない」と。

大千世界　世界の數多きことを言い現わせるもの。

經の教はかくの如くである。われらいかで難行を捨てて、易行につかずにいられよう。

五　善導

光明寺の和尚（『往生禮讃』）はいう、『文殊般若經』には一行の專修を勸めて「人、ひとり靜かな所にあつて、亂れる意を捨て、心を一佛にかけて、その相貌《おんすがた》を觀ようとせず、專ら名字《みな》を稱えれば、その稱名の中において、かの阿彌陀佛および一切の佛を見ることができる」と說かれてある。

問う、何故に相貌を觀ることを勸めないで、專ら名字を稱えしめられるのであろうか。答う。衆生は障りが重く、觀を爲そうとしても、觀の對境は微細であるのに觀の心は麁雜である。そのために識がさわぎ、神《こころ》がとんで觀は成就しがたい。それだから大聖《しゃか》は悲憐して直ちに專ら名字を稱えることを勸められるのである。正しく稱名はたやすいから相續して、卽ち往生ができるのである。

問う、專ら一佛の名を稱えるに、どうして一切佛が現われるのであろうか。それは一多の雜現であり、邪正の混亂ではないであろうか。答う、佛の證はひとしく、形もまた別はない。たとえ、一佛を念じて多佛を見ても、どうして大道理にそむくであろ

光明寺の和尚　眞宗の第五祖、この師、光明寺に住せらる。淨土に關する著作多きを以て書名を擧げずに、尊稱を以てせられたのである。

うか。また『觀經』には坐して觀ること、禮して念ずること等を勸めてあるが、いずれも面を西方彌陀佛に向けるのを最勝としてある。それは恰も樹の先から傾いたものは、倒れる時にも、必ずその曲つた方向に隨うように、行者をして必ず西方に生まれしめんがためであろう。ゆえに事の碍りがあつて西方に向くを得ない時には、ただ西に向う想をなすのもよい。

問う、すべての諸佛の身證は同じく、大悲も智慧も圓滿して別はないであろう。されば、いずれの方にもあれ、一佛を禮念し稱名すれば、淨土に生まれることができる筈である。何故にひとえに西方のみを嘆えて、禮念を勸められるのであろうか。答う。佛の證は平等であり一であるけれどもその願・行に酬いるということで特殊の因縁があるわけである。彌陀佛は、もと深重の誓願を發し、光明《ひかり》と名號《みな》とを以て衆生を攝化し、ただ信心をもつて稱念せしめようと定められた。よつて名を稱うるものは、上は一生を盡くし、下は十聲、一聲等に至るまで、佛の願力を以て、易く往生することができる。ゆえに釋迦および諸佛は特に勸めて西方に向わしめたもうのである。他の佛を稱念しても、障を除き罪を滅ぼすことができぬというのではない。若し上説に隨つて、念々相續して生涯を終れば、十人は十人ながら、百人は百人ながら、みな往生するのである。それは彌陀の本願に相應し、釋迦の教に違わず、諸佛の語《ことば》に隨順するからである。

またいう。唯だ念佛するものを觀《みそなわ》して攝め取つて捨てたまわない。それゆえに阿彌陀と名づけたてまつるのである。

またいう。

智慧の願いの大海は
底ふかくして涯もなし
その智慧たまう　み名聞けば
きよきみくにに生まれしむ

ほのおにみつる世なりとも
その中わけて御名をきけ
み名きき喜びたたえなば
みな彼の國に生まるべし

教ほろぶる時あるも
ももとせ残すこのみ法

「特にこの經を留めて止住すること百歳ならしめん」

（『大經』說）

聞き得し時の一念に
　まさに彼の世に生まるべし

またいう。「現に生死《まよい》の凡夫、罪障は深重であり悪道に輪廻《めぐる》するこの身である。言いようもない苦しさである。しかるに今、幸に善知識に遇い、彌陀の本願の名號《みな》を聞くことができ、一心に稱念して往生を願う。佛の慈悲は、その誓願を捨てたまわず、弟子《このみ》を攝受したもうことのありがたさよ」

　またいう、問う、阿彌陀佛を稱・禮・念すれば、現世にいかなる功德があるか。答う、もし一聲でも彼の佛名を稱えれば、永劫の生死の罪は滅びる。禮・念しても同樣である。されば『十往生經』には、阿彌陀佛を念じて往生を願う行者を、彼の佛は多くの聖衆に擁護せしめ、行・住・坐・臥を問わず、晝夜の別なく、一切の時、一切の所に、惡鬼惡神に、その障りをなさせないと說き、また『觀經』には、もし阿彌陀佛を稱・禮・念して彼の國に往生せんと願えば、彼の佛は無數の化佛・化觀音・化勢至を遣わして、行者を護念したまい、常に行者を離れしめたまわぬと說かれている。既にこのような勝益があつて、たのもしいことである。おのおの至心に往生を求むべきである。

　また『無量壽經』にいう。「もしわれ佛とならば、生きとし生けるものみなに、せ

善知識　正法に導く師友をいう。こゝは釋尊をさす。

めて十聲でもわが名を稱えしめよう。もしそれで生まれなければ、われも佛とはなるまい」と。その佛は、今、佛と成つて現に在すのである。さればその深重の誓願は虚しくなく、稱念するものは必ず往生を得と信知すべきである。

第十八念佛往生の願、取意第十八願加減の文という。

また『彌陀經』にいう、人あつて、阿彌陀佛の德をきき、その名號を執持すること、一日、二日、乃至七日、一心に稱念して亂れなければ、命終の時に彼の佛は諸の聖衆と共にその人の前に現われたもう。その時、その人は心顚倒しないで卽ち彼の國に往生することができるのである。佛、舍利弗に告げたもう。「我は是の利を見るがゆえに、是の事を說く。もし是の說を聞くものは、まさに願を發して彼の國に生まれようと願うべきである」と。次で十方無量の諸佛の誠實の言として「汝等、みなまさにこの一切諸佛に護念せられる經を信ずべし」との勸勵を說きたもう。よつて、この經を護念經と名づける。それは人あつて阿彌陀佛を稱念すれば、一日、乃至十聲・一聲・一念でも、必ず往生することを得と證成するものであるからである。また佛名を稱えて往生しようと願うものを、十方無量の諸佛は常に護念せられるから、護念經と名づけるのである。

今、すでに、この憑むべき增上《すぐれたる》の誓願があるのである。されば佛弟子等よ、意を勵まして往生を願うべきではないか。

またいう。本願のことは『大經』に說かれてある。一切の善惡の凡夫が淨土に生まれることのできるのは、皆、阿彌陀佛の大願業力に乘《よ》ることを增上《すぐれたる》の緣とするからである。

またいう。南無というのは卽ち（彌陀に）歸命することであり、また（往生の）願を發こし、心を廻《ひるがえ》して（淨土へ）向うことを意味するのである。阿彌陀佛というのは、卽ち其の（願を發し心を廻して淨土に向う）行である。この道理によつて必ず往生ができるのである。

名號六字の釋。

またいう。『無量壽經』の四十八願において、佛《みだ》は言《のたま》う、「もし我、佛とならば、生あるものみなに、わが國に生まれようと願うて、せめて十聲でも名を稱えしめよう。それがわが願力に乘《よ》つて生まれなければわれも佛とはなるまい」と。これによつて往生を願う行人は、命終る時に、願力に攝められて、往生ができるのである。これを衆生攝取の增上緣というのである。

第十八念佛往生願の取意、加減の文という。

またいう。（釋迦は本願を說き）善惡の凡夫をして心をひるがえし、行を修せしめて、盡く往生せしめようとせられる。これを往生を證成する増上縁というのである。

またいう、

みをしえの　かずはちよろず
さまよえる　きずなたつため
ときつるぎ　ただ彌陀のみ名
ひとこえに　つみみなのぞく

ふるきとが　ちりのごときも
智慧にみつ　み名にほろびて
おのずから　おしえなくとも
まことなる　さとりへと入る

ながき世の　なやみはなれて
いまぞしる　釋迦のみめぐみ
ようように　はかりたまいて

彌陀ぶつの　誓いしらしむ

領　解　――名號釋

しかれば南無とのたまう言《ことば》は歸命ということである。その歸とは心がいたり、よりたのみ、よりかかることである。その命とは業であり、まねきひくもの、せしむるもの、おしえ、みち、たより、はからい、よぶものである。だから歸命とは、本願の招《まねき》喚《よぶ》したもう勅命《おほせ》である。また發願廻向の意味があるとは、如來がすでに願を發して、われらの行を施したもう心《みこころ》である。その行というのは卽ち選擇《えらばれし》の本願そのものである。この理由により必ず往生を得と歸結せられたが、それは卽ち不退の位に至ることを彰わすものである。それを經には卽得往生といい、釋には卽時入必定といってある。その卽という言《ことば》は、願力を聞くことによりて淨土《さとり》の眞因の決定する、その時尅の極限をあらわすものである。また必という言は、あきらかに、しからしめて、生死《まよい》と涅槃《さとり》とのさかいを分つことである。これ卽ち金剛の信心の成就した貌《かたち》である。

領解　これは親鸞の領解の言葉である。善導の名號六字の釋を領解せられたものである。

原文には「歸の言は至なり。又は歸說(悅)なり、また歸說(稅)なり」とあり、而して歸說(えつ)には「よりたのむ」歸說(さい)には「よりかかる」と左訓す。命の言は、業なり、招引なり、使なり、敎なり道なり信なり計なり召なり。

原文　必の言は審なり、然なり、分極なり。

讃佛のうた　『五會法事讃』

『五會法事讃』後の善導といわれた法照の作。

序

釋迦の教は、根機に隨つて廣略の別があるけれども、要は實相に歸せしむるにある。されば已にその眞理を體得したものには、その教も用のないことであろうか。然るに、ここに念佛の一法があり、眞に無上深妙のものである。これ卽ち、彌陀本願の名號を以て佛事を爲し、願力を以て群生を救いたもうものである。そこには念を離れて無念は求められず、生を離れて無生は求められず、相好を離れて法身は知られず、教說を離れて解脫は得られない道理が示されてあるのである。これによりて、釋迦は濁世に應生し、彌陀は淨土に出現したもうのも、その化益は一つであることが知られる。洵に修し易く證り易いのは、ただこの淨土の教である。

一　『稱讃淨土經』に依りて　法照

ほとけのみ名は　いとあきらかに
よもの世界に　あまねくきこゆ
そのみ名たたえ　ゆく人みなを

觀音　勢至　來りて迎う

彌陀の願は　まことかしこし
めぐみ　はからひ　人をみちびき
生けるものみな　まよいをはなれ
み名の功德に　つみ皆のぞく

われらみ國に　うまるる時は
永き世かけし　つみは滅びて
おもいのままに　智慧　身にとほり
老と病の　煩いはなる

二　『佛本行經』に依りて　法照

いかなるかこれ　ただしきみのり
まことのいわれ　これ眞宗ぞ
今し　よしあし　えらびわかちて
おぼろ心に　止まるなかれ

ただしき法は　この世　超えしむ
いましめまもり　心しずめよ
み名にてさとる　これ眞宗ぞ
おしえ捨てなば　道に外れん

因果をそしる　知識はうつろ
ただしき法は　この世　超えしむ
こころをさとり　身をかえりみて
み名となうるは　まことにかなう

三　『阿彌陀經』に依りて

かの世の道は　なりやすし
さゆるさわりの　あらざれば
よろずの善も　おのずから
み名のひかりに　開けゆく

この世の善は　なりがたし
彌陀のみ國に　うまれてぞ
おのずからなる　さとりえて
この世にかえり　苦をすくう

よろずの道の　その中に
さとり速《はや》きは　み名の法
釋迦のおしえ　これにして
すべてのほとけ　つたえます

この世にみ名を　稱うれば
かの世にひらく　蓮の花
この世のいのち　おわるとき
かの花きたり　むこうなり

四　『般舟三昧經』に依りて　慈愍

人身うけがたく　佛法ききがたし

慈愍　慧日という。淨土敎に就て一流を開ける高僧。法照はその慈愍の言葉を、ここに集錄せるのである。

幾世の長き日か
今こそ遇えり
今こそ遇えり
今こそ遇えり
今こそ遇えり
今こそ遇えり

空しく過ぎにけん
希れに聞く淨土の教
開けたる念佛の門
喚びたもう彌陀の御聲
共にたたう佛の徳
同じく期《き》す一如の契《ちぎり》

いざいなん
きかまほし
こたえいう
かのほとけ
み名呼べば
まずしきと
かしこさと
つみあると
すべてみな

もろともに
家郷《いえ》はいずこぞ
彼岸の淨土
ちかいをたてて
むかえまします
とみをわかたず
おろかへだてず
おきてまもると
えらぶことなく

こころして　み名となうれば
こがねにと　瓦もかわる
きかまほし　いずくにかゆく
こたえいう　彌陀のみくにへ
きかまほし　なにをたよりに
こたえいう　念佛しつつ
きかまほし　さわり多き身
いかにして　ゆくをうべきか
こたえいう　燈火《ともしび》やみを
やぶるごと　つみ、み名に消ゆ

五　『新無量壽觀經』に依りて　法照

ながき世を　ちりにまみれし
つみふかく　おろかなる身も
一念に　彌陀の名よべば
かのくにに　まことをさとる

諸師同讚

憬興師はいう。『大經』の説は二部に分れる。初は廣く如來の願行（因）とその成就としての淨土（果）とを説き、後は衆生《われら》がその如來の願行に攝受せられ（因）て、往生の益を得（果）ることを顯わしたもう。これによつて衆生往生の因果は、全く如來淨土の因果によることが明らかにせられた。

またいう。『悲華經』の授記品にも、如來の發願の久遠であることが説かれてある。故に『如來會』には「廣く大願を發し終つて、種々の功德を具えた清淨の佛土を成就せられ」たことを明かし、また「自身の修行によりて衆生を利益し、その功德を衆生のものにせられた」と説かれてある。

されば、われらが今、佛に値い法を聞くことは、洵にこれ久遠の因によるものと慶喜すべきである。

またいう、彌陀の國は妙《たえ》にして人は智德すぐれている。だれかその國へと願わないでおられよう。しかるに至德の名を稱うればおのずから生れて、貴賤上下の距てはない。まことに往き易いのであるが、それを信ずる人は甚だ稀れである。

またいう、經に本願力というは、即ち往生は誓願の力によることを顯わすものであ

諸師同讚　已下諸宗の祖師達も、念佛往生の法を稱讚し勸勵せらるゝことを顯わさるゝのである。

憬興　この引文は『無量壽經述文讚』による。

（原文をかなり省略した。）

る。またその願に缺くるものがないから滿足願といい、求むるものが空しくないから明了願という。また壊ぶれるような障りがないから堅固願といい、必ず果し遂げるから究竟願ともいうのである。この佛の廣大な威德を聞くことによつて、佛道に不退なるを得るのである。

『樂邦文類』に張掄はいう、佛の名《みな》は持《たも》ち易く、佛の國は往き易い。いかなる法も、これに及ぶ捷徑《はやみち》はない。されば朝夕の暇を惜んで、永劫に壊れぬ道の資《たすけ》とすべきである。それは力を用いることは甚だ微少《すくな》くして、功を收めることが限りないからである。人はまた何を苦しんで、この道を捨てて行わないのであろうか。ああ、世は夢であつて眞ではなく、壽《いのち》は短くて保ち難い。來生というも呼吸の間にある。一たびこの人身を失えば、再び得ることができない。今にして悟らなければ、佛も衆生《われら》をどうすることもできない。されば深く無常を念じて、後悔のないようにせねばならない。

天台の祖師、慶文法師はいう、佛のみ名は光壽量りなき眞身から成り、大慈悲から成り、大誓願から成り、智慧海から成り、法門海から成つたものである。故にもしただ專ら一佛のみ名を稱えれば、具によろずの佛のみ名を稱えることとなるのである。

『樂邦文類』　天台宗、宗曉の撰述。

張掄　宋代の人、在家の居士。

慶文　傳、著作、不明。

その功徳が無量であるから、罪障を滅ぼして淨土に生まれることができる。どうして、疑う必要があろうか。

律宗の祖師、元照はいう。釋迦は大慈を以て淨土を開示し、ねんごろに徧く大乘經にその法を勸勵せられた。然るにそれを見聞しつつも疑謗して、自ら沈溺に甘んじ、超出を願わないのを如來は憐れむべきものとせられる。まことにこの法が特に普通の教と異なることを知らぬからであろう。この法は賢愚をえらばず、僧俗を分たず、修行の長短をいわず、罪の輕重を問わない。ただ決定の信心を、往生の因種とすすめるものである。　元照『觀經義疏』

またいう、淨土の諸經には魔に就ての説がない。されば念佛者に魔障のないことは明らかである。山陰の慶文法師の『正信法門』には、その意を詳説してある。その説にいう。禪定を修する人は、或は身心不調の內魔に障えられ、或は環境喧騷の外魔に襲われ、或は邪想妄念の惡魔に魅せられる。これらは皆自力で正念を得ようとするからである。したがつて常によく魔障の對治を心がけねばならない。然るに念佛は佛力をたのむものである。それは、恰も帝王の傍にあれば、犯すもののないように、一切の魔も念佛者を障碍することができぬ。阿彌陀佛には、大慈悲力があり、大誓願力が　同上あり、大智慧力があり、大摧邪力があり、天眼もて遠くを見、天耳もて遙かに聞き、他心を徹鑒《みとおす》する力があり、光明徧く照らして衆生を攝取したもう力がある。かくの如き不思議の功徳力があつて、護持せられるからこの佛を念ずるものに魔障のありようがないのである。

またいう、一乘教の結歸するところは淨土であり、萬行に勝れたものはみ名である。まことに專一に本願を建てて聖行を盡くし、永劫にわたつて濟度の慈悲を懐きたもう。されば寸毫の地も捨身の行のおん跡でないところはないのである。大悲と智慧と修行とを以て遺《のこ》らず攝化せられる。身も財物も求められるままに施された。これによつて機縁は熟し、行功は成りて、佛身を證せられ、その萬德は惣べて名號に彰われていることである。

またいう。わが彌陀は名をもて衆生を攝めたもう。ここを以て耳に聞き、口に誦すれば、無邊の聖德はすべて識心に入り、永く佛種となり、宿世の重罪を除き、無上道を證ることとなるのである。

元照『彌陀經義疏』

またいう、凡そ人の臨終には自主性を失い、善惡の業因が發現して、或は惡念を起し、或は邪見を起し、或は戀情を生じ、或は狂氣を生ずる。その惡相は一樣ではない。みな顛倒である。けれども前に佛名を稱せるものは、罪が滅び障が除かれ、淨業は内

同上

に薫じ、慈光は外に攝めたもうから、一念に苦を免かれて、樂を得るのである。

慈雲法師はいう、捷徑《はやみち》であり、眞實である淨土念佛の業を修せよ。もろもろの罪惡を滅ぼし、もろもろの佛道を成就せんとすれば、この法を修せよ。死に臨んで怖れなく、身も心も安らかにして、衆聖に迎えられ、塵勞《なやみ》を離れて不退に至り、時を歷ずして涅槃を得ると。かような古賢の嚴正な言葉には從わずにいられない。

また讃《たた》えいう。この法は是れ、了義《あきらかなるいわれ》の中の了義であり、圓頓《かくることなきはやみち》の中の圓頓である。

元照律師はまた唱《たた》えていう。念佛はこれ圓頓の一乘《ひとすぢみち》であり、純一にして雜るものがない。

律宗の戒度はいう。佛のみ名は是れ功を積みて薫修されしものである。その萬德は取入れられてすべて阿彌陀佛の名に彰われる。故に、その名を稱えれば益を獲ることは淺からぬものである。

慈雲　天台宗の人、遵式という、この引文は元照『觀經義疏』による。

元照『觀經義疏』

戒度　元照の弟子、『觀經正觀記』。

律宗の用欽はいう、今もし、わが心口をもて一佛の嘉號《みな》を稱念すれば、則ち佛の因より果に至るまでの無量の功德は、この身に具わらぬということはない。

またいう、一切の佛は永き時を徑て、法の實相は無相であることを悟りたもう。故に自然の大願を發し、無執の妙行を修め、無礙の道を證り、形なき國土に住し、跡なき神通を現わされる。されば大千を覆う舌をのべてこの經を信ぜよと勸められることも、無說の說であるから、われらの心に思い口に議し得ることではない。私に思う、諸佛の不思議の功德は直ちに彌陀の身土の功德に攝する。したがつて稱名に於ても諸佛の德は彌陀の名に攝まるのである。

用欽　元照の弟子、著作『阿彌陀經超玄記』今は傳わらず。

三論の祖師、嘉祥はいう。念佛はいかなれば多くの罪を滅し得るのであろうか。それは佛に無量の功德がある。その無量の功德を念ずるから、無量の罪を滅ぼし得るのである。

『觀經義疏』

法相の祖師、法位はいう、よろずの佛はみなその德を名に收めたもう。ゆえに名を稱えるのは、即ち德を稱えることとなる。その德が罪を滅ぼし福を生ずるように、名も同じ作用《はたらき》を爲すのである。若し佛名を信ずれば、善を生じ惡を滅すこと決して疑い

『無量壽經義疏』にいずというも、今は傳わらず。

がない。稱名往生には、何の惑《まど》いがあろうか。

禪宗の飛錫はいう。念佛は善の最上なるものであり、萬行の元首《かしら》となるものである。

『念佛三昧寶王論』にある。

六　源　信

源信　眞宗の第六祖、日本の祖師、『往生要集』はその代表的著作である。

『往生要集』にいう、『大經』には行業の淺深によつて、往生人に上中下の三輩を分つけれども、その三輩に通ずるものは、一向《ひたすら》に專ら無量壽佛を念ぜよということである。

また四十八願の中にも、念佛については、特に一願を發こして「十聲稱念のものも往生せしめよう。さなくば我も佛とはならぬ」と誓いたもう。

第十八　念佛往生の願意。

さらに『觀經』には、極重の惡人には、他の方便《てだて》はない。ただ彌陀の名を稱うれば、極樂に生まれると説かれている。

またいう。『心地觀經』に佛の六種功德を説く。それは（一）無上の大功德を生ずる田地として（二）無上の大恩德を具え（三）生あるものの中の最尊なるものとして（四）極めて値遇し難く（五）百千の世界にもただ獨りと仰がれ（六）世に隨い世を超ゆる功徳を圓滿したもうことである。
されば念佛のこころも、自からこれらの功徳に相應すべきものであろう。これによりて

一には念う
御名よびまつる一聲《ひとこえ》に
すでにまことの道にあり
こよなき徳をめぐみます
佛に歸命したてまつる

二には念う
すべてをひとり子のごとく
いとし眼にみそなわす
大慈の母となつかしみ
佛に歸命したてまつる

三には念う
十方のひじり　みなともに
うやまいたもう尊さの

うえなき徳を仰ぎつつ
佛に歸命したてまつる

四には念う

御名を聞き得し喜びは
枯木に花の咲きしごと
あいがたくして　あい得たる
佛に歸命したてまつる

五には念う

世界の數は多くとも
世尊は一人いますのみ
大法王とかしこみつ
佛に歸命したてまつる

六には念う

さとりの法の大海は
世は移るとも體は一《いち》
その萬徳を具えます

佛に歸命したてまつる

またいう、ハリシッタ樹の花にて一日薫じたる衣の香りには、センブの花やハシカの花にて千歳も薫じたる香りも及ばぬということである。

またいう、一斤の石汁は能く千斤の銅を化して黄金とし、雪山《ヒマラヤ》に生える忍辱草《ねむりぐさ》は、牛がこれを食えば醍醐となる。また尸利沙樹《ねむのき》は昴星《スバル》の現われる時に果實を生ずるということである。

これらの事例は、すべて念佛の功徳と思い合わさしめるものである。

七　源　空

『選擇本願念佛集』源空集にいう。

南無阿彌陀佛。往生の業は念佛を本とする。

またいう。それ速かに生死を離れようと欲わば、二つの勝法の中、しばらく聖道門を閣《さしお》いて、選んで淨土門に入れ。淨土門に入ろうと欲わば、もろもろの雜行を抛つて、選んで正行に歸《よ》れ。正行を修めようと欲わば、助業を傍らにして、選んで正定を專らにせよ。正定の業とは卽ち佛の名を稱うることである。名を稱えれば、必ず淨土に生まれることができる。それは佛の本願に依るからである。

ハリシッタ樹　天界に生えると傳えられる香樹。

センブ、ハシカ　共に印度に生える香樹。

石汁　カタカという藥汁、錬金術に用いるもの。

源空　眞宗第七祖。

註　この世にて覺りを開こうとするを聖道門といい、その聖道門の行を以て淨土に生まれようとするを雜行という。淨土に生まれるために淨土の經典を讀み、淨土を觀察する等は助業であり、ただ佛名を稱うるを正定業という。

結　釋

明らかに知る、念佛はこれ凡夫・聖者の自力の行ではない。ゆえに「不廻向の行」と名づけられる。されば聖者も賢人も、善人も悪人も、皆、同じく齊しく如來の選びたまいし大寶海《みな》に歸して、念佛し成佛すべきである。

されば『論註』にいう、かの安樂國に在るものは、みな彌陀の正覺の華より化生せるものである。それは淨土に生まれるには、同一に念佛すべく、その他に別の道がないからであると。

しかれば眞實の行信を獲る者は心に歡喜《よろこび》が多いから、これを歡喜地と名づける。この名はこれ聖者の境地に擬えるものである。聖者となればたとえ睡り惰つても迷いに陥いることがない。自力の修行に於ても、この境地に到ることを得るのである。ましてわれら群生の本願の行信に歸命するものは、光明に攝め取られて捨てられることはない。さればこそ阿彌陀と名《よ》ばれたもう。ここに他力の本義がある。それで龍樹大士は即時に必定《ほとけとなるべきくらい》に入るといい、曇鸞大師は正定聚《ほとけとなるべきひと》の數に入ると說かれた。仰いでこれを憑み、專らこれを行うべきである。

　まことに知る。徳號《みな》の慈父《ちち》がいまさなければ淨土に生まるべき因を缺き、光明《ひかり》の慈母《は》がいまさなければ、淨土に生まれしむる緣が離れる。またその因緣は和合するとしても、信心の業識がなければ光明土《ひかりのくに》に到ることができない。されば眞實の信心の業識は卽ち內なる因となり、光明《ひかり》と名號《みな》の父母は卽ち外なる緣となり、その內外の因緣が和合して、報土《まことのくに》の眞身《まことのみ》を證り得るのである。これによつて宗師善導は「光明と名號とを以て十方《ものみな》を攝受し化益し、ただ信心によつて往生を求めしめたもう」といい、また「念佛成佛するのが、眞宗である」といい、また「眞宗は遇いがたい」と說かせられた。思い知るべきである。

　およそ往相廻向《さとりへのめぐみ》の行信には、行において一念があり、信にもまた一念がある。行の一念とはみ名を稱えること一聲でもという、その徧數《かず》によりて、如來の願心に選び取られた易行の至極なることを顯《あら》わすものである。

　これによつて『大經』には「佛、彌勒に語りたもう。彼の彌陀の名聲を聞き得て、歡喜踊躍《よろこびにおどる》して、乃至一念するものがあらば、その人は大利を得たものである。その人は無上の功德を具足する」と說かれてある。

業識　業による心識。

報土の眞身　報土は衆生救濟の本願に報われしところなるが故に報土といい、その報土の德を感ずるものを眞身という。

已下、行の一念のこゝろを顯わさる。

光明寺の和尚は、稱名を「一念に至るまで」といい、また「一聲一念」といい、また「專心專念」といい顯わされた。

また『往生禮讃』には「深心とは、卽ち眞實の信心である。それは自身は煩惱を具足したる凡夫、善根が薄《うす》く、三界《まよえるよ》に流轉《さすらい》し、火宅を離れぬものと信知し、今、彌陀の誓願は名號を稱うること十聲なるも、また名號を聞くものも必ず往生を得しめたもうと信知して、一念なりとも疑心がない。それを深心と名づけるのである」といつてある。

經に「乃至」とあるのは一多を包容する言《ことば》である。多きは一生を盡くし、少きは一聲に及ぶということである。「大利」というは小利に對し、「無上」というは有上に對する言である。まことに大利無上なるものは一乘眞實の利益であり、小利有上とは八萬四千《よろづのおしえ》の假門であると知らされる。釋善導に「專心」というは卽ち一念であつて、二心のないことをあらわし、專念というは卽ち一行であつて、二行のないことをあらわすものである。今、『大經』の彌勒に付囑せられた一念は、卽ち一聲である。一聲は卽ち一念であり、一念は卽ち一行であり、一行は卽ち正行であり、正行は卽ち正業であり、正業は卽ち正念であり、正念は念佛であり、卽ち南無阿彌陀佛である。

しかれば大悲の願船《ふね》に乘つて光明《ひかり》の廣海《うみ》に浮べば、至德《みな》の風は靜かに流れて衆禍の波おさまり、直ちに無明の闇は破れて、速かに無量光明土《ひかりのくに》に到り、大涅槃を證りて

火宅　世界を火のついた宅に喩う。『法華經』にある。

普賢の德に遵う身となる、知るべきである。

『安樂集』にいう。十念の相續ということは、釋尊の知見に依ることである。われらはただみ名を念じて他事《よそごと》を思わなければ往生の業道《みち》は成辨《なりゆく》するのである。しかれば勞《わづらわ》しく稱名の數を記すべきではない。しかし始めて念佛するものは、その數を記すのも好いことであろう。

以上は眞實の行を顯わす明證である。誠に知る、選擇攝取《えらびとりたまいし》の本願であり、超世希有の勝行であり、圓融眞妙の正法であり、至極無碍の大行であると知るべきである。

本願力

他力というのは、如來の本願力《ねがいのちから》である。『論』にいう、大聖者は法を身として常に靜寂に住し、種々の身と種々の神通と種々の說法とを現わしたもう。これはみな其の本願力から起るのである。それは恰も阿修羅の琴は、それを鼓《う》つものがなくても、自からなる音曲のあるが如くである。これが敎化の境地の功德である。

聖者は禮拜・讚嘆・作願・觀察の四種の門に入つて、自利の行を成就し、第五の廻向門に出でて、他を利益する行を成就せられる。その自利の行を成就するとは、卽ち

普賢の德　大悲利他の德。

選擇攝取　念佛は佛心に選ばれ、往生の行として攝取せられしものである。

『論』—『論註』

神通　不思議の力用、精神の透通、自在の感覺。

大聖者　ここでは法藏菩薩をさす。

阿修羅の琴　神話の由來不明。

自利の満足である。自利するから能く利他することができる。自利し得ないで利他し得るものではない。また利他の行を成就するとは、廻向の因を以て教化地の果を證するのであるから、因も果も一事として利他し得ないものはないのである。ゆえに、利他するからよく自利するのであり、利他を成就しないで自利を満足し得るものではない。

かくして聖者はかように五門の行を修し、自利利他して速かに無(一)上正(二)偏(三)道(四)を成就せられる。正(二)とは聖智である。聖智は法《もの》の如相《あるがまま》を知るから正智といわれる。されど法の眞相は無相《かたちなし》であるから、聖智も無知《こころなし》である。偏(三)とは聖心があまねく一切の法を知り、法身があまねく法界《ものみな》に満ちて、身心共に偏せざるなきをいう。道(四)とは無礙道である。『經』に「十方の無礙人は、一道より生死を出づ」という。その一道とは一無礙道である。無礙とは生死即ち涅槃なりと知ることである。これによつて、あらゆる事理の不二をさとらしめられるのが無礙の相である。この正偏の道は、理(一)をきわめ、性を盡すこと、これに過ぎるものがないから無上道と稱せられた。

問う、われらは、何の因縁によりて、速かにこの無上正偏道を成就し得るであろうか。

無上正偏道　梵に阿耨多羅三藐三菩提という。已下その解說。

『經』は『華嚴經』。

他利利他の義異説多し、今その一解に随う。

答う。『論』に五門の行を修して自利利他を成就すると説かれてある。然るにまことにその自利利他の行が成立するその本を追求すれば、彌陀の本願を増上《すぐれたる》の縁とするものであろう。それは教化を現わすのに利他といわれたことにも指示されてある。われらに行われる教化は、他が利せられるということであつて、他を利するということではない。利他ということはただ佛においてのみできることである。されば利他の語によつて、五門の行というものは、即ち佛力なることを顯わされるのに違いない（およそ彼の淨土に往生することも、淨土の人としての聖業も）そうでなければ四十八願というも、徒らに設けられたものとなるであろう。

今、まさしく三願を取上げて、その義意《こころ》を證明しよう。願にいう。「われ佛とならば、生あるものみな、心を至し信樂してわが國に生まれようと欲い、わが名を稱えよ。その人もし生まれずば、われも覺《さとり》の身とはなるまい。ただ逆惡をなし、正しき法を謗るものを除く」（念佛往生の願）と。この佛願の力によりて十念念佛すれば即ち往生することができる。往生すれば迷いの道にさまようことはない。さまようことがないから、速かに無上道を成就することができる。これが一の證である。

願にいう。「われ佛とならば、國の中の人天、定聚《ほとけとなるくらい》に住し、必ず涅槃に至るを得よう。しからずば覺の身とはなるまい」（必至滅度の願）と。この佛願の力によつて正定聚に住することができ、正定聚に住するから必ず涅槃に至ることを得、もろもろの廻伏《さすらい》の難がない。これ速かに無上道を成就することができる二の證である。

願にいう。「われ佛とならば、他方《よそ》の佛の國の聖者たちも、わが國に來生して、必ず佛の位を得るべき身となるであろう。――ただその聖者に本願があつて、教化のために誓いに身をよろい、德を積み、よろずの佛の國に遊びて聖行を修し、よろずの佛に供養《つかえ》し、量りなき衆生を化益して、無上正眞の道に入らしめようとするものは、この限りではない。この願ある聖者は、常倫に超え、もろもろの智慧の境地に達し、普賢の德を修するものである。――しからずは覺《さとり》の身とはなるまい」（一生補處の願）と。この佛願の力によつて、常倫に超え、もろもろの智慧地をさとることができる。これ速かに無上道を成就する三の證である。これを以て推求するに、他力を增上の緣とすることは疑いのないことである。

また例を引いて、自力・他力の相を示そう。人あつて惡道に沈むことを畏れる心から、禁戒を持ち、禪定を修め、神通を習えば、神通力によつてよく四天下に遊ぶことができよう。それは自力である。また驢馬にも上れぬ卑賤のものも、天王の行《みゆき》に從えば、虚空に昇り四天下に遊ぶに碍りがない。これが他力である。愚かなるかな、他力を疑うこと。後の學者よ、他力の乘託すべきことを聞かば、信心を生ずべきである。

原文、弘誓の鎧　本願の堅固さを喩えたるもの。

自力に局限していてはならない。

元照律師はいう、この世に止まつて惑を破り眞を證るのは、自力の法である。それはもろもろの經に說かれている。彼の世を求めて法を聞き道を悟るには、他力を憑まねばならぬ。これによつて淨土の法は說かれた。二の道は異なるけれども、いずれも自心を悟らしめる方便に外ならぬものである。

『觀經義疏』上にある。

一乘海

一乘海というは、「一乘」は大乘であり、大乘は佛乘である。それゆえに、一乘を得るものは無上正徧道を得るのである。無上道は卽ち涅槃の境であり、涅槃の境は卽ち究竟の法身である。その究竟の法身を得るものは、すなわち一乘を究めるものである。されば一乘を究めたるものの外に法身もなく如來もない。したがつて一乘を究むれば、卽ち廣大無邊であり、悠久不斷である。大乘には二乘・三乘がない。二乘・三乘を說くのは一乘に入らしめるがためである。その一乘とは卽ち第一義乘であり、ただこれ誓願の一佛乘である。

『涅槃經』にいう、佛子よ、實諦《あきらかなるいわれ》を大乘という。大乘でなければ實諦とはいわれない。佛子よ、實諦は佛說であつて、魔說ではない。魔說は佛說ではないから、實諦とはいわれない。佛子よ、實諦は淸淨な一道であつて二つあるものではない。

またいう、佛弟子は一實《ひとつのまこと》に信順する。それは生けるものみな一道に歸するものと了知することである。その一道ば大乘である。しかるに佛がこれを分ちて三とせられるのは、敎化のために外ならぬ。ゆえに佛弟子の信順には無理がない。

またいう、佛子よ、究極ということに二つある。一は修道においてであり、一は證悟においてである。それは常識の究極と、眞實の究極ともいわれる。修道における究極とは、佛道を行修することである。證悟としての究極は、生けるものみなの得る一乘である。その一乘とは佛性である。これによつて我は生けるものみな佛性ありと說く。生けるものみな一乘の佛性があるけれども、無明に覆われているから見るを得ないのである。

またいう、一とは生けるものみなの一乘にあること、非一とは三乘の說である。

『華嚴經』にいう。

文珠《ちえ》の法《みのり》は　かわりなし
法《みのり》の王は　ただ一つ

「分ちて三とす」 聲聞と緣覺と菩薩との三つの道。

修道、證悟 原文「莊嚴畢竟とは六波羅蜜、究竟畢竟とは一切衆生の得るところの一乘」。

すべてのさわり　なき人の
迷いはなれし　道は一
ほとけのみ名は　かわるとも
その身は一つ　法《みのり》の身《み》
心も一つ　智慧も一
その餘の徳も　またおなじ

しかれば、これらの覺悟《さとり》はみなこれ、彌陀の淨土の與える大利であり、本願の不思議に恵まれる至徳である。

「海」というのは、久遠《とおきむかし》よりこのかた、凡聖の修した雜行・雜善の川水を轉じ、逆惡と謗法とに混亂せる無明の海水を變えて、本願の大悲・智慧・眞實の無邊の功徳の大寶海水と成すことを喩えるものである。まことに經に「煩惱の氷解けて、功徳の水と成る」と説かれた意味も知られることである。

かかる轉成の力を持つ本願の海は、賢聖の雜善の屍骸をすら宿さない。まして、人天の虚假・邪僞の善業たる雜毒・雜心の屍骸を宿すはずはないのである。

故に『大經』にいう。

賢き人も　ひじりらも
佛のこころ　きわめえじ
生まれながらの　盲いにて
人を導き　得ぬごとし

佛の智慧の　大海は
廣く涯なく　底いなし
淺き智いかで　はかり得ん
ただ佛のみ　しろしめす

『淨土論』(「論註」) にいう。彌陀は虛しからぬ住持の功德を成就せられる。それは「ほとけの願力《ねがい》に遇いぬれば、空しく過ぐる人あらじ、大なる功德の寶をば、能く速に滿たさしむ」と讃《たた》えられるものである。住持の德を成就するとは、阿彌陀如來の本願力である。卽ち本《むかし》の法藏菩薩の四十八願と、今日の阿彌陀如來の自在なる神力とで

法藏菩薩　阿彌陀佛はその昔、法藏菩薩と名告りて修行せられた。菩薩は佛の道を求め行う人ということであるが、今は特に佛、人を救わんが爲に人となりたもう相と拜せられる。

ある。願によつて力は成り、力によつて願は就《と》げられる。ここに於て願は徒《むだ》なものでなく、力は虚《むな》しきものでない。力と願とが相かなうてあくまでたがうことがないから、それを住持の徳の成就というのである。

またいう。海というは、佛の一切に明らかなる智は深く廣くして涯しがなく、凡聖の雑善の屍骸を宿さないことを喩えるものである。それで淨土の人天は不動衆といわれ、清淨智海より生まれるものと説かれた。不動衆というは、彼の人天は大乗の根性を成就して、動かし得ぬものであるからである。

光明師善導はいう。

　一乗海と説かれたる
　聖なる道の法の藏
　さとりのはやきおんおしえ
　われひとすじに依りまつる

またいう。

　『瓔珞經』に　説かれしは
　わけのぼりゆく　ながきみち

久しき時を　かさねてぞ
ようやく不退　さとるべし
『觀經』等に　説かるるは
すなわちさとり　はやきみち
佛の法を　おさめたる
おしえ尊く　あおがるる

『樂邦文類』に、宗曉禪師はいう、睘丹と名づくる仙藥は、一粒にてよく鐵を變えて金と成すがごとく、眞理の一言は惡業を轉じて善業と成すものである。

睘丹　石汁と同じく錬金術に用いるもの。

念佛と諸善との比挍

ここに經釋の教について念佛と諸善とを比挍して對論せば、

念佛は　諸善は
（一）修し「易」く　修し「難」い
（二）さとり「頓《はや》」く　次第に行じて「漸く」さとる

(三)　おのずから「横《よこさま》」に生死を離れ　「竪《たてさま》」に向上して覺を開く
(四)　生死を「超」越し　覺りへと進「渉」する
(五)　本願に「順」い　本願に「逆《そむ》」く
(六)　功德「大」にして　功德「小」なり
(七)　功德「多」く　功德「少」し
(八)　功德「勝」れて　功德「劣」る
(九)　佛に「親」しく　佛に「疎」し
(一〇)　佛に「近」く　佛に「遠」い
(一一)　緣「深」く　緣「淺」し
(一二)　本願の力うけて「强」く　雜善の故に「弱」い
(一三)　本願の故に「重」く　自力の故に「輕」い
(一四)　「廣」く正・像・末の三時に通じ　「狹」くして末法に益なし
(一五)　「純」なる往生の行であり　他の道にも「雜《まぎれる》」通するものである
(一六)　直《ちか》「徑《みち》」であり　「迂《まわり》」路《みち》である
(一七)　「捷」き道であり　「遲」き路である
(一八)　本願の特「別」なる法であり　一般佛教に「通」ずるものである

正像末の三時
釋尊の滅後教・行・證の具わるを正法の時といゝ、教、行あるも證るものなきを像法の時といゝ、たゞ教のみ殘るを末法の時という。或は持戒と破戒と無戒とに依りて分つ。

（一九）「不退轉」を得　「退轉」を免れぬ
（二〇）淨土の經に「直辯」し　他の經に「因明《ちなみにあかす》」す
（二一）「名號」を體とし　「定・散」の心をたのむ
（二二）道「理を盡」くし　「道理を盡さぬもの」である
（二三）諸佛「勸」め給い　諸佛の勸めがない
（二四）憶想の心、「無間《ひまなく》」であり　憶想の心「間《へだ》」つ
（二五）憶念の心、「不斷《たえず》」であり　憶念の心「斷」つ
（二六）「相續」し得　相續し得ない
（二七）功德は「無上」であり　功德は「有上」である
（二八）「上上人」と稱め（念佛者を）　「下下人」ときらわる（諸善の行者は）
（二九）「不思議」の法であり　「思議」し得るものである
（三〇）佛の「果德」を具え　佛道の「因行」である
（三一）佛の「直說」であり　弟子等の「他說」である
（三二）「不廻向」の法であり　「廻向」せねばならぬものである
（三三）諸佛「護」念したまい　諸佛の護念なし
（三四）諸佛「證」誠したまい　諸佛の證誠なし

（三五）諸佛稱「讃」したもう	諸佛の稱讃なし
（三六）經に之を「付屬」せられ	經に付屬なし
（三七）「了　義《あきらかなるいわれ》」の教であり	「不了義」の法である
（三八）時「機に堪」えたる行であり	時機の「不堪」なるものである
（三九）法藏「選」擇の行であり	選捨されし（不選）行である
（四〇）これ「眞」宗であり	これ「假」門である
（四一）常に彌陀の「不滅」を見	時に彌陀の「滅」を見る
（四二）法滅の時にも「不滅」であり	時來れば、その「法滅」ぶ
（四三）大「利」あり	「不利」である
（四四）「他力」により	「自力」である
（四五）本願有り	本願無し
（四六）光明に「攝取」せられ	光明に「不レ攝《おさめられない》」
（四七）「入定聚」し	定聚の數に「不レ入」
（四八）眞實「報」土に生まれ	方便「化」土に生まれる

これによりて本願の一乗海を思うに、功徳を圓融し滿足し、さとりは極速にして無碍なる絶對不二の教であることは明らかである。

付屬　末の世にもおこなわれるようにと、弟子に依屬せらるること。

方便化土　佛、われらの根機に應じて眞實へと導くてだてとして、いろ、かたちを現わされし淨土。

また教を受くる機について念佛と諸善とを對論せば

念佛の機は	諸善の機は
(一)佛智を「信」じ	佛智を「疑」う
(二)依るところ「善」であり	雜毒の故に「惡」である
(三)「正」しき道にあり	「邪」まにあるものである
(四)「是《よき》」人といわれ	「非《ひとにあらず》」人ときらわる
(五)「實」を體し	「虛」しく行う
(六)「眞」に徹し	「僞」を知らぬ
(七)清「淨」の心を得	「穢」心がさらない
(八)「利」根であり	「鈍」根である
(九)直心の故に「促《はや》」く	遲慮《ためらう》の故に「奢《おそ》」い
(一〇)功德の寶に「豪《と》」み	功德の寶に「賤《まず》」し
(一一)智慧「明《あきら》」かであり	心「闇」きものである

これによつて一乘海の機を思うに、金剛の信心は絕對不二の機なることを知るべきである。

敬白

敬《つつし》んで世の求道者に告ぐ。誓願の一乗海には說き盡せぬ碍りなく邊りなき勝れて妙なる不可思議の德が成就せられてある。洵にこれ本願の不可思議なるに依ることである。

大悲の願はあたかも虛空の如く、もろもろの妙なる功德は廣大にして邊りがない。また大車の如く、普くよく凡夫と聖賢とを載せ運ぶ。妙蓮華の如く、一切の世間の法に染まない。善見と名づくる靈藥の如く、一切の煩惱の病を治し、利劍の如く、よく群生の憍慢の鎧を斷ち、勇將の幢の如く、もろもろの魔軍を伏し、利き鋸の如く、よく一切の無明の樹を截り、利き斧の如く、もろもろの苦惱の枝を伐り、善知識の如く、群生の生死を解き、導師の如く、善く凡夫に涅槃の道を知らしめ、泉の如く、智慧の水を出して盡くることなく、蓮華の如く、一切の罪垢に染せられず、疾風の如く、もろもろの障の霧を散らし、蜜の如く、一切の功德の味を圓滿し、正しき道の如く、群生をして智慧の城に入らしめ、磁石の如く、本願の機を吸い、黃金の如く、一切の人爲の善に光なからしめ、伏藏の如く、よく一切の佛法を攝め、大地の如く、三世・十方の一切の如來を出生し、日輪の光の如く、一切の凡愚の痴闇を破つて信樂を生ぜし

善見　『華嚴經』にある。雪山に生える藥王樹と傳えらる。

伏藏　寶のかくされたる藏。

め、君王の如く、一切の上位の人に勝れ、嚴父の如く、一切の凡聖を訓導し、悲母の如く、凡聖の淨土眞實の因を生み、乳母の如く、一切の往生人を養育し守護し、大地の如く、よく一切の往生人を持ち、大水の如く、一切の煩惱の垢を滌ぎ、大火の如く、一切の意見の薪を燒き、大風の如く、普く世間に行われて碍わるところがない。

よく繫縛の城を出だし、流轉の門を閉じて、眞實の淨土にあらしめ、よく邪・正の道路を辨えしめ、愚痴の海を竭《つ》くして、願海に流入せしめる。ついに一切智の船に乘ぜしめて、もろもろの群生海に浮ばしめたもう。ここに無量の福智は圓滿し、ここから無盡の方便は開顯せられる。良《まこと》に奉持すべく、特に頂戴すべきである。

およそ誓願については、眞實の行と信とがある。その眞實の行の願は諸佛稱名の願であり、その眞實の信の願は至心信樂の願である。これすなわち大悲心に選びたまいし本願の行信である。その本願の機となるものは、一切の善惡の凡愚であり、その行信による往生は難思議往生といわれる。そしてその本願の報いとして往生人に證られる佛と土とは、すなわち報佛といい報土といわれるものである。これすなわち誓願の不可思議なる一實眞如海であり、『大無量壽經』の宗《むね》とするところであり、他力眞宗の正意である。

福智　道德と智慧。施、戒等は善根福德といわるる。

方便　衆生を導く方法。

正信讃

これによつて恩を知り徳に報いる心から宗師曇鸞の書を披けば、

「それ佛弟子が佛に歸するのは、孝子が父母に歸し、忠臣が君后に歸するのに、動静に私なく、出入に必ず由《わけ》あるが如くである。されば恩を知り徳に報いんとするものは、先ず佛に對つて啓白するのが理《みち》である。またその願いは輕くないから、如來の加被の力なしには達し得ぬことである。それで仰いで啓上するのである」

と說かれてある。

しかれば大聖の眞言に歸し、大祖の解釋を閱して、佛恩の深遠なることを信知して、正信念佛の偈を作つていう。

壽命《いのち》と光《ひかり》かぎりなき　佛《ほとけ》に歸命したてまつる
法藏菩薩その昔　師佛《しぶつ》につかえましし時
人の心とその業《わざ》を　きよめん道をみそなわし
ここにこよなき願を立て　世を濟わんと誓いたり

宗師の書　曇鸞『往生論註』。

大聖の眞言　釋尊の經說。

大祖　七高僧。

ふかき思いを彌陀の名に　おさめて四方《よも》にきこえしむ
さわりなくまたならびなき　光不斷にてらしてぞ

貪欲《むさぼり》きよめんみひかりと　瞋恚《いかり》なごむる喜びと
愚痴《おろか》をやぶる御智慧に　ものみな惠みうけまつる

誓いの名聲《みな》を身にうけて　大悲のこころいただけば
智慧の眼《まなこ》をひらきえて　涅槃のさとりに至るなり

佛《ほとけ》のみむね説かんとて　釋迦はこの世に出でましぬ
にごりになやむ同朋《はらから》よ　まことの御言《みこと》うけまつれ

ひとたび信をおこしなば　さわりのままに德となる
もろびと名聲《みな》に歸しぬれば　めぐみの海にとけ合わん

大御光《おおみひかり》に照らされて　疑いの暗《やみ》晴れたれど
愛と憎みの雲霧《くもきり》は　常に信心《まこと》の空をおおう

よし雲霧はへだつとも　暗のあらぬぞとおとけれ
その信心《まこと》獲しよろこびに　迷いの夢もさめぬべし

われら凡夫もみ佛の　願いにかなう身となれば
智慧あるものとよびたまい　白蓮華よとほめたもう

されど佛の本願は　よこしまにしてほこる身に
うけたもたんはいとかたし　かたきがなかになおかたし

印度・中國・日本と　世々にひじりの出でまして
釋迦のみこころうけ傳え　彌陀の誓いを明かしけり

世尊はかねて後の世に　龍樹となのるひじりいで

龍樹出世の豫言『楞伽經』に説く。

邪見を破り大乗の　こよなき法を説きひろめ

歓喜の智慧地さとらんと　宣《の》り給いしに應えてぞ
陸路《くがじ》の難き行かんより　易き船路《ふなじ》によれよかし

彌陀の願いを念じなば　おのずからなる道あらん
慈悲《めぐみ》憶いて常にただ　名號《みな》稱えよとのべましぬ

ひじり天親《てんじん》論を説き　無碍の光に歸したまい
經のまことに應えてぞ　彌陀の誓願《ちかい》をたたえつつ

その願力に賜われる　一心のむね彰わしぬ
名號《みな》の功徳に歸しぬれば　かならず聖のかずに入る

永遠のみくにに至りなば　やがて眞如《まこと》を證りえて
生死《まよい》の園に遊びては　應化自在の身とならん

梁の天子にひじりよと　あがめられたる曇鸞は
流支の教えにみちびかれ　仙經《せんぎょう》燒きて道に入る

ひじり天親の御言うけ　浄土は誓願《ちかい》によると説き
往くも還えるも願力に　賜わる信とのべたもう

その信あらば假の世に　はなれぬ永遠《とわ》の光みて
かならず浄土にうまれては　もの皆すくう身とならん

道綽　聖道難しとて　ひとえに浄土の門ひらき
自力の諸善おとしめて　ただ念佛をすすめつつ

信疑のおしえねんごろに　末の世に泣く罪人《つみびと》も
彌陀のちかいに値《あ》いぬれば　彼岸にいたるとさとしけり

仙經を燒く　曇鸞は初め仙術に志されたのであつたが、菩提流支の教に遇い、その非を知りつつ仙經を燒かれた。

信疑のおしえ　原文、三不三信、曇鸞にうけつぐ。信心と疑心との別について。「信巻」一五四頁參照。

善導　佛意をあらわして
光と名號《みな》を本願の
善きも惡しきもあわれみつ
智慧に導く緣と說く

われら金剛の信をえて
韋提と等しきよろこびに
一念みむねにかないなば
永遠《とわ》のたのしみさとるべし

源信ひろく敎《のり》きわめ
諸善はこころ淺しとし
ひとえに淨土を勸めけり
まことの國の道ひらく

ただ名號《みな》をよべもろ人よ
大悲ものうきことなくて
惱みに光みえずとも
常にわが身をてらすなり

本師《ほんじ》源空あらわれて
名號《みな》のまことをこの國の
われら凡夫をあわれみつ
この世に弘く說きましぬ

流轉の暗路《やみじ》はなれぬは
ただ疑いのあればなり

無爲のみやこに入らんには
ああ三國のひじりたち
さらば同朋《はらから》もろともに

ただ信のみとのべたもう
はてなき濁りの世を救う
ただそのみ言葉信ずべし

領　解

本願と成就

彌陀とは、つきせぬいのち、さわりなき光。永遠なる眞實。智慧と慈悲との一如なるこころ。すべてを知ろしめす照覽の眼、すべてを和めたもう愛護の御手。生死の歸依となるものである。

本願とは佛ごころ、大悲の心音《こころね》である。

よろずの佛の願は人間のそれぞれの要求に應じたもう。その佛ごころの極りは卽ち彌陀の本願である。

その名を稱うるは、その佛ごころを呼び起すものである。よろずの佛ごころは、われらのその佛名を呼ぶ聲に應じて現われたもう。それがその佛の願である。

われら彌陀の名を呼べば、彌陀はその德をわれらに現わされる。それを廻向という。信心とはその本願力廻向の不思議を感ずる喜びである。

われらはただみ名によりて佛を知り、佛はただみ名において自身を示したもう。ここを以てみ名を稱うることは身に卽いて佛を感ずることであり、卽ちこれ佛われらの行となりて現われたもうのである。しかれば念佛があらゆる善を攝め、よろずの德を具うることも、彌陀のいのちと光との力用《はたらき》に他ならぬことであろう。故に眞如一實の功德寶海といわれる。眞如一實は卽ち彌陀のさとりであり、涅槃の光である。

佛教で善といつているものだけではない。世間の法も念佛の心に受容せらるれば善といわれるのであろうか。しかれば善根といわれる慚愧や、忍辱精進という修行の力はいうまでもなく、處生の道も健康の法も、その正しきものは念佛の心に攝められるのであろう。

したがつて自利・利他の功德も平和と幸福との滿足も、念佛の行におのずから具わつているのである。故に心多歡喜の現生の利も、無事安穩の現世の益も、念佛の他に求むるには及ばない。念佛にまさるべき善がないからである。

念佛の利益は時を距てて期せられるようなものではない。稱うる一念に速かに滿足するのである。したがつて利益を期待するものは念佛を正信するものとはいわれぬのである。

よろずの佛の德は彌陀の名に表現せられている。しかれば彌陀の名を稱念することは、諸佛のこころに契《かな》うことであろう。されど諸佛にかかわる衆生はその道理を知らない。これに依りて諸佛稱名の願が現われた。まことに諸佛が弥陀の名を稱揚するようになりてこそ、一切の群生は救われることであろう。それが「法」として行われることは、限りなき佛の願である。大悲の願である。

差別動亂にある群生を一如無爲の淨土にあらしめたいというのが彌陀の願であり、また諸佛の本意である。しかれば彌陀の名を稱揚する諸佛の心は、即ち彌陀の淨土の善を稱念せられるものであろう。

彌陀の德は淨土の名によりて傳えられ、淨土の德は彌陀の名によりて知られる。ここによろずの佛はみな彌陀の名を稱揚しその功德を讃嘆せられる所以があるのである。

老少善惡の人をえらばない一如無爲の本願の淨土へは、宿世に善をなせるものが往生するだけではない。惡業の悲しみに泣くものも彌陀の名を稱えさせていただくのである。

その惡業は懺悔して再び犯さないというようなものではない。「さるべき業緣のもよおせばいかなるふるまいをもす」るのである。父母を逆害せる阿闍世は、曾て彌陀の本願を聞いたこともあつたのではないであろうか。今はただ我等の身に省みられることである。

われら彌陀の名を稱うるとき、十方に諸佛稱名の聲をきく。その聲は心身に淸徹《すみとおり》して大地に感動する。そこに思い浮ぶものは、一切群生の念佛の姿である。この道を行くものは、ただ人間のみではないようである。

ここにわれらは、生きとし生けるものに、み名を稱えしめたもう本願と、十方の佛たちをして稱揚せしめられるみ名の功德との一如不離なることが思い知られるのである。

み名に親しんで本願の惠みを思う。念佛の大行は人間の善の限界を知るところに現われ、大悲の願心は、自力を賴む心には、感ぜられない。眞實功德の寶は、心貧しきものに惠まれ、速疾圓滿の行はよろずの行に堪えないものに施される。ここに凡夫の善惡をえらばず、一如の淨土に生まれしめたもうみ名の威德がある。洵にこれ不可思議の事實である。

いかなる悩みも、それを救うべき力は法藏に用意せられている。その法藏を開いて功德の寶を惠むものは念佛である。これによりて惡緣轉じて善緣となり、憍慢は碎けて謙敬となる。安樂といい寂靜ということ、これを外にしてあり得ぬのである。

しかれば稱名は一切の無明を除きたもう。いかなる心にもその暗さがある、その暗さを除くものは念佛である。また稱名は一切の志願を満たしたもう。いかなる欲求も濁りがある限り満たされることはない。その濁りを清めるものは念佛である。

無明は除かれて爭いなく、志願は滿たされて求むるところがない。求めず、爭わず、そこに正念といわるべきものがあるのである。

相承の師釋

龍　樹

念佛はよろずの佛にまみえる行である。それゆえに、念佛を父とする家には、禍いなく患いがない。常にまことを見失うことなく、自からなる道理を知らしめられる。

この念佛を信ずる心は、大悲に安ろう。それゆえに信心を母とする家は清浄で寂かである。善悪に惱まず、ひとえに虚心の智慧に従い得るのである。

われらこの家に覺めて勤め勵む。さらに功勞を用いない。佛道は自然に進むのである。われらはこの家にありて安らかに眠る。いよいよ父母の惠みを思う。大悲は身についてくるのである。

歸るべき家あるものは、遠き旅地にいても心安らかである。されど旅地の淋しさを感ずる身は常に家郷を慕うことも自然の情であろう。

念佛する身には、淨土というもこの世を離れて求めているのではない。されど生死の世間にある限り、出世間の涅槃が懐かしまれる。そしてその心境において、この世の道を轉じてさとりへの道とならしめられる。それが不退轉の道である。

煩惱の風に悸えつつなお内心の底深く安らかさを覺え、愛欲の雨に惱みつつ時に窓外の風光として眺めしめられる。これ洵に佛の家にあるものの身の幸惠である。

たとえ行信は一念の光であり、煩惱は生涯の事實であつても、その內感の德においては、一念の光こそ永遠性をもつものであり、生涯の煩惱はかえつて暫時の迷夢に過ぎない。この內心の喜びは一念の光に惠まれるのである。故にこの身證の智慧より見れば、已に滅びたる生死の苦は大海の水の如く、未だ滅しないものは二三滴に過ぎぬともいわれるであろう。これによりて業苦の生涯は不退の道場となり、出離の縁なき歎きは成佛に疑いなき喜びとなる。これ卽ち長き迷いも今生を限りとして、無上涅槃を期する身となるの喜びである。

われら過去の佛を念ずる時、うつりゆく世の彼方に變ることなき悠久無限の眞實《まこと》を思う。われら現在の佛を念ずる時、業苦《なやみ》のこころの中に、倦むことなき大悲攝護の力を感ずる。われら未來の佛を念ずる時、望みなき闇のゆくえに一道の智慧無碍なる光を見る。

ここを以て三世十方の佛たちを念ずることは、われらの生涯に永遠の眞實を內感して十分なる滿足を覺え、われらの生涯の永遠なる眞實に歸すべき身證として、無窮の歡喜を得ることとなるのである。

過去の佛、われらに法の深遠なるを思い知らしめ、現在の佛、われらに法の高大なるを證明し、未來の佛、われらに法の無窮なるを教示したもう。そしてそれらの佛は、佛と佛と相い念じたまいて無量・無邊・無碍の光を現わし、その神力を以て自在にわれらを化益せられる。ここに念佛する身の歡びがあるのである。

正法を見聞して疑わないことは難い。その信力をして殊勝ならしめるものは念佛の功である。御名を稱えても佛心の身に沁むことは稀である。その大悲を骨髓に徹せしめるものは信心の德である。

信力、殊勝にして內心の法喜を增し、大悲、骨髓に徹して業緣を荷負する力となる。ここに身は全人を攝めて心は法界に遊ぶ境地は開けてくるのである。

陸路の盡くるところ水道は開ける。されど歩行に悩むものでなくては、乗船の樂しさを知らない。故に不退の道は念佛に開かれても、その安らかさを知るものはただ勤行に悩むものである。されば不退は勤行を要とはするが、勤行である限り眞に不退であることはできない。これによりて不退は長き世かけて期せられることとなる。この長時不退を轉じて今生に現行せしめ、自然の道たらしめるものは、念佛の德である。それは佛の本願によるからである。

いかなる事態の中にありても、必ず安らかなる道にあらしめるものは念佛である。そしてそこにはいかなる事態においても常に照護したもう大悲の本願力が感知せられる。

如來の智慧は深く廣きこと大海の如くである。それは久遠の眞實である。その久遠の海德に順つて佛たちの願は現われた。それゆえに、その願いを成就せる佛たちの壽命ははかりなく光明はきわまりがなく、その德はすべて彌陀の名に表わされるのである。ここを以て諸佛を念ずるものは彌陀の名を呼び、諸佛もまた彌陀の本願を自身の本願として憶念したもうことを信知せしめられるのである。

人はその佛を異にすることによりて各々の道を分とうとする。されど諸佛は道の一なるを念じて群生の同歸を願いたもう。されば佛の名は緣に隨うとしても、それを念ずるものは、必ず我執を悲しみ離れようとするものでなくてはならない。

われらの佛になろうとする願は、念佛にひるがえされて佛の本願を信樂する心となる。そしてその行信において佛はその身をわれらに現わしたもう。

その本願のあるところ、自他は心を同うして聽法の友となり、その念佛のあるところ、われらは生死の海にありつつ、身に沁む招喚の聲を聞く。

いざさらば、われらもまた諸佛の稱揚に和して悲願を讃えよう。その佛を念ずるわれらの心に、われらを念じたもう佛の心を知らしめたまえ。

天　　親

我見を執するものと、邪教に迷うものとに滿つるこの世にも、眞實の敎に順う功德の道は開かれてあつた。その敎に順う身は敎に和められ、その法を念う心は、法に覺まされてゆく。そしてその心は永遠の眞實を見る智慧となり、その身は群生の苦惱を感ずる大悲の器となるのである。眞實の教に遇い得た喜びは洵に窮りがない。

われらの功による德は、眞に心をうるおし身につくものとはならない。得るに從つて不足を感ずる心となるを免れぬからである。したがつて、それはかえつて身の幸福を失うものとなるであろう。

本願を心にいただき念佛を身に行うものには、この得失はない。善惡は大悲の心にとけて、順逆に得りなき智慧が與えられるからである。そこには大なる功德は速かによく滿たされてあるのである。

今、爲しつつあることは、必ず爲さねばならぬことであり、必ず爲さねばならぬことは、果して今、爲しつつあるものであろうか。空しく一日を送れる日あるを思えば、一生を空しく送つたという歎きも來ぬとは限らない。悲しくも、その一日の行爲が空しきものとも、空しからざるものとも分ち得ぬ身である。

本願に遇いたてまつれば空しく過ぐることがない。念佛する身には眞實の功德が惠まれる。それは人間業を轉じて淨土の業と成さしめられるからである。これによりてわれらの生涯は無窮の佛道を成就するに十分なるものとなるのである。

念佛は雜音を攝めて靜寂に導き、善惡を解いて一如に歸せしめる。そしてその一如の彼方より眞實の功德をめぐみ、靜寂の內奧より大悲の願心を聞えしめる。

ここに本願は念佛の心に現われて、永遠の世界を知らしめ、念佛の身は本願にうるおされて群生を懷かしめられることとなるのである。

拜む心に御名を呼び光をたたえて淨土を願う。そこに地上生活の懺悔あり、永遠なる眞實への思慕あり、全人感情の發露がある。そしてそこから飜ってこの世の實相を知る智慧は現われ、業緣つながる群生の苦惱に大悲せしめられることともなるのである。

ここを以て念佛にまさる自利はなく、信心にまさる利他はない。洵にこれ無碍廣大の一道である。

念佛は、佛、人となりて人を救いたもう一道である。佛はわれらの生死を道場として、その自利利他を成就せられる。その大行が念佛である。

その念佛を龍樹は、この身において佛道に不退ならしめるものと教えられた。その「此の身」とは恐らく現生の身というだけのことではないであろう。煩惱具足の「此の身」ということである。

しかるに今、天親は、その念佛において如來の自利利他は成就すると說きたもうた。されば念佛はわれらの煩惱の身を素材とし、生死の惱みを鑄型として、如來の德を實現せられるものであろうか。

遠き印度の聖者の御言、近く濁世のわれらの胸へとひびく。不可思議の法緣である。

曇鸞

外部の事情を整えて世を救おうとする異教の善は、內心の純化によりて淨土あらしめようとする正法の眞に紛れ易い。われらは常に兩者の間に惑いつつあるのである。ここにはまた世に望みを絕ちて、己身の安穩をのみ求むるものがある。されどそれは大慈悲の道を障るものといわねばならぬ。世は擧りて他を裁くに急であつて、自を顧みることを忘れ、人は悉く快樂を求めて、德義を破ぶるを賢しとしている。かかる時代において不退の佛道を求めることは、いかに難いことであろうか。

能くこの間にありても、佛道を求めて不退轉であるためには、いかなる事態にも惑わさるることのない眞實なる强き力の支持を有つものでなくてはならぬであろう。その强き眞實の力は、卽ち本願他力である。

他力とは我が力ではない、我を動かす力である。我を支持して佛道に不退轉ならしめる力である。それは卽ち如來の本願力である。そして、その願力に乘ずれば、それはそのままに我が力となるのである。

本願力に乘じて淨土へと往生を願う。それが不退轉を得る機緣となるのである。されば淨土に往生してのち、不退轉となるのではない。不退轉ならしむる佛力は、淨土を願うものの上に現行するのである。

自力によりて實現しようとする淨土は近いようで遠い。いつ成就するとも分らぬからである。願力によりて生まれる淨土は遠いようで近い。彼岸の光明は常に願生者を照護するからである。

釋尊は『大無量壽經』に、淨土は本願莊嚴の世界なることを說き、『觀無量壽經』に、淨土の機は煩惱具足の凡夫なることを顯わしたまい、『阿彌陀經』に濁亂の世こそ淨土の法を要とするものであることを明らかにせられた。そして三部の經典いずれも無量壽佛の御名を題とせられしことは、教說のすべてを念佛の心に受容せよとの思召に外ならぬ。

されば大悲の本願を信樂せしめるものは念佛である。煩惱具足の身と知らしめるものも念佛である。濁亂の時代に碍りなき一道を開くものも念佛である。淨土を求めて淨土の機を知り、淨土の外に救いなき時代に遇えるわれらは、今さらに經説の不變なるを尊び敬い、歡喜し信樂せしめられることである。

淨土とは眞實の世界であり、宗教の領域である。ここに入る第一の門は禮拜である。われらは禮拜によりて歸命の心を得、それによつて初めて眞實の佛を知り、また眞實の自己を見るのである。その眞實の佛は、十方に碍りなき光明である。われらはその光を仰ぎつつ讃嘆の第二門へと入る。讃嘆とは不思議の驚喜である。日も月も照らさない黑暗の世を破る光に驚喜する聲、それが讃嘆である。洵にこれ碍り多き世にあるものの、讃えても讃えても盡きぬ不思議の光明である。

その光の下にわれらは中心の願を見出す、その願が眞實の自己である。そこに作願の第三門が開ける。そしてその門においてわれらは漸く往生淨土の眞義を感得するのである。

禮拜を經ない讃嘆は、心からなるものではないから、身につくものではない。讃嘆の門を通らない作願は不可思議の驚喜がないから、執情を免れぬであろう。無碍の光に遇わないものの往生淨土は、畢竟これ迷見に過ぎぬものである。

往生の願において、この世の我は浄土に向う。この世の我と浄土の我とは一つではない。されど往生を願う我は、この世と浄土とを内に見ている。その限り、この世の我と浄土の我との別はないようである。

この世と浄土との別を見て往生の願は作され、この世と浄土とを内に見て往生の願は成就する。ここに盡きぬ往生の情の中に、無生の智慧が惠まれる所以があるのである。

自己により、自覺の理を信じ、自律の道をゆく、それは道德の理想である。教法により、眞實に歸し、念佛してゆく、それは宗教の現實である。

その道德の理想は破れて宗教の現實に歸し、宗教の現實に歸して自然の道德は行われる。我は教に歸し、教によりて我は生きるのである。

凡俗の善とし福とするものも功德には違いはない。されど人はこれに惑い、これに惱まされている。その限り、それは不實のものといわねばならぬ。正しと見ゆる倒さま、まことに似たる僞り、それを善とし福とするもの、どうして自己を頼み、自律の道をゆくことができよう。眞實の功德は、ただ念佛して正法に相應するものにのみ惠まれるのである。

人間に交りて涅槃を念う身は、浄土の光を群生にあらしめる媒介者となるのである。これ卽ち群生を負うて永遠の淨樂に入るものである。ここに念佛に惠まれる眞實の功德があり、ここに本願の廻向による往相の一道があるのである。

道　綽

伊蘭の林にどうして栴檀が生えるのであろうか。まことに不可思議のことである。そこには大自然の妙用というものがあるようである。

古人はこれを、「毒草のあるところ必ず藥艸あり、伊蘭のあるところ必ず栴檀ありと知るべし」と領解した。かくして煩惱のあるところ必ず念佛が約束せられてあるのであつた。

その約束は卽ち、われら凡夫にかけられた本願の誓である。

念佛は煩惱を轉じて大慈悲とする。それは煩惱の心に本願の大悲を感ぜしむるものは念佛の德であるからである。本願は煩惱を大悲しての心であるから、念佛によりて煩惱は大慈悲を感ずることとなるのである。その大慈悲を感ずる心、すなわち大慈悲である。

道綽は時代の救われる法において、時代から救われる道を見出された。洵に時代の救われる法でなくては時代から救われるということはできない。ここにわれらは、時代から救われようとする念佛において、時代を救おうとせられる本願の聲を聞く。そして時代から救われる身の喜びにおいて、特に救われない時代を悲しむものである。
その時代は、すなわち今の時代である。

惡を制する善は至善ではない。惡に對抗するからである。病を對治する藥には副作用あり、戰を防止する武器は戰の用意となる。それ故に惡を轉じて善とする道でなければ、人間は永劫に救われる時がないのである。
愛憎を轉じて道德とし、對抗をひるがえして相敬とする方法はないか。われらは念佛しつつその道を求めねばならない。一切の知識も行動も、その道に向わない限りは、世界の平和はあり得ぬのである。

方四十里なる伊蘭の惡臭も、一株の栴檀の芳香に除去せられる。そこには世界惡も個人の念佛に轉成せられる道理が示されてあるようである。それは凡慮の及ぶところでなく、人智のはかろうべきことではない。ただ處みて行信する他ないことである。

種々の音樂はそれぞれに人間の感情を激發する。民謠も絃歌も愛欲の調を有ち、獨唱も合奏も徒らに歡樂と悲哀とに昇沈せしめるようである。この間にあつてよく人心を平和ならしめ、動亂を涅槃せしめる妙音はないものであろうか。

師子の筋による絃音を思う。それは恐らく如來師子吼の音聲に事寄せたものであろう。さればその易了にして分明に、柔軟にして調和し、深遠にして心に入り、耳を悦ばせて厭くことなき妙音をいずこに聞くべきであろうか。念佛に感得される清淨樂というものもなければならぬようである。

人もし無碍の智あらば、障碍はその人に現われることはないであろう。いかなる悪魔も悪魔を見ない人を見ることができない。而して悪魔を見ないものは恐れることがなく、悪魔に見られないものは、害を受くることはないのである。

念佛の身となりて人生に障害はなく、念佛に身は隱《か》くされて、迫害を受けることはない。念佛者に行蹟がないということは有難いことである。

智をもつて情意を制すれば、情意は制せられて智の冷たさが殘る。情意をもつて智の冷たさを除こうとすれば、智の冷たさは除かれて情意はその規を逸することとなるのである。

しかるに貪瞋痴というも、智情意の動きに他ならない。されば貪欲、現在して愚痴は過ぎ去つても、瞋恚は未來に控えているのである。したがつて現前するものを制止するだけでは、かえつて煩惱を加うるのみとなろう。

ここを以てその人心を大悲する本願でなくては、眞實に柔軟の心となることができず、永遠に歸する念佛でなくては、眞實に素直の心となることができぬのである。

愛憎によりて不和を生じ、煩惱によつて諍亂があるのである。しかるに外なる事情のみを見て内なる性根を省みない。それを無眼人と教えられた。悲しき事實である。

徒らに怒號してたがいに是非し、人間の言葉に疑惑して如來の悲願に耳を傾けない。世はとこしえに無耳人のみとなれるのであろうか。

時の流れは絶えず、人は生死において互にかえり見ることができない。われらは常に己に歸りて永遠の道を求めねばならぬのである。

善　導

われらの道は佛身を觀ることではなく、ただ佛名を稱うることである。佛を觀ることは智慧の業であるから雜念を離れねばならない。名を稱うることは煩惱を機緣とするものであるから直ちに業苦が救われる。われら佛にいたるのではなく、佛がわれらに來り給うのである。ここを以て佛を觀るものの救いは神祕的な忘我であるが、名を稱うるものの救いは、障りを變えて德とするの現實である。

佛の心は本願として現われ、本願は、その佛の名に思い知らしめられる。これに依て佛願を聞くものは佛名を稱え、念佛する身は本願をむねとすることとなるのである。よろずの佛の願と佛の名とはこの因縁をもつものである。

しかるに、愛憎の業緣を淨め、生死の歸依を與えられる佛の願は、特に阿彌陀の名によりて說かれた。さればこそ彌陀の本願は、罪障深重のわれらにかけられたものといただかれるのである。

その本願の因緣に於て、この世のわれらは特に彌陀の名に深い親しみを感ずるのである。

久遠の古え、大悲の胸に現われたものは業苦に沈むわれらであつた。濁世の今、煩惱の身に聞ゆるは、招喚の御聲である。その「古」と「今」との間、われらはいずこに流轉し、如來はいかに願行せられたことであろうか。

その因緣の有難さ、悲喜の淚を含んで、思は窮りのないことである。

佛身を觀ようとするものには、亂れる意が碍りとなる。佛名を稱うるものには、その雜緣がない。されど彌陀の名でなくては、眞に正念を得ることは難いであろう。他の佛名は、現世の安穩に約束せられてあるからである。したがつて彌陀の名を稱うるものは、必ず淨土の涅槃を願うものでなくてはならない。

それが彌陀の本願に相應し、釋迦の敎に違わず、諸佛の證誠に隨順するものである。

光はかりなきが故に阿彌陀とよぶ。量りなき光はものに碍えられるということがない。その無碍の德を、われらは念佛に於て感知せしめられる。故に「念佛者は無礙の一道」である。佛を觀ようとすれば、佛を離れる憾みがある。名を稱うれば、佛は常にわれらに來り給う。佛はその無碍の光を名の上に現わされるからである。

されば光明はかりなしというも、佛身の上に觀うることではない。ただ念佛に於て感知せしめられるものである。洵に遍照の光明も、念佛するものを攝め取りたまいて、阿彌陀とならせられるのである。

われらと佛とは念佛で結ばれるのではない。念佛に於て佛は佛と現われ、われらも自身を見出すのである。それは恰も子に親と呼ばれることとなりて親となるが如きものであろうか。

されば念佛によらないで觀られた佛は眞の佛ではない。われらもまた化佛に對しては、眞に親しむべき自身を見出すことができぬのである。

本願の智慧には疑がない。その智慧を彌陀は念佛に現わされる。これに依りて念佛するものは、遂に大悲を疑い通すことができず、必ず淨土に生まれるのである。

されば世界に滿つる炎を過ぎても、御名の教を聞くがよい。たとえ世界に滿てる災禍であつても、念佛者を害することはできぬであろう。苦難の時代はかえつて御名を喜ぶ縁となるのである。

これに依りて、よろずの經は滅びても、御名の教は殘ると說かれた。それは殘るということに依りて、その永遠性を開顯するものであろう。それ故に、未だ滅びない時に遇い得たその喜びは、直に涅槃への道ともなるのである。

念佛は、生死に惱む凡夫のささやきであり、罪障を痛む自我の崩れるうめきである。また善知識に遇うた喜びの聲であり、本願の大悲を感ずるものの心音《こころね》である。

かくして悲しみに喜びをうけ、救われた信樂に於て、救いを求める願は現われるのである。

永遠の相に於て、佛の身心を觀るのではない。現實の生の上に、佛名の力を獲得するのである。

ここに智者の佛教から凡人の眞宗への大轉回がある。

しかし、それはまた實有を執する常識を超えて、眞空に達する聖智と一味ならしめるものである。ここを以て念佛は群生に現われる如來の大行であり、凡夫に稱えられて世界を感動するものとなるのである。

佛を念ずるものは佛に念ぜられる。ここに本願の約束がある。淨土を願うものは淨土の光に攝められる。ここに念佛の利益がある。

これによりて涅槃は死の歸するところと期せられて生の依るところとなり、永遠は三世を包んで現在に內感されるのである。

念佛して往ける先進と父祖とは、今、十方の諸佛となりて、本願の眞實なることを證誠したもう。われらはその證誠を一聲の稱念に感知し、身證せしめられるのである。そして、この證誠によりて、われらは眞に本願に疑いなきを得るのである。疑いなき本願を疑う罪は深い。その疑う者に疑いなからしめるもの、それが諸佛の證誠である。

この道を證誠せられる諸佛は、この道を行くものを護念したもう。されば證誠の智慧も護念の慈悲も一つ心であろう。これによりて念佛者は證誠に光を見、護念に命を感ぜしめられるのである。

先進を慕い、父祖を想う。その心はただ念佛となる。されば彌陀を念ずるというも、そのまま諸佛を念じておるのである。

それはまた彌陀というも諸佛一如の體であり、諸佛というも彌陀の分身に他ならぬと感ずるものである。

これによりて諸佛の證誠は、また無數の阿彌陀の護念と説かれたのであつた。

末法の時に生れた身である、今さらに快樂を望まない。ただ苦難なかれと願う。名利はかえつて煩に堪えない。ひとえに閑寂の境を慕う。かくして無事に死を迎えたいと欲うは、これ凡夫の情に過ぎぬことであろうか。

黑闇の夜にも淨土の光を仰ぎ、風雨の日にも悲願の德を歌う。かくして憂悲をも超え、苦惱にも生く。われらは諸佛護念の惠み深き身なるを思わないではおられぬのである。

人生を涅槃への過程と定められた時「心顚倒せずして往生す」とは、何という有難いことであろう。

僅かの事變にも心顚倒するわれらである。その顚倒しがちの身に無碍の一道が開かれる。現世の利益というもこれに加うるものはない。

現生の業苦の底に、永劫の重き罪が感ぜられる。その永劫の罪を一聲の稱念に除いて、現生の業苦の輕きを覺えしめる。それが本願の不思議である。

本願は永遠の理想であり、その業力とはわれらの先進と父祖とを參加せしめた歷史の現實である。それゆえに、その大願業力に乘ずるとは、念佛する身となることの他にはない。ここに一切善惡の凡夫の淨土に生まれる道理があるのである。

業緣の繫がるところ、惡人が救われなければ、善人も救われないことは明らかである。されどまた深く感ぜられることは、善人が救われなければ、惡人も救われぬことであろう。惡人と知るものにはなお救いの緣がある。善人と思うものには救いの手がかりがないようである。「善惡の凡夫をして心を廻《ひ》るがえしめて」の願心は切實である。ああ誰か大悲を身に受けて感ずる機となるのであろうか。

南無とは拜む心であり、うちに大いなる願をもつものである。阿彌陀佛とは、その願から現われる無限の力である。故に稱名すれば必ずさとりを得るのである。

敬虔感情は永遠界への思慕を伴う。南無阿彌陀佛というは、その感情と思慕とを聲に發露し身に現行するものである。この意味があるから念佛者は必ず聖なる世界へと生れるのである。

本願の聲を念佛に聞く。そこに信心は恵まれるのである。しかしどうして念佛は本願の聲を聞かしめるのであろうか。

それは念佛のこころ卽ち淨土を願うこころであるからである。淨土を願うこころは本願の大悲と一味となる。これによりて念佛する身は、本願招喚の聲を聞くものとなる。これ卽ち、念佛において、彌陀はその願心を表現せられるものである。

十聲をかぎりと宣《のたま》いて一念の信を成就し、一念の信を成就して生涯の念佛を展開せしめたもう。大悲の願言、洵に深重である。

名號釋

招喚の勅命《みことば》は、如來かねて願をかけられた衆生の行を廻施《めぐまれる》したもう心である。御言《みことば》が道となり、道は御言にめぐまれるのである。その勅命と廻施とにおいて衆生の行を選び定められた願心が窺われるのである。

われらの信心がここに定まる時、直にさとりに至るべき身となり、長く迷の世を離れることとなるのである。

本願に歸命する他にわれらの道はない。自覺もここに至れば心の喜びも深く、身も大いなる安らかさを得ることである。

しかし人間の自覺をここに至らせたものは如來の大願業力であり、その願力に招引せられたのである。しかれば歸命こそはわれらに敎えられたる道であり、御こころを知らしめられる信《たより》といただかねばならない。われらその勅命《みことば》に計われ召されて淨土へと行くのである。

御名を呼んで招喚の聲と感じ、招喚の聲を聞いて大悲の願心を知る。ここを以て御名の他に如來を求めず、本願の他に信心を要としない。南無は本願の勅命なれば、阿彌陀佛は招喚したもう願心と信樂せしめられる。この道理によりて念佛する身が不退の位に入るのである。

われらは、いずこに本願招喚の聲を聞くのであろうか。念佛のあるところ時處諸縁を簡ばない。世に惱むところ、時に悲しむところ、愛に結ばれるところ、憎につながれるところ、その御聲の聞えぬということはないであろう。そしてそこにわれらは地上生活の懺悔を爲し、大涅槃へと歸入せしめられるのである。

大悲の願心は、よき人のおおせに聞く他はないであろう。されど念佛でなくては、その願心も身についたものとはならない。念佛の行は稱名として相續せられるであろう。されど御聲を聞くものとならねば、大悲の願心を受容するものとはならない。御名に親しんで大悲の願心を念い、大悲の願心を聞いて御名に親しむ。これによりて功德は行者の身に滿つることとなるのである。

一聲の念佛において久遠の願心を聞く。ひるがえつて久遠の願心によりて稱えしめられた念佛の一聲であることを思う。ここに信樂開發の一念が廣大難思の慶心となるのである。

招喚の御聲を自然の道として、われらは世を超えつつ世に隨わしめられる。これによりてわれらは自己の最善を盡して、その功に誇らず、業報の地にありて極まりなき法悅に生き、出離の緣なきを悲しみつつ必ず大涅槃を得ることを身證せしめられるのである。それはすなわち流轉の世にありて不退の位に住し、穢惡の土にありて淨業に參加せしめられるものである。ここには愛憎する人々の上にも道友の懷かしみを感ぜしめるものがあるようである。

大悲の本願は、われらの心に現われて信樂となり、われらの身について念佛となる。これによりて信樂はわれらの眞心となり、念佛はわれらの正行となる。その信樂とその念佛との他に、眞實にわれらの心身に頼むべきものはないのである。

されば心いよいよ動亂して、さらに大悲の本願は信樂せられ、業苦の緣盡きずして、特に御名の身につくを覺う。これすなわち本願は煩惱を攝受してその悲心を加え、御名は業苦を轉成して功德の身となりたもうに依るものであろうか。

法　照

讃歌は宗教感情のおのずからなる發露である。限りなく佛德を讃嘆するところには、人間生活の深い懺悔の餘韻がある。心ゆくまで淨土を思慕する音樂は、この世の苦惱に耐え得る力を與うるのである。

朝に佛前に禮拜すれば、終日の生活に礙りはなく、夕に內佛に合掌すれば煩惱の心もおのずから安靜となるようである。

逝ける師友も、生ける親屬も、宿世の善友であり、來生の同朋である。この世の緣はそのままに永遠なる法緣とならしめられるのである。

人と生れた悲しみも法に遇える喜びに攝化せられて意味ふかいものとなり、愛憎の凡情も念佛の調べによりて無上の音樂となるのである。

諸師同讃

永遠の眞實は、われらの念佛に現行し、大悲の本願はこの身の信心に成就したもう。ここを以て久遠の願行も、われらの行信に廻向《あらわれ》せられて缺くることなく、われらの行信も久遠の願行に歸一して窮るところがない。これによりて大悲の願心は一念の信樂に開發し、慶喜の一念は難思の法海に流れるのである。

如來の一切の功德は、その名に現成せられてある。ここを以てみ名の他に佛の德を求めることができない。光と命との量りなき眞身も、大慈悲・大智慧の功德も、その他、無盡の法味も、悉くみ名に成就し、念佛するものに感知せられるのである。されば罪障の消滅というも、淨土への往生というも、そのみ名による自然の利益に外ならぬのである。

佛を觀ようとすれば心を靜めねばならない。心を靜めるためには、時と所との緣をえらばねばならぬ。しかし、そのえらべる時と所との緣が、かえつて心を亂すものとならぬとは限らない。ここに佛を觀るものに魔障の免れない所以があるのである。

その時所の緣をえらばない念佛において、大慈悲を感じ、大智慧を仰ぐ。それはすべてを神通したもう如來の天眼・天耳を感じ、攝取して捨てたまわない徧照の光明を仰ぐものである。これによりて、いかなる惡魔も、念佛者を碍げることができぬのである。

無限の聖德と有限の凡身とは、天地の如く距絶せるものである。しかるに彌陀の名ありて、その仲介をなし、かの聖德を、この凡身のものとならしめる。まことにこれ不可思議の妙法である。これによりて、われらみ名を耳にきき口に誦すれば、み名はその德をわれらの身に薰習して、佛道の器となしたもうのである。

諸宗の祖師、念佛の德をたたえて、諸佛稱名の願に應えられた。その讃仰の聲は古今に徹し、その證明の理は東西に變ることはない。われらは、ここに佛教の「宗」も如來の本願を說くことにあり、佛教史の「體」も念佛の外ないことを知らしめられた。そして眞實にこの身の救われる法は、普遍の大道であることを證せられたのである。

源信

業によりて人の品格を分つは、この世の則《のり》である。その差別をそのままに一如に歸せしめるものは淨土の法である。

これによりて釋迦は往生を勸め、彌陀は稱念を願われた。まことに四海同胞ということも、ただこの法においてのみ感知されることである。

人間苦を脱れる方便はない。そこにわれらは惡の極めて重きを感ぜしめられる。この身の救われる道は、ただ念佛の他にはない。悲しくもまた有難い事實である。

心に想い觀られた佛の功德は、念佛によりて身につくものとならしめられる。これによりて一聲の南無佛において、すでにわれらの道は成ると說かれた。念佛もうさんと思い立つ心の起るとき、人間としての生活が始まるのである。

御名を稱うるものは、御名に護持せられる。念佛を大地として、われらの心は植えられ、念佛を慈母として、われらの身は育つのである。

佛を觀るものは、佛に近づこうとして、かえつて佛から離れる。念佛するものは、佛の尊さを仰ぎつつ、いよいよ佛に懷かしめられる。高きは深き道理である。

諸善の香りには、何か惡臭を伴うようである。その惡臭を慚愧せしめるものは念佛である。今日《きょう》一日を御名に親しみ、み光を仰ぎて生く。ここに功徳の香りを感じて、倦むことなき大悲の熏化を思う。ありがたき身である。

念佛は、煩悩を化して菩提とする錬金術、凡夫の身に行ぜられて功徳と成る忍辱草、悲しみの花に光を恵みて喜びの實を結ばしめる天の昴星である。

源　空

あれもこれも受け容れようとする心は、必ずしも素直ではない。眞實の教を選んで、その他を捨つるところに道は開ける。總合は知識であり、選擇は實踐である。故に種々の思想を有つことは、かえつて身證を貧弱にする。われらの同朋は、常にこの弊に陥つているのではないであろうか。

「南無阿彌陀佛、往生の業には念佛を本とする」。かくして御名の教を、この國のこの世に高く說きたまいし源空の心境を思う。深く身に應えるものが感ぜられることである。

生死に悩むものは、諸佛の教において、しばらく聖なる道を求むる心を閣き、選びて業苦を淨むるの法を求めよ。業苦を淨めるには、人間の計いを抛ち専ら佛の德に歸《よ》れ。佛の德を思わば、經說によりて觀想する助緣を傍らにし、特に佛名を稱うるがよい。ただ念佛のみが業苦を救うものである。それは念佛においてのみ大悲の願心が感受せられるからである。

浄土の法は大衆の救いとなり、往生の行は人間を善悪の拘束から解放し、ただ念佛を勸めることは單純なる道を顯わすものである。

しかるにその大衆を救う法こそは最も高貴なるものであり、善悪から解放する行は、おのずからなる道徳となり、單純なる道は無量の功徳を内含するものである。

これが法然によりて說かれ、親鸞によりて聞思せられた教であつた。

念佛は自力を賴む心を破るものである。それゆえに自力の行ではない。ひとえに大悲の本願に歸する身の行である。それゆえに、他力の廻向《たまもの》である。

したがつて念佛は、凡聖・善悪の人によりて、その德を異にするものではない。かえつてすべての人は、念佛の德によりて一に歸せしめられるのである。

ここに人みな道を同じうして、その德を齊うせしめられる世界があるのである。

彌陀は全人の法として名號を選びたまい、われらは自力の及ばないことを知つて念佛を選ぶ。ここに選ぶ心の底に深く選びたまいし願心を知らしめられ、かえつて選ぶ心も、選びたもうた願心の廻向なることを思わしめられる。

惠むものは平等の大悲であり、受くるものは業苦のこの身である。この因縁において如來の本願もわれ一人がためと感ぜられ、わが身に稱えられる念佛も、全人の道と身證せられる。まことに不可思議の事實である。

結釋

心に覺《さとり》を得て迷いに歸る憂いのないのは聖賢の歡喜《よろこび》である。身は流轉《さすらい》にありながら涅槃を期するを得るは信者の歡喜である。山、高ければ風雨も荒らすことはできない。ここを以て聖賢の心境は睡り惰つても退轉することがないといわれる。船、大なれば波浪も進行の妨げとはならない。これによつて信者の歡喜は、煩い惱みを機緣として增長するのである。

その涅槃に住して生死に動じない歡喜も大いなるものであろう。されど生死にありて涅槃を期するものの歡喜は、さらに盡くることがない。それは悲しみを知るものにのみ感ぜられる深いよろこびである。

歡喜の地にあるものは、信心增上し、知解の心清淨に、大悲を出生し、大慈を成就し、心疲懈《つかれ》せず、慚愧もて身を莊嚴《かざり》し、柔和忍辱にして、諸佛の教法を敬順し、善知識を信重する。『華嚴經』

の所説である。

智慧の念佛は、この世を超えしめる因となり、大悲の光明はこの世に順わしめる緣となる。もし徳號《みな》の慈父のみで光明の悲母がなければ、罪障を悲痛しても、それを功德と轉成せられる歡喜はないであろう。もし光明の悲母のみで、徳號の慈父なくば、現世に隨順して、嚴肅に業苦を反省することはないであろう。

生みの智慧、育ての慈悲、われらは、その光明、名號の因緣によりてのみ、生死に隨順しつつ生死を超出することができるのである。

光明名號の因緣ということ、念佛すれば道が開けることと領解せしめられる。

念佛もうさんと思い立つ一念に、思い立たしめたまいし久遠の願心は感知せられる。洵にこれ歡喜踊躍の境地であり、無上大利の功德である。

その一念によりて永劫の迷いは覺め、成佛の道は開ける。易行の至極である。

鶯の一聲に春の至れるを感じ、桐の一葉に天下の秋を知る。煩惱具足の身に、御名を呼ぶ聲が現われた。これ正に本願成就の時至れるのである。

その一聲は卽ち一念であり、その一念は卽ち一行であり、正行であり、正業であり、正念であり、南無阿彌陀佛であると領解せられた。

しかれば鶯の連呼をきくも、これただ春の喜びである。落葉しきりなるも、これただ秋の寂しさである。一生相續の念佛、これ佛恩のかたじけなさであり、またこれ業障の懺悔である。

如來の願行は悉くこの身の念佛に受容せられて餘すところがない。永遠無限の眞實も、われらの一生において內感せられるのである。

佛の正覺は十劫の古に懷かしまれて、永遠の今であり、淨土は西方に思慕せられて、ここを去ること遠からず、往生は未來に期待せられて、われらは光明の中にあるのである。

生死の大海も大悲の願船に乘れる身には光明の廣海となり、愛憎の波浪も至德の風そよげば衆禍自からおさまる。ここに長き夜の暗ははれて、光の國へと生まれ、寂靜の境地において、無盡の妙用を現わすこととなるのである。

永遠の人生に映るを感ずる。これ念佛する身の生の喜びである。人生の永遠に歸することを思う。これ信心の行者の死の寂けさである。

「大聖者は、法を身として常に靜寂に住し、種々の身と種々の神通と種々の說法とを現わしたもう。」

その「身」は事象を內に感じ、その「神通」は心情を外に徹せしめる。そして說法の眞理は、そこから現われるのである。しかるに聖者に化益せられねばならない衆生の惑いは多い。したがって應化の身と神通と說法もまた種々となるのである。

しかもそれは意志を用いずして自然に行われる。そこに聖者の教化地がある。これ即ち法藏菩薩の本願力である。

本　願　力

われらの念佛は、如來の本願の「力」によりて現われるものである。それゆえに念佛には本願の力が具わる。そしてその力は念佛する身を聖者と同じき靜寂の境へとひき入れ、聖者の現わしたもう種々の身と種々の神通と種々の說法とを受用せしめるのである。

これによりて愛憎に惱む身にも柔軟の心は內感せられ、環境に亂れる心にも、機微に徹して得りなき力を惠まれるのである。そしてそこに大慈悲の說法を聞き、空無我の眞理を知る。まことに念佛者の一道である。

それは念佛に現われる本願の力である。それゆえに念佛は悪をたち善を修するために行われるのではない。ただ念佛すれば自然に柔和忍辱の身となるのである。これ即ち鼓つものなきも音曲自然なる念佛の德である。

「若し能く自行を具足すれば、即ち化他自然なり」（聖德太子）それゆえに自利の成就は、即ち利他の德を具足するものである。したがつてもし利他の德を具えない自利ならば、それは自利というも、利己に過ぎぬものであろう。

利他敎化において自受法樂を成就する。それゆえに、利他の成就において自利は滿足するのである。したがつて、もし自受法樂でない利他ならば、それは利他というも、名利に外ならぬものである。

しかるに凡夫にありては、自利利他というも、利己と名利とを免れない。されば如來の本願力を受用するのでなくては、われらに自利利他をいうことはあり得ぬであろう。ここにただ念佛においてのみ眞實の自利利他の滿足する所以があるのである。

聖智は法の眞を知る。法の眞は無相であるから聖智もまた虛心である。虛心の智は萬象に徧く徹して聖智といわれ、無相の法は聖智に内感せられて法身となる。この身心ありて無碍人といわれ、この身心に行われて無碍道は開けるのである。

その無碍の一道へ、念佛によりて本願力を恵まれるものは、自然に歸入せしめられるのである。

智は事物に徹して事物を見る。この徹することにおいて智は事物に「卽」し、その見ることにおいて智は事物を「離」れる。されば眞智は心を萬法に不卽不離ならしめるものである。

この智によりて行う身はまた環境と不卽不離ならしめられる。これによりて生死と涅槃とに無碍となり、自利と利他とに自在なることができるのである。

本願が念佛に「力」を現わしたもうことは、その智と行とをわれらに恵まんがためではないであろうか。

自利も利他も佛力でなくては成就しない。しかるに特に利他の語において佛力は顯われると教えられた。それは小慈小悲もなき身を傷む心において、本願の大悲を信受せよとの教説といただかれる。

かの國に生まれるものは、生死のこの世に迷うことがない、これ念佛往生の願意である。その本願を信行するもの必ず涅槃のさとりに至る、これ必至滅度の願意である。そしてその生死と涅槃とに無碍自在なることは、一生補處の願意として明かにせられた。

かくして念佛者は、速に無上道を成就せしめられるのである。

自力では不可能と思われることが、他力によりて可能となる。世間にもその例證は尠くない。れば、いかにしても開けない道が念佛によりて開け來ることも疑いのないことであろう。煩惱具足の凡夫が無上道を成就する。それは不可能のことである。されどそれを可能ならしめるものは如來の本願力である。

それはわれらのある狀態を救うものではなく、われらの身心を擧げて救うものである。しかもそれはわれらの外にありてわれらを救おうとするものではない。われらの身心となりてわれらを救うのである。

一乘海

ただ一乘《ひとつのみち》がある。それは大乘《おおいなるみち》であり、佛乘《さとりのみち》である。

一乘は佛乘である。それは無上道である。これによりて一乘に歸依するものは、必ず涅槃に至り法身をさとる。されば法身というも如來というも、一乘を究めたるものの外にはない。そしてその一乘を究むるところに現われるものは廣大無邊であり、悠久不斷である。

その佛乗こそ大乗といわれるものである。したがつて大乗は必ず一乗でなければならない。しかるに佛教に二乗・三乗の説あるは、これただ、われらを導いて一乗に歸せしめるためである。その一乗とは彌陀の本願であり、それを究むるものはただ念佛である。

あらゆる差別をも、一如の色に包む廣大無邊の光明《ひかり》、いかなる動亂の中にも靜寂を感ぜしめる悠久不斷の眞實《まこと》、それを思い知らしめるものは本願念佛である。それゆえにそれは佛乗であり、また大乗といわれる。そしてそれこそただ一乗といわれるものでなくてはならない。

この身は個人である。本願に信知せしめられるものは全人を包む無邊の光明である。この命は短き一生である。御名に身證せしめられるものは、歴史を超えたる悠久の眞實である。これによりて、この身、この生もまた無邊不斷の一乗にあらしめられるのである。

眞諦とは明かなる道理であり、眞實にして虚假でないことを意味するものである。それは萬人歸依の道を説く大乗であらねばならない。そしてその大乗を説くものが佛法である。善惡に分けて人を隔て、賢愚の異によりて報いの別を説くものは佛教ではない。それは是非の取捨に人を惑わす魔説である。佛教は清浄であり魔説には穢濁《にごり》がある。ここに外道と佛教との差別があるのである。

いかに迷いは深くとも、それは迷いであるから、必ず覺る時がなくてはならない。それゆえに永遠の光を以て照せば、生けるものみなは、悉く佛となるべき性を有つものである。それは現前の事實はどうあろうとも、究極の眞理として明瞭なことである。

われらは人間である限り、いかなる行爲も究極は道徳に順わねばならぬであろう。しかしその究極は常識的である。われらはこの道徳においてしばしば退轉を免れない。人間の自力による自覺であるからである。

されど生けるものみなに佛性あることは、この常識によるのではない。究極の歸依としてである。いかに事實は救われておらなくとも、それゆえにこそ必ず救わるべき道理があるのである。その道理によりて如來の本願は信ぜられ、それを事實とするために、稱名念佛は行ぜられるのである。

是非を思い善惡に拘るも、常に動搖を免れず遂に解決さることはない。われらの生活はあたかも大海の波浪の上に行われているようである。自由というも運命というも、波浪を世界としての人智に過ぎない。その根柢には廣大の業海があり、無明の深水があるのである。

ここを以て無碍の光明はその無明の深水を照らし、如來の本願はその廣大の業海を純化するがために現われた。したがつて本願海はさらに無邊であり、特に深廣のものであらねばならない。そしてその深廣無涯底の本願を憶念してのみ、波浪の生活も自から歸するところあるを知らしめられるのである。

念佛は善をたのむ誇りを砕いて、平等の大悲を知らしめる。その大悲を知る心は、すなわち大悲心である。

本願は惡を是とする邪《よこしま》をひるがえして、永遠の眞實に歸せしめる。その眞實に歸する心はすなわち眞實である。

その砕いて知らしめるものは、大海の屍骸を宿さないことに喩えられ、そのひるがえして歸せしめるものは、大海の川水を轉成するに喩えられる。されば不宿というも轉成というも、別のことではない。

煩惱の身において念佛する。念佛の素材となるものは煩惱の外にはない。ここに煩惱はそのままに佛道の功德と轉成するのである。それは煩惱の「人」の德ではない。ただ念佛の「法」の德である。

本願には善惡の人を簡ばれない。それゆえに善を要とし惡を恐れる心は無用となる。本願の大海には雜善も逆謗も屍骸として宿さないといわれる。それは善惡の「人」が眞實の生を與えられて、その「執」が屍骸となつたからである。

悲しみを轉じて喜びと成したもう。それは悲しみに處を得しめるものである。悲しみはそれ自身の立場を喜びの中に見出さしめられるのである。まさにその時悲しみは喜びに缺くことのできないものとなるのである。

本願を信じないものは、智者と呼ばれても愚人である。それは永遠なる眞實を見る眼がないからである。その盲いたる者が指導者といわれている。悲しき世界である。

念佛を行じないものは賢明であつても流浪人である。それは人間業の深海に徹せぬからである。その淺智の者が、特に識者といわれている。危い時である。

本願力を分ちて「願」と「力」とせられる。その願は大悲であり、その力は光明であると領解すべきであろうか。惡を轉じて德と成すといい、逆謗の屍骸を宿さないということも、この「願」と

ことである。

のである。しかれば誓願一佛乘ということも、一乘海ということも、如來の本願力の外にあり得ぬ

「力」とによりて行われるのである。そしてその願において大乘あり、その力において佛乘はなる

念佛と諸善との比挍

眞實の教は、萬人を佛にする「法」でなくてはならない。その法はただ如來の本願である。これによりて念佛は絕對不二の教といわれるのである。

されればその法を信樂するものこそ絕對不二の機でなくてはならぬであろう。その絕對不二の機とは眞實の自己を見出せるものである。それは實存の身證ともいうべきであろうか。

「五劫思惟の願をよくよく案じ見れば、親鸞一人がためなりけり」といわれた。それは「そくばくの業をもちける身」という悲しみにおいて感知せられたものである。

されど、それはまた親鸞一人の身證によりて、眞實に五劫思惟の願が成就したということであろう。そこには限りなき信樂の深さがあるようである。

絕對不二の機とは、その「一人」として見出されたるものである。

念佛の諸善に超えたる德は、聖教の至るところに說かれてある。われらはそれを披讀してその絕對不二の意義を頂戴すべきであろう。また時には絕對・眞實・普遍等の言葉の系譜を展開してその無邊の意味を會得することも有難いことである。

信心の機は、智者であり、善人であり、利根であり、妙好人である。われらはそれを諸佛の稱讃として頂戴すべきことである。されどまた時には、内なる深い喜びとして身證することも有難いことではないであろうか。

それは自負の感情となるものではない。却つて、それによりて眞實に謙虛ならしめるものである。

敬白

念佛者には、自然の萬象、悉く本願の心を喩《さと》すものとして感知せられる。虛空を仰いでは佛德の廣大なるを思う。そこに輝く日輪の光は、凡愚の痴闇を破りて信心の喜びを語る。これによりて、われらは星月の夜にも久遠の願心を偲ばしめられる。さらに大地を俯《み》ては悲願の惠みの甚深なるを思う。泉は涌きて信心の智慧の盡くることなきを語り、水は流れて凡夫の善惡も遂に一如の大海に歸入することを諭すものの如くである。これによりてわれらは、草木とも心境を語り、鳥獸とも悲喜を同うするを得るのである。

本願を信樂するものには、すべての人倫も念佛の緣とならぬものはない。嚴父を思うては念佛して凡聖の執を離るべきを知り、悲母に接しては、往生の正因の信心にあることを感ぜしめられる。かくして君王も師友も、本願を想起せしめる便とならぬものはないのである。

しかるに、この事實こそは、われらに本願を信樂してこそ、人倫の關係も全きものであることを思い知らしめるものではないであろうか。人緣を便《たより》として法德を思う。その法德の深さにおいて、人緣の親しみも加わることである。

自然の產する事物も、人間の作れる器具も、本願の德を喩《さと》すものと教えられた。それはまことに旨趣の深いことである。

靈藥について煩惱の病の治せられることを思ひ、黃金について諸善も及ぶことなき念佛の德を知らしめられる。これ卽ち、自然の事物が、われらにその受用の道を開示するものではないであろうか。

利劍の如く憍慢の鎧を斷ち、利斧の如く苦惱の枝を伐るという。これすなわち生活のために作れる器具が、われらに精神のありかたを指示するものである。人間の怖ろしさを知らしめるものが、轉じて悲願の德を思い知らしめるものとなる。これまことに不思議の事實である。

自然は問い、人間は答える。そこに道徳があるようである。されば人間が問い、自然が答うるところ、そこに宗教があるといいうるであろうか。しかしかく問答の成立する所以は、われらの思議の及ばないところにおいて、自然と人間との一如なる境地があるからであろう。

人間は自覺の究極において自然の大道に歸し、自然は人間を出生し、人間と同感するものとなる。したがつて自然も人間業に報われるものともいわれ、また人間も自然の淨土に歸すべきものと說かれた。

されぱその自然が念佛によりて本願の心を喩《さと》すものに現われ、その人間が本願によりて念佛の同朋となることも、これ法爾の道理というべきであろうか。

人間に交りて山林を想い、孤獨となりて自然と語る。本願を信じ念佛もうすということにも、その境地があるのではないであろうか。

夏艸に對して人と生れし悲しみを問い、冬月と共に人と生まれし喜びを語る。そこに汎々と大悲の願心が感ぜられる。大衆に對して涅槃の寂かさを說き、人間に交りて永遠の眞實を語る。そこに自からの無邊の淨土が懷かしまれるのである。

正信讃

佛世尊に對して啓白すれば、愚痴はいつしか懺悔となり、願いはおのずから讃嘆となる。ここに知恩の心ようやく深く、報德の情いよいよ盡くることなき所以がある。

されば一切善惡の凡愚は、本願の機となるという。これ即ち煩惱の生死を基盤として本願の音樂が奏せられるということであろう。われらはその樂の音に調えられて、難思議の往生を遂げ、一如の佛土に證らしめられるのである。

光は闇に深く浸み入りて、闇はいよいよ光を冴えしめる。流轉の群生海に浸み入る本願の聲を聞いて涅槃を思慕したまいし歌は、いよいよわれらの身の喜びとなり、懷かしみとなるのである。

生涯を顧みては、また何もいうことはない。ただ念佛のみである。されどその念佛の心においてこそ特に口誦しめられるものは讃仰の歌である。

今さらに晩年の聖人の心境を想う。

信の巻

至心信楽之願

正定聚之機

序

思うに信心を得ることは如來《みだ》の悲願にもとづき、眞心を明らかにすることは、大聖《しやか》の矜哀《あわれみ》に依る。然るに末代の僧俗、近世の識者は、唯心の理に沈んで、淨土の證《さとり》を貶しめ、定散の心に迷うて、金剛の眞信を知らない。ここに愚禿釋親鸞、世尊の眞說に信順し、祖師の宗義を披閱し、廣く三經の光澤《うるおい》を蒙り、特に一心の華文を開き、かりに疑問を出しつつ遂に明證を擧げようと思う。これ誠に佛恩の深重なることを念うて、世人の嘲りを恥とせぬものである。されば淨土を欣う同人、穢國を厭う諸友、たとえ取捨するところがあつても、毀謗を生ずることのないように希《ねが》うことである。

大意

謹しんで往相廻向の大信を思うに、大信心は、これ長生不死の神方、淨を欣い穢を厭う妙術、選擇して廻向されし直心、利他《めぐみ》の深廣なる信樂、金剛の如く壞れぬ眞心、往き易きも行く人なき淨信、大悲の心光《ひかり》に攝護《まも》らるる一心、希有にして最勝なる大信、世智には信じ難き捷徑《はやみち》、大涅槃を證る眞因、速かに功德を滿たす白道、眞如一《へだてなき》實《まこと》の信海である。

定散　定は心をしづめて佛と淨土とを想うもの。散は定でないちり亂れている心で善を修して淨土を願うもの、共に自力の心である。

宗義　原文、論家、釋家の宗義、即ち七高僧の說。

三經　『大經』『觀經』『阿彌陀經』。

一心の華文　『淨土論』巻初に一心歸命と表白して願生の意を述べたもう。

往き易きも行人なし　易往而無人(『大經』)淨土へは往き易いが信ずる人は稀れである。

この信心は、念佛往生の願から現われる。この大願を選擇本願という。また本願三心の願と名づけ、また至心信樂の願と名づけ、また往相信心の願と名づくべきである。然れば常に惱みに沈む凡愚、業《つみ》に流轉《さすら》う群生も、無上の妙果《さとり》が成り難いのでない。ただ眞實の信樂が實に獲がたいのである。何故なれば如來の加威力《おごそかなるちから》により、博く大悲の廣慧力《ひろきちえのちから》によりて、ようやく獲られる信であるからである。ここを以てたまたまかかる淨信を獲れば、この心は顚倒《さかさま》でなく、この心は虚僞ではない。これに依りて極惡深重の衆生《われら》も大慶喜心を得て、もろもろの聖尊《ほとけたち》の重愛《いとしみ》を獲るのである。

本願と成就

至心信樂の本願。『大經』に言う。われ佛とならば、生あるものみな、心を至し信樂してわが國に生れようと欲い、わが名を稱えよ。その人もし生れなければ、われも佛とはなるまい。ただ逆惡を造り、正しき法を謗るものを除く。

『無量壽如來會』に言う。われ覺《さとり》を得ば、他の國の情《こころ》あるものわが名を聞く時、われにあるあらゆる善根は、その人のものとなるであろう。その人、わが國に生れようと願つて、わが名を稱うれば、必ず生れることができる。ただ無間の惡業を造り、正法と聖人とを謗るものを除く。

本願の文　『尊號眞像銘文』に解釋あり。

逆惡　原文五逆、㈠殺父㈡殺母㈢殺阿羅漢㈣破和合僧㈤出佛身血。

本願成就の文。生あるものみな、彌陀の名聲を聞いて、信心歡喜する。その一念に佛のまごころはめぐまれる。したがつて彼の國に生れようと願えば、卽ち往生を得て、不退轉に住する身となるであろう。ただ除かるるものは、逆惡を造り正しき法を謗るものである。

本願成就の文『一念多念文意』に解釋あり。

『如來會』に言う。あらゆる生あるもの、無量壽佛の御名を聞き、能く一念の淨信を發し歡喜して、たまわる功德を愛樂し、無量壽國に生れようと願えば、その願に隨つてみな生まれ、不退轉を得、遂には無上の覺りにも至るを得よう。ただ無間の惡業を造り、正法と聖者とを謗るものを除く。

また『大經』に言う。

み法をきき得て、　忘れずに
つつしみ思い　慶《よろこ》べば
わが善き友と　親しまる
されば道へと　こころざせ

また『如來會』言う。信あるものは威德を具え、廣大の佛法をさとる淨土へと生る。

また言う。

ほとけの徳は　ほとけのみ知る
ただ世尊のみ　よく説きたもう
天地《あめつち》の神　こころ及ばず
賢きひじり　言葉たえたり

もし人　佛たらんと願い
聖なる普賢の　智慧をつくして
佛の徳を　ほめたたえんと
量りなき世に　時を重ねて
幾度その身　生をかゆるも
佛の智慧は　量りつくせじ

聞くをよろこび　信を具足し
よき友人《ともびと》に　みちびかれつつ
深く妙なる　法をききえば
よろずのほとけ　いとしみたもう

佛の智慧は　空《そら》にあまねし
御言のこころ　佛のみ知る
ひろく浄土の　德を聞きえて
まことの教　深く信ぜよ

人の身をうけ　佛に遇いて
信の智慧うる　まことにかたし
つとめはげみて　法をききえば
よろずのほとけ　喜びたもう

曇鸞の三不信

『論註』にいう。『論』に「稱名とは如來の名を、光明のおんかたちの如く呼びまつることである。それは如來のみ名のこころに如實《まこと》に相應して修行したいと思うからである」と説かれてある。

その稱えるみ名は無碍光と呼びまつる。光は智慧のかたちである。如來の光明は十

「光は智慧のかたち」といわれ、また「智慧はひかりのかたちなり」(『一念多念文意』)といわれてある。

方の世界を照らして障礙がない。またあらゆる群生の無明《おろか》の黑闇《やみ》を除きたもう。よりて無礙光と呼びまつる。されば其のみ名のこころに如實に相應して修行したいということは、われらもまた無碍の道を得んがためである。然るに如來のみ名には、能く一切の無明を破り、能く一切の志願を滿たしたまう德あるにも拘らず、稱名憶念するものに、無明なおあり、志願が滿されぬということは、み名のこころに相應せぬものがあるからである。その相應せぬということは、如來は是れ實相《ちえ》の身であり、爲物《じひ》の身であるということを知らぬということである。そこにまた三種の不相應がある。一には信心が淳朴でない。あるが如く、なきが如くである。二には信心が一でない。決定しないからである。三には信心が相續しない。餘の念に間《へだ》てられるからである。この三者は交互に成り立つものである。信心が淳朴でないから決定せず、決定せぬから念が相續しない。また念が相續せぬから決定を得ず、決定を得ないから信心が淳朴でないのである。これに反して淳・一・相續の信心があらば、稱名はおのずから如實に相應せる修行となる。それ故に論主天親は建《はじ》めに「我れ一心に」と仰せられた。

實相の身、爲物の身　實相は一如の理、それを體とするものなれば智慧の身である。物は人物というように衆生のこと、その物の爲なれば慈悲身である。

『讃阿彌陀佛偈』曇鸞作にいう。

もろ人　彌陀の　　御名をきき

信心よろこぶ　一念に
まことの徳を　たまわりて
みな浄土へと　生るべし

ただ悪逆の　つみつくり
正しき法を　そしるもの
除くと宣《の》りし　大慈悲の
嚴しさしのび　うなだるる。

善導の三心釋

光明寺の『觀經義』にいう。（經に阿彌陀佛、神通如意と説かれた）その如意に二種ある。一は衆生の意の如くであること、これは衆生の心念に隨い、それに應じて度《すく》うことである。二は彌陀の意の如くであること。これは照覽の眼まどかに徹し神通自在にして度《すく》うべき機を觀《みそな》わしては、一念に時を同うして身心を現わし、法を説き悟を開かしめて、それぞれの益を與えられることである。

またいう、濁悪と苦惱とは、いかなる境涯にありても、受けぬものはない。若しそれを受けない身とならば、もはや凡夫のなかまではない。（救われた人といわねばならぬ。）

またいう。經（『觀經』）には「一には至誠心、二には深心、三には廻向發願心この三心を具うれば必ず彼の國に生る」と說かれた。この經說には釋尊の深い敎意がうかがわれる。その

一には至誠心とは　至とは眞であり、誠とは實である。それ故に、經に至誠心というは、一切群生の身・口・意の解・行は、必ず如來の眞實に作したまえるを須《もち》いよということである。されば外に賢善の相を現わしてはならぬ。內に虛假を懷いている身である。貪瞋、邪僞、奸詐の端《いとぐち》さまざまで、その惡性の止め難きこと蛇蝎の如き我等である。かかる身に於ては、善というも雜毒であり、行というも虛假である。眞實の業とはいわれない。それ故にその安心、起行《おこない》は、たとえ晝夜を分たず、恰も頭上の火を拂うように身心を苦勵《はげま》しても、すべては雜毒の善である。したがつて、この雜毒の行を廻《めぐら》して、佛の淨土に生まれようと欲《おも》うことは、斷じて不可であるといわねばならぬ。何故ならば、彼の阿彌陀佛、因位に菩薩の行を行じたまいし時には、身・口・意に修めたもうところ、一念、一刹那も眞實心でないことがなかつたからである。（彼の淨土は、その眞實心によりて成就せられた）ここを以て、その如來の施したもう眞

實を須いて往生を願つてこそ、眞實といわれるのである。それが如來利他の眞實である。されば凡・聖、智・愚を簡ばず、みな眞實を須いよ。それを至誠心というのである。

二には深心　深心というは、即ち深く信ずる心である。それに二種ある。一には決定して深く自身は現に罪惡生死《つみふかくまよえる》の凡夫、曠劫《とおきむかし》より已來《このかた》、常に沒《しず》み、常に流轉《さすらい》して出離《なやみはなるる》の縁なきものと信ずること。二には決定して深く、かの阿彌陀佛の四十八願は、衆生を攝受したもうことに、疑なく慮りなく、その願力に乘ずれば定めて往生することができると信ずることである。また決定して深く、釋迦佛、この『觀經』に、世・出世の道を三福九品に分ち、定と散との善を説き、かの彌陀と淨土とを讃嘆して、人をして忻慕せしめたもうことを信ずる。また決定して、深く『彌陀經』の中に、十方の佛たちが、一切の凡夫を證誠し勸勵せられて必ず往生し得ることを信ずるのである。

また深信とは、願くは一切の行者、一心に唯だ佛語を信じて、身命を顧みず、決定して佛の捨てしめたもうものは即ち捨て、佛の行わしめたもうもの即ち行い、佛の去《ゆ》かしめたもうところへは即ち往け。これを佛教に隨順し、佛意に隨順し、佛願に隨順すという。それが眞の佛弟子と名《よ》ばれるものである。

また一切の行者、ただ能く此經に依りて、その敎えられる行を深信すれば、必ず自

三福　孝養父母等の世福と、三歸依を受くる等の戒福と、道心を發す等の行福。

九品　『觀經』に往生人の機に九品を説く。

佛教　釋迦の敎、佛意、諸佛の勸め。佛願　彌陀の本願。

他の道を誤るということはないであろう。何故ならば、佛は是れ大悲を満足せる人であり、實《まこと》を語られるからである。佛を除いて以外の聖賢は、智も行も未だ滿たず、なお學行の地位にあつて、煩惱とその習氣との二障も十分には除かれてない。したがつて其の志願も圓かに果されてはおらぬのである。それ故に、これらの凡聖は、たとえ諸佛の教意を思い量つても、決了することができず、道理を正しく明かにしていても、その決定には佛の證明を要するのである。その場合、若し佛の意に稱《かな》えば、卽ち印可《ゆる》して如是如是《そのとおり》といわれる。若し佛の意に可《かな》わねば、卽ち「汝等の說くところは正しくない」と仰せられる。その證印のないものは意味もなく、利益もない語と同じものである。ただ佛の印可せられるもののみは、卽ち佛の正教に隨順するのである。

されば佛のあらゆる言葉は、卽ち是れ正教であり、正義であり、正行であり、正解であり、正業であり、正智である。それには、すべての聖賢と人天とを問わず、多數人であれ、少數人であれ、是非を加うることはできぬ。これに依りて佛說は卽ち是れ了教であり、弟子聖賢の說は、悉く不了教といわれるのである。それ故に、今の時、あおいで一切の有緣の求道者に勸める。ただ深く佛語を信じて、專ら奉行すべきである。弟子賢聖の佛の教と相應しないような教を信用して疑を起し惑を抱いて、往生の大益を廢失《うしなう》してはならない。

釋迦は一切の凡夫が、この一生を盡くして、專念し專修すれば、命《いのち》終りて後、必ず彼の國に生まれると指示し、勸說せられ、十方の諸佛も悉くみな同じく讚え、同じく勸め、同じく證せられる。これ即ち諸佛の大悲は同體であるからである。されば一佛の所化は即ち一切佛の所化であり、一切佛の化は即ち一佛の化である。このことは『彌陀經』に釋迦、極樂の種々の功德を讚嘆し、一切の凡夫を勸めて一日乃至七日、一心に彌陀の名號を專念すれば、その極樂に必ず往生することを得させられ、次で、十方の諸佛が、みな同じく釋迦がこの濁惡の世、即ち思想も感情も混亂し、邪《よこし》まにして信のない時代に於て、能く淨土往生の法を說かれたことを稱讚せられたことによつて證明せられている。また十方の佛たちは、われらが釋迦の敎をただ一佛の說として信ぜぬことを慮つて、共に同心・同時に偏く大千界に徹る清澄の聲をもて「汝等衆生、みな是の釋迦の說くところ讚うるところ證するところを信ぜよ。一切の凡夫、罪と福との多少、時節の長短に拘らず、一生涯乃至一日、七日にても、一心に專ら彌陀の名號を念ずれば必ず往生を得」と誠實の言を演べていられる。これ即ち一佛の說は、一切佛同じく證誠せられるものである。これを「人に就て信を立つ」るというのである。

往生の正行には二種ある。一には一心に專ら彌陀の名號を念じて行・住・坐・臥、時節《とき》の久近《ながしみじかし》を問わず、念念に捨てざるもの、それを正定の業と名づくる。彼の佛

所化　敎化されるあいて。

願に順うからである。（二には）もし禮拜・讀誦等に依らば卽ち助業と名づく、この正・助の二行を除きて已外の諸の善は、悉く雜行と名づける。すべて疎雜の行と名ぶのである。

三には廻向發願心。　浄土に向かい、往生を願う。その人は必ず眞實心に廻向したもう願を須《もち》いて往生し得と想うべきである。その心の深信することは金剛の如く、異見・異學・別解・別行の人々の爲に動亂され破壞されぬよう、ただ決定して、一心に正直に進まねばならぬ。もしそれらの邪人の語を聞いて進退するの心あらば、怯《おじけ》弱を生じ廻顧《ためらい》して道に外《そ》れ、往生の大益を失うこととなろう。問う。もし解・行の同じくない邪人があつて、かく疑難《うたがいそしる》せば如何にすべきであろうか。「汝等衆生は遠き宿世よりこのかた今生まで、一切の凡聖に對し、具さに惡逆・謗法・破戒・破見の罪を造り、それを未だに除盡することができぬ。然るにそれらの罪は三界惡道に繫屬《つながる》するものである。さればどうして一生の念佛に依つて彼の無漏無生《きよききさとり》の國に入り永く不退の位を身證し得よう」と。

答う。諸佛の教行、その數は量りなく、それを禀《う》くる機緣も、その情に依つて一つではない。譬えば、明は能く闇を破り、空は能く有を含み、地は能く載せ養い、水は能く生じ潤おし、火は能く成じ壞するように、各〻その作用の異ることは、世間の人の眼に見て信ずることである。これが「待對の法」というものである。まして佛法不思議の力に、種々の益がないということはない。その一の法門に隨つて出ずる者は、即ち一の煩惱の門を出ずるものである。その一の法門に隨いて入るものは、即ち一の解脫智慧の門に入るのである。されば、各〻その緣にしたがい、行を起し、解脫を求むべきである。汝に有緣の要行でないからとて、我を障惑すべきではなかろう。我の愛するところは即ち是れ我が有緣の行であつて、汝の求むるところでなく、汝の愛するところは即ち是れ汝の有緣の行であつて、我が求むるところではない。それ故に、各〻その樂《ねが》いにしたがつて其の行を修すれば、必ず疾く解脫を得ることである。

　行者、まさに知るべし、もし解を學ぼうと欲わば、凡より聖に至り、さらに佛果に至るまでの法を、碍りなく皆學ぶこともできよう。されど若し行を學ぼうと欲わば、必ず有緣の法によるべきである。それは功勞を用いること少くて、益を得ることが多いからである。

　また一切の往生人に白す。今さらに行者の爲に一の譬喩を說いて信を守護し、以て外界の人の非難を防ごう。

これを『二河譬』「二河喩」「二河の譬喩」という。

　人あり西に向かつて遠く行こうと欲うに、忽ち途中に二つの河がある。一つにはこれ火の河、南にあり、二つにはこれ水の河、北にある。いずれも東西のひろさ百步、深さは底なく、南北は邊《ほと》りがない。その水火の中間に、正しく一つの白道があつて、幅は四五寸ばかりであろう。その道の東の岸から西の岸に至る長さは、また百歩である。そこへ水の波浪は交《こもご》〻過ぎて道を濕おし、火焔もまた來りて道を焼き、水と火とが相交わつて常に休まない。この人は既にさきに、はてなき曠野にあり、そこには更に人間はなく、多くの群賊惡獸がいて、その人の單獨なのを見て競い來つて殺そうとするのであつた。そこで、この人は死を怖れて、直ちに走つて西に向えば、忽ちこの大河を見たのである。そこで自ら念言するよう、この河は南北にはてなく、中間に一つの白道を見るも、極めて狹小である。東西の岸の距りは近くても、どうして行くことを得よう。今日、定めて死すること疑いない。ひき返えそうとすれば、群賊・惡獸が迫つて來る。南北に避けようとすれば、惡獸・毒蟲が競い來る。正しく西に向つて道を尋ねて行こうと欲えば、恐らくこの水火の二河に墮るであろう、と。その時に當りての惶怖《おそろしさ》いうて見ようがない。そこで自ら思念するよう。われ今回《かえ》らばまた死し、住《とど》まらばまた死し、去《ゆ》かばまた死する。いずれにしても死を免れぬとせば、われは寧ろ此の道を尋ねて前進しよう。已にこの道があるのであるから、必ず度《わた》れるに違いないと。斯のように念つているとき、東の岸に忽ち人の勸める聲を聞く。「仁者《なんじ》ただ決定して、この道を尋ねて往け。必ず死の難はない。もし住《とど》まらば卽《そこで》ち死せん」と。

また西岸の上に人あり喚《よば》うていう。「汝、一心正念にして直に來れ、我、能く汝を護ろう。決して水火の難に墮つる畏をなさざれ」と。この人、已に此《ここ》に遣わし、彼《かしこ》に喚うを聞いて、卽ち自ら正しく身心に當《ひきうけ》て、決定して、道を尋ねて直に進んで、疑い怯るみ退く心を生じない。かくして行くこと一歩二歩するに、東岸の群賊等喚うていう、「仁者、回《かえ》り來れ、その道は嶮惡で通ることができぬ。必ず死すること疑いがない。われらすべて惡心ありて、いうのではない」と。この人、その喚ぶ聲を聞いても、また回顧《かえりみ》せず、一心に直進し、道を念じて行けば、須臾《しばらく》にして卽ち西岸に到り、永くもろもろの難を離れ、善友と相見て慶樂すること、止むことがないこととなるであろう。

これは譬である。その東岸というは卽ちこの娑婆の火宅に喩える。西岸というは卽ち極樂の寶國である。群賊惡獸の詐り親しむというは、卽ち衆生の身と識と環境と、それを構成する種々の要素とに喩える。人なき曠野とは卽ち常に惡友に隨つて眞の師友に値わないのに喩えるのである。水火の二河とは卽ち衆生の貪愛は水の如く、瞋憎は火の如しと喩える。中間の白道、四五寸というは、卽ち衆生の貪瞋の煩惱の中に、能く淸淨の願往生の心を生ぜしむるに喩えるのである。貪瞋は强きに由りて水火の如しと喩え、眞心は微《かすか》なれば白道の如しと喩える。また水波、常に道を濕おすとは、卽ち愛心、常に起つて能く善心を染汚《けが》するに喩え、火焔、常に道を焼くとは、即ち瞋嫌の心、能く功徳の法財を焼くに喩えるのである。人、道の上を行きて直に西に向かうというは、即ちもろもろの行業を廻して直に西方に向かうに喩えるのである。東の岸に人の聲の勸め遣すを聞き、道を尋ねて直に西に進むというは、即ち釋迦已に滅したまいて、後の人は見たてまつらないけれども、なお教法がありて尋ねられるに喩える。聲とはその教法を喩うるのである。行くこと一歩・二歩にして、群賊等喚い回《かえ》すというは、即ち別解・別行・惡見の人等が妄りに見解をもつて互に相い惑亂し、自らも罪を造つて惡道に沈むと説くのに喩えるのである。西岸の上に人があつて喚ぶというは、即ち彌陀の願意に喩える。須臾にして西の岸に到り、善友相見て喜ぶというは、即ち衆生が久しく生死に沈み、遠き昔より輪回《さまよい》し、倒《さかさま》の智に自らを纏うて、解脱する由《いわれ》がない。然るに今、釋迦の發遣《すすめ》し指して西方に向わしめたもうことを蒙り、また彌陀の悲心から招喚したもうによつて、仰いでその二尊の意に信順し、水火の二河を顧みず、念々に遺《わす》るることなく、彼の願力の道に乗《よ》りて、命を捨てて後に彼の國に生るるを得て、佛と相見て慶樂するのに極《きわま》りのないことを喩えるのである。

一切の行者、行・住・坐・臥に、身口意の三業の修するところ、晝夜の時節を問わず、常にこの解を爲し、常にこの想を爲せば、それを廻向發願心というのである。

また彼の國に生れ已つて、還つて大悲を起し、生死に廻入して、衆生を教化することをも廻向というのである。

三心、已に具われば、往生の行として成就しないものはない。願と行とが既に成就して、往生せぬという道理はない。

またいう。敬しんで、すべての淨土を願う同人に告ぐ。省みれば、まことに辱けないことである。釋迦如來は實に是れ慈悲の父母にてまします。ようように方便《はからい》して、我等が無上の信心を發起せしめたもうた。

また『往生禮讃』にいう。深心とは卽ち是れ眞實の信心である。自身は是れ煩惱を具足した凡夫であり、善根が薄くて三界に流轉し、火宅を出で得ぬものと信知し、今、彌陀の弘き願は、名を稱えること、たとえ十聲でも、またその聲を聞くものまでも、必ず往生を得と信知して、一念も疑心がない。故に深心というのである。

されば彼の彌陀の名號を聞き得て、歡喜の一念を起せば、みな彼の國に生れることを得よう。

源信の菩提心

『往生要集』にいう。「入法界品」に依るに、譬えば或人が、不死身の藥を持てば、いかなる怨敵もどうすることもできないように、道人もまた菩提心（道心）という不可壞の法藥を得れば、一切の煩惱・諸魔・怨敵も壞ることができない。譬えば或人が、住水寶珠を得て其身につければ、深い水中に入つても沒溺せぬように、菩提心の住水寶珠があれば、生死の海に入つても沈沒しない。譬えば金剛は長き時、水中にあつても爛壞《やぶれず》せず、また變易《かわらぬ》せぬように、菩提心は量りなき世かけて生死の中にあつて、もろもろの煩惱業にまとわれていても斷滅することはなく、また損滅することがない。

入法界品（『華嚴經』）

またいう。我もまた彼の攝取の光の中に在り、煩惱に眼を障えられて見たてまつるを得ないけれども、大悲は倦きたもうことなく、常に我が身を照らしたもう。

結釋

しかれば、行といい信といい、一事として阿彌陀如來の淸淨願心から廻向成就せられないものはない。されば淨土に生れるにはその因が無いのではなく、また他に因があるのではないと、思い知るべきである。

三心・一心の問答

字　訓

問う。如來の本願には、已に至心・信樂・欲生（三心）の誓を發された。何故に論主（天親）は一心といわれるのであろうか。答う。彌陀如來は三心を發したもうけれども、涅槃の眞因は唯信心だけである。愚鈍の衆生にこの旨を領解し易からしむる爲に論主は三を合せて一とせられたのであろうか。

私に三心の字訓を闚《うかが》えば、三は即ち一となるべきいわれがある。何となれば、至心という、その至は眞であり、實であり、誠である。その心は種であり、實である。信樂という、その信は眞であり、實であり、誠であり、滿であり、極であり、成であり、用であり、重であり、審であり、驗であり、宣であり、忠である。その樂は欲であり、願であり、愛であり、悅であり、歡であり、喜であり、賀であり、慶である。欲生という、その欲は願であり、樂であり、覺であり、知である。その生は成であり、作であり、爲であり、興である。

明らかに知る。至心は即ち眞實誠種《まことのもと》の心である。故に疑の蓋《くもり》が雜《まじ》わらない。信樂は即ち眞實誠滿《まことのみてる》の心であり、極成用重《うたがいなくまことをもちいうやまう》の心であり、審驗宣忠《あきらかにおおせをかしこむ》の心であり、欲願《ねがいにした》

極成用重の心　字訓を重ねて句とせるもの、その意明らかではないが、今は右訓の如く領解する。

審驗宣忠の心　同上

愛悦《しむ》の心であり、歡喜賀慶《よろこびにおどる》の心である。故に疑の蓋が雜わらない。欲生は卽ち願樂覺《ねがいにめざ》知《める》の心であり、成作爲興《ほとけとなりじひをおこす》の心であり、大悲廻向の心である。故に疑の蓋が雜わらない。

今、三心の字訓を思うに、眞實《まこと》の心であつて虚假《いつわり》が雜わることなく、正直《ただしき》の心であつて邪僞《よこしま》が雜わることがない。まことに疑の蓋の間雜《へだてまじわる》することがないから是を信樂と名ばれたことが知られる。信樂は卽ち一心であり、一心は卽ち眞實の信心である。それ故に、論主は（論の）建《はじ》めに一心と言われたのであると。思い知るべきである。

至心

また問う。論主（天親）の三心を一心とせられた意は、字訓に依つて、その理《いわれ》を知ることができた。けれども阿彌陀如來は、愚惡の衆生の爲に、已に三心の願を發されたのである。それを云何に思念すべきであろうか。

答う。佛意は測り難い。けれども私かにその心を推《おも》うに、一切の群生海は、無始《とおきむかし》よりこのかた、今日今時《きょうのいま》まで、穢惡汚染《あくにけがれ》であつて清淨の心がなく、虚假諂僞《いつわりへつらい》であつて眞實の心がない。それだから、如來は一切の苦惱の衆生を悲憫《あわれみ》して、不可思議兆載永《はかりしれぬながきと》劫《き》に菩薩の行じたもう時、その身・口・意に修められるところが、一念一刹那《しばらくのま》も清浄ならぬはなく、眞實ならぬはなく、その清淨の眞心を以て圓融無碍《かくることなくへだてなき》・不可思議《こころも》不可稱《ことばも》・不可說《およばぬ》の至德を成就したもうた。而してその如來の至心をあらゆる一切煩惱・惡業・邪智の群生海に廻施したもうのである。されば至心は卽ち利他の眞心を彰わすものである。故に疑の蓋《くもり》が雜わらない。この至心は則ち是れ至德の尊號《みな》を其の體とするのである。

ここを以て『大經』にいう。欲の意《はからい》、瞋の意、害《ひとをそこなう》の意を生ずることなく、欲の情《おもい》、瞋の情、害の情すらも起されなかつた。法《もの》の色と聲と香と味と(感)觸とに執著せず、忍《た》ゆる力を持續して衆《もろもろ》の苦を厭わず、少欲にして足ることを知り、染《いろにまよう》と恚《いかり》と癡とがなく、その心境は常に寂《しずか》であつて、智慧に礙りなくましました。また他に對しては虛僞諂曲《いつわりへつらう》の心なく、和らげる顏と愛《したしみ》の語を以て、人の意を察しつつ話された。その志願は倦むことなく、勇み勵みて、專ら清淨の法を求め、以て群生を惠み、佛・法・僧を恭敬し、師長に奉事し、衆《もろもろ》の行を具足して、智慧と福德とを成就し、それを悉く群生のものとしたもうた。

『如來會』にいう、世尊、阿難に告げたもう。彼の法處比丘(法藏菩薩)は師佛と大衆との前に誓われた、その大願を以て清淨の佛土の內德とし、その成就の爲に永劫

欲の意……欲の情、原文欲覺……欲想。

智慧と福德　布施、持戒、忍辱、精進、禪定、智慧の六行に於て、前五を福德という。自利、利他の德を具うるからである。

の時を經て、菩薩の行を修習したもうた。その間、貪と瞋と癡との想を起さず、色・聲・香・味・觸の想に執われず、衆生に對しては、親屬の如き樂《よろこび》を以て愛敬したもうた。その性は調順《ものやわらか》であつて暴惡なく、常に慈忍《いつくしみ》の心を懷いて、詐り諂うことがなく、また懈怠《おこたり》されることがなかつた。而して善き言《ことば》を以て群生を策進《はげま》しては白法《よきみち》を求めしめ、勇猛にして退轉なく、世間を利益する大願を圓滿したもうた。

光明寺の和尚はいう、この雜毒の行を廻して佛の淨土に生れようと欲うことは、斷じて不可といわねばならぬ。何故ならば、彼の阿彌陀佛が、因位に菩薩の行を行じたまうた時には、身・口・意に修めたもうところ、一念、一刹那も眞實心でないことがなかつたからである。ここを以て、その如來の施したもうものを須《もち》いてこそ、眞實といわれるのである。それが如來利他の眞實である。されば、內・外・明・闇（凡・聖・智・愚）を簡ばず、みな眞實を須いよ。それを至誠心と名《よ》ぶのである。

しからば斯の如き大聖の眞言（大經の言葉）宗師の釋義（善導の解釋）によつて信《まこと》にこの心は則ち是れ不可思議・不可稱・不可說の一乘大智願海から廻向せられる他力の眞實心であることが知られる。これを至心と名づけるのである。既に經釋に眞實と言われる。眞實とは

『涅槃經』にいう實諦は一道清淨にして二つないものである。眞實というは卽ち如

來であり、如來は卽ち眞實である。眞實は卽ち虛空《さわりなきもの》であり、虛空は卽ち眞實である。眞實は卽ち佛性《ほとけごころ》であり、佛性は卽ち眞實である。

釋に「內外明闇を簡ばない」という。內は出世であり、外は世間である。明は出世であり、闇は世間である。また明は智明であり、闇は無明である。

涅槃經にいう、闇は世間であり、明は出世である。闇は無明であり、明は智明である。

信樂

次に信樂というは、如來の大悲が滿ちて、衆生の煩惱と自在に圓かに融けあう、深廣の信心である。それ故に、疑の蓋《くもり》の間《へだ》てるということがない。さればこそ信樂と名けられる。これ卽ち利他廻向の至心を以て信樂の體とするのである。

然るに無始よりこのかた、一切の群生海は、無明《やみ》の海にさすらい、もろもろの有《まよい》にしずみ、はてなき苦につながれて、本より清淨の信樂がなく、眞實の信樂がない。それだから名號の無上の功德に値いがたく、最勝の淨信も得がたいのである。かくして、我等すべての日常は、貪愛に善心を汚され、瞋憎に法財を燒かれているのである。この身を以て善を急ぎ、行を勵むこと恰も頭上の火を拂うようにしても、すべて雜修の善と名ばれ、また虛假諂僞の行と名ばれる。眞實の業とは名づけられない。

されば、この虚假雜毒の善を以て無量光明土《みひかりのくに》に生れようと欲うても、斷じて不可である。何故なれば、正しく如來、菩薩の行を行じたまいし時、身口意に修めたもうところ、一念一刹那も疑の蓋《くもり》の雜ることの無い明了な願心を以て成就された淨土であるからである。この信樂は卽ち如來の大悲心であるから、必ず報土に生まれる正因となる。如來は、苦惱の群生海を悲憫して、無礙廣大の淨心を廻施したまう。是を利他眞實の信心と名づけるのである。

本願信心の願成就の文。經にいう、生あるものみな、彌陀の名號を聞かば、信心歡喜の一念を生ずるのであろう。

また『如來會』にいう。生あるもの、無量壽佛の御名を聞かば、能く一念の淨信を發し、歡喜し愛樂するであろう。

『涅槃經』にいう、大慈大悲は佛性である。何故ならば、大慈大悲は常に修行者に隨うこと、影の形に於けるが如くである。一切の衆生もまたついには當に大慈大悲を得るであろう。それ故に「一切の衆生に悉く佛性あり」と說かるるのである。されば大慈大悲は佛性を開覺するから佛性と名づけ、佛性は如來と名ばれる。

大喜大捨は佛性と名ばれる。何故ならば、修行者は有《まよい》の世界を捨てねば、無上正眞道を得ることができない。その大喜大捨を一切の衆生も、ついには得るであろう。それ故に「一切の衆生に悉く佛性あり」といわれる。大喜大捨は即ち佛性であり、佛性は即ち如來である。

佛性は大信心と名ばれる。何故ならば修行者は、信心を以て能く覺《さとり》の彼岸へ渡るべき行を具足するのである。その大信心を一切の衆生もついには必ず得るであろう。それ故に「一切の衆生に悉く佛性あり」といわれる。大信心は即ち佛性であり、佛性は即ち如來である。

佛性は一子地(衆生を一子《ひとりご》の如く思う境地)と名《よ》ばれる。何故ならば一子地を得ることによりて修行者は一切の衆生に對して平等なる心を得るからである。その一子地を一切の衆生も、ついには必ず得るであろう。それ故に「一切の衆生に悉く佛性あり」と說かれるのである。一子地は即ち佛性であり、佛性は即ち如來である。

またいう。佛道は信心を因とする。佛道の因は限り無いけれども、信心の德として說き盡くされるのである。

またいう。信に二面がある。聞より生ずると、思より生ずるとである。若し聞より生じて、思より生ぜぬならば、その人の信心は「信不具足」である。また二つある。

道ありと信ずると得道の者を信ずるとである。若し道ありと信ずるも、得道の人のあることを信ぜなければ、それは「信不具足」である。

『華嚴經』にいう、この法を聞き、信心し歡喜して、疑い無き者は、速に無上道を成就して、諸の如來と等し。

またいう、如來は能く永く一切衆生の疑を斷ち、その心の樂《ねがい》にしたがつて、普くみな滿足せしめられる。

またいう。

信は道の元　功德の母
すべての善を育てゆき
疑を斷ち愛はなれ
さとりの道を開くなり

信の心はきよくして
つつしみ深く誇なし
施し好み惜しみなく

浄き手となり事を爲す

信は歡び法に入り
智慧と功徳をいやましつ
佛の道をきわめては
つねにこの身を清めゆく

信の力は壊られず
煩い悩みの本を去り
よろずの境《もの》に執われず
衆魔のみちを超えしむる

信は功徳の種まもり
道の心の樹を育て
智慧の眼を開きては
すべての佛に見《まみ》ゆなり

すべての佛につかえては
ささぐるものに事かかじ
供養のこころ満ち足れば
佛の不思議を信ずべし

尊き法につかえては
法きく心あかざらん
法きく心あくなくば
法の不思議を信ずべし

聖なる僧につかえては
信心ゆるぐことあらじ
信心ゆるぐことなくば
善き師したしみ近づかん

善き師したしみ近づけば
惑うことなき智慧を得ん
惑うことなき智慧を得ば
諸佛よろこび護るべし

諸佛に護念せられなば
無上の道心發起して
よろずの徳をつとめては
佛の家に生まるべし

佛の家に生まれては
信の歡びきよからん
信のよろこびきよからば
彼岸の道を習い得ん
彼岸の道を習い得ば

念佛の心ゆるぎなし
念佛の心ゆるがずば
常に無量の佛を見ん

常に無量の佛を見ば
永遠《とわ》に在す佛を見ん
永遠に在す佛を見ば
法滅びじと知りぬべし

法滅びじと知りぬれば
法説《のりと》く言《こと》に礙りなし
法説くさわりあらざれば
よく群生を救うべし

よく群生を救いなば
大悲の心　堅からん

大悲の心かたければ
深きみ法を樂しまん

深きみ法を樂しまば
有爲《まよい》の道を離れ得て
すべての人ともろともに
永き生死《しょうじ》を離るべし

『論註』にいう。如來の名號《みな》に相應して修行せしめるもの、それが信心である。それで論主も『論』の建《はじめ》に「我一心に」と言われたのである。

またいう。經の始に「如是」というは、信を以て能く入ることを彰わすものである。

欲生

次に欲生というは、則ち是れ如來、まよえる群生を招喚《よび》たもう勅命《みこと》である。卽ち眞實の信樂を欲生の體とするのである。誠に凡聖の自力の廻向《おもい》ではない（如來大悲の廻向《めぐみ》である）。故に（行者に於ては）不廻向《はからいでない》と名づけられる。

廻向心　心を願の方向へとかえること。

然るに微塵界《かずしれぬせかい》の有情は、煩惱の海にさすらい、生死の海にただよつて、眞實の廻向心なく、清淨の廻向心がない。この故に如來は、一切の苦惱の群生海を矜哀《あわれ》みて（因位に）菩薩の行を行じたもうた時、身・語・意の修めたもうところ、一念一刹那《しばらくのま》も廻向心《めぐみのこころ》を首《さき》として、大悲心を成就したもうた。かくして利他眞實の欲生心は、諸有海へと廻施せられたのである。

されば欲生は卽ち是れ廻向心である。これ卽ち大悲心であるから、疑の蓋の雜わることがない。

ここを以て本願の欲生心の成就を、經には、「至心に廻向せられる。したがつて彼の國に生まれようと願えば、卽ち往生を得て、不退轉に住する身となるであろう。ただ除かるるものは、逆惡をなし、正しき法を謗るものである」と、言《のたも》う。

また『如來會』にいう。賜わる功德を愛樂して、無量壽國に生まれようと願えば、その願に隨つて皆な生まれしめ、不退轉を得、遂には無上の覺りにも至るを得よう。ただ無間の惡業を作り、正法と聖者とを謗るものを除く。

『淨土論』（「論註」）にいう。（論に）廻向とは惱める群生を捨てず、廻施を首《さき》として大悲心を成し遂げようと、心に常に願いたもうことであるといわれる。その廻向に二つある。一は往相、二は還相である。その往相とは、己の功徳を群生に廻施して、共に安樂淨土へ往生せしめんと願いたもうことである。その還相とは淨土に生れて、止・觀と方便力とを成就し得て、生死の密林に入り、一切衆生を教化して、共に佛道に向わしめたもうことである。その往相の廻向も還相の廻向もみな衆生を攝めて生死の海を渡そうとせられるものである。故に（論に）「廻向を首として大悲心を成し遂げらるる」といわれるのである。

またいう。（論に）「佛土の功徳と佛の功徳と聖者の功徳と、この三種の功徳の成就は、願心の莊嚴したまえるものと知るべきである」といわれる。されば、この三種の功徳の成就は、その本、四十八願等の清淨なる願心の莊嚴したもうところであるから、「因」淨きが故に「果」も淨く、因がないのでもなければ、別に他の因があるというわけでもないと知られる。これを「淨入願心」（淨土は願心に攝入す）という。

また『淨土論』にいう、大慈悲を以て、すべての苦惱の衆生を觀察し、應化の身を示して、生死の園、煩惱の林の中に分け入り、神通《みもこころも》に遊戲《おもうがままに》して教化の境地に至る。これを（往生人の）出の第五門という。これは本願力の廻向によるものである。

「證巻」参照。

　光明寺の和尚善導はいう、淨土に向かつて、往生を願う者は、必ず眞實心に廻向したもう願《みこころ》を須《う》けて、往生し得と想うべきである。その心こそ深信であるから、金剛の如く、すべての異見・異學・別解・別行の人々の爲に動亂され破壞さるることはないであろう。さればただ決定して一心に正直に進まねばならぬ。もしそれらの邪人の語を聞いて進退に迷う心あらば、怯弱《おじけ》を生じ、廻顧《ためらい》して道に外《そ》れ、往生の大益を失うこととなろう。

眞に知る。二河の譬喩の中に「白道四五寸」という。その白道とは、白は黑に對する言《ことば》である。白は卽ち選擇攝取の白業であり、往相廻向の淨業である。黑は卽ち無明煩惱の黑業であり、賢・聖・人・天の雜善である。道は路に對する言である。道は則ち是れ本願一實の直道であり、無上涅槃の大道である。路は則ち大小の賢聖による萬善諸行の小路である。その四五寸とは衆生の四大五陰《みとこころ》に喩えるものである。

　また「能く清淨の願往生心を生ぜしむ」というは、金剛の眞心を獲得することである。それは本願力の廻向する大信心海であるから、破壞することができぬ。依て金剛の如しと喩えるのである。

選擇攝取の白業　如來、發願せられた時に、諸行の中から選擇して、淨土の行と攝取せられた清淨の業、卽ち念佛。

賢、聖、原文二乘(大・小)三乘、(聲聞、緣覺、菩薩)。

『觀經義』にいう、

法師も居士も、　おのおのに
上なきこころ　おこせども
生死は厭う　ことかたく
佛法また　忻《ねが》い得じ

さらば諸共　金剛の
信を發して　横《よこさま》に
四つの流れを　超ゆるべし
その一念の信　みこころに
かなわばやがて、涅槃《さとり》えん

またいう。眞心《まごころ》、身に徹りなば、苦の娑婆を厭い、樂の無爲を忻うて、永く常樂に歸《おちつく》することとなるであろう。されど無爲《しずかなるさとり》の境は輕々して階《のぼ》られず、苦惱の娑婆は、容易く離れることができない。洵に金剛の志を發さなければ、永く生死の元を絶つことができぬであろう。若し親《まのあた》り慈尊《しゃか》に従いたてまつらねば、いかでこの長き歎きを免れることができよう。

四つの流　生・老・病・死「横超の道」參照。

またいう。金剛というは、即ち是れ無漏《けがれなきまこと》の體である。

信《まこと》に知る。至心と信樂と欲生と、其の言は異なるけれどもその意は一である。三心は已に疑の蓋《くもり》の雜わらないものであるから、眞實の一心である。これを金剛の眞心といい、これを眞實の信心という。その眞實の信心は必ず名號を具える。けれども名號は必ずしも願力の信心を具えるものではない。それ故に論主は「我一心に」と表白して「み名のこころに如實に相應して修行したい」と言われるのである。

大信海

凡そ大信海を按《かんが》えるに、その機に於ては、貴賤僧俗をえらばず、男女老少をいわず、造罪《つくれるつみ》の多少を問わず、修行の長短を論ぜぬものである。またそれ自體は、行でもなく善でもなく、頓でもなく漸でもなく、定でもなく散でもなく、正觀でもなく邪觀でもなく、有念でもなく無念でもなく、平常でもなく臨終でもなく、一念でもなく、多念でもない。唯だ是れ不可思議・不可稱・不可說の信樂である。喩えばアカダ藥の能く一切の毒を消すように、如來誓願の藥は能く智愚の毒を滅するものである。

信樂は即ち菩提心である。然るに菩提心に二種がある。一は堅《たてさま》であり、二は橫《よこさま》

頓・漸　本來成佛という智見をたのむものは頓教の機であり、長時の修行を要とするものは漸機である。

正觀・邪觀　『觀經』に說かれてあるように如來と淨土とを觀想するものは正觀、それに違うものは邪觀といわれる。

有念・無念　色形をおもうは有念　形をこころにかけず色をこころにおもわないのは無念（『末燈鈔』參照）。

一念、多念　一聲稱念を執するものと、多念の稱名を要とするもの（『一念多念文意』參照）。

である。その竪にまた二種があり、一は竪超、二は竪出である。この二種は權實といい、顯密といい、大小といわれる教に明かされたものである。それは永劫《ながきとき》を迂廻する菩提心であり、聖者の大心、自力の金剛心といわれるものである。横にもまた二種があり、一は横超、二は横出である。横出とは、正行と雜行とを分たず、定心と散心とに拘わる他力の中の自力の菩提心である。横超とは是れ卽ち願力廻向の信樂である。これを願作佛心という。願作佛心《ほとけとなろうとねがうこころ》は卽ちこれ横の大菩提心である。これを横超の金剛心という。

横竪の菩提心、その言は一であつて、その心は異なるけれども、歸するところは、入眞を正要とし、眞心を根本とし、邪雜を錯《あやまり》とし、疑情を失とするものである。されば淨土を忻求する道俗は、深く信不具足の金言《いましめ》を了知して、永く聞不具足の邪心《よこしま》を離るべきである。

『論註』にいう、王舍城で說かれた『無量壽經』を按《かんが》うるに、上・中・下の三輩の往生人に於ては、その行に優劣があるけれども、みな無上菩提の心を發さぬものはない。この無上菩提心は卽ち是れ願作佛心であり、願作佛心は卽ち度衆生心である。度衆生心というは卽ち衆生を攝め取りて、有佛《ほとけいます》の國に生れしめようとする心である。

アダカ藥　不死の靈藥。

權實　唯だ一道ありと說くを實敎といい、道に大・小ありとするを權敎という。

顯密　眞言を密敎といい、それ已外の敎を顯敎という。

入眞　眞實に歸入すること、卽ち成佛。

信不具足　一七三頁參照。

聞不具足　一八八頁參照。

それ故に、安樂淨土に生れようと願うものは、要《かな》らず無上菩提心を發《おこ》さねばならない。若し人が無上菩提心を發さないで、ただ彼の國土の樂を受けるに間《ひま》のないことを聞き、その樂を受ける爲に往生を願うても、往生することはできないであろう。斯樣にいう意は、自身を住持する樂を求めず、群生の苦惱を拔くことを欲えというのである。安樂淨土は、樂を受けることに間ないけれども、それは阿彌陀如來の本願力に住持せられるものである。これに依りて、信樂は卽ち是れ願力廻向といわれる。それは「自身に集めたもう一切の功德を群生に施與して、共に佛道に向わしめたもう」ことに廻向の意義があるからである。

元照律師はいう、この法は釋尊でなくてはなすことができぬ。それで甚難といわれる。世を擧げて未だ見ないことである。それ故に希有といわれる。

元照　『行卷』參照。

またいう。念佛の法門は愚・智・豪・賤をえらばず、修行の淺深、行業の善惡を論じない。決定した勇猛の信を得れば、臨終めでたからずとも十念の念佛で往生することができる。これすなわち、業緣に繫がれる凡愚、淺間しい生活をする下類でも、刹那《ただち》に成佛する法である。洵にこれ世間の甚だ難信とするところの法というべきである。『樂邦文類』の後序にいう。淨業を修めるものは多いけれども、その眞實の門を得て、ただちに到るものは幾《いくば》くもない。浄土を説くものは多いけれどもその肝要を得て直ちに教えるものはとかく少い。そこには自障と自蔽ということがある。然るにまだその自障自蔽ということで浄土の法門を説くのを聞かない。自分の會得したところで、試みにいえば自障は愛執より甚だしいものはなく、自蔽は疑惑にまさるものはない。この疑惑と愛執との二つの心が障礙をしないようになるのは、ただ浄土の一門だけである。彌陀と衆生とが始から隔てられないで、彌陀の大願は常に自から衆生を攝持したもうのである。愛と疑との二つの心が礙げにならないのは必然の理である。

信樂開發の一念

それ眞實の信樂を思うに、信樂には一念がある。その一念とは、信樂の開發する時節の極促なることを顯わし、そこに廣大難思の慶心《よろこび》あることを彰わすものである。

ここを以て『大經』に言う。生あるものみな、彌陀の名號《みな》を聞いて信心歡喜する。その一念に御名の功德は至心《ひとすじ》に廻施せられる。したがつて彼の國に生れようと願えば、即ち往生を得て、不退轉に住する身となるであろう。

またいう（『如來會』）あらゆる生あるもの、無量壽佛の御名を聞かば、能く一念の浄信を發し歡喜して、賜わる功德を愛樂するであろうと。

自障　みずから出離の道を障礙する。

自蔽　みずから正道を隱蔽する。

時節の極促　「信心をうるときのきわまりをあらわす」（『一念多念文意』）。

またいう、其の佛の本願力に依りて、名を聞くものは、往生せんと欲う。

またいう、佛の聖徳の名を聞く。

（その聞に就ては）『涅槃經』に言う。聞不具足ということがある。如來の説に於て、その一半を知るも、全部を信じない。それは聞不具足である。また經説を受持するけれども、眞に讀むことができず、したがつて他の爲に解説しても、その利益がない。それが聞不具足である。また經説を受持するも議論と勝他と利養との爲にする。それが聞不具足である。

（また一念に就て）光明寺の和尚は一心專念といい、また專心專念といわれた。

ここに經説を思うに、その「聞」というは、衆生《われら》、佛願の生起《おこり》由來を聞きて疑心がない、それを聞というのである。「信心」とは、すなわち本願力から廻向された信心である。「歡喜」というは、身も心も悅豫《よろこぶ》する貌《かたち》を形《あら》わすものである。「乃至」というは多と少とを攝める言である。「一念」というは信心に二心がないから一念という、これを「一心」と名《よ》ぶ。一心は則ち清淨報土の眞因である。

その金剛の眞心を獲得する者は、横《よこさま》に五趣《あくにむかい》・八難《のりにはなるる》の道を超え、必ず現生に十種の益を獲ることである。その十益とは、一には冥衆《かみがみ》に護持せられ、二には至德具足

五趣　地獄・餓鬼・畜生・人・天。

八難　佛法を聞くことのできない時と所。（一）地獄（二）畜生（三）餓鬼にあるものは苦多く（四）長壽天（五）北鬱單越にあるものは樂に耽り（六）盲聾瘖瘂は根欠け（七）世智辯聰は世智に長け（八）佛出世の前後に生れるものは緣なくていずれも佛法を聞くことができない。

し、三には惡を轉じて善と成し、四には諸佛に護念せられ、五には諸佛に稱讃せられ、六には心光に常護せられ、七には心に歡喜多く、八には恩を知り德に報い、九には常に大悲を行じ、十には正定聚に入ることである。

願成就の一念　本願成就の文に説かれた乃至一念という、その一念。

また宗師光明寺和尚の釋を思うに、その專念というのは卽ち是れ一行であり、專心といえるは、卽ち是れ一心である。されば願成就の一念は卽ち是れ專心である。その專心は卽ち是れ深心であり、深心は卽ち深信であり、深信は卽ち堅固なる深信であり、堅固なる深信は卽ち決定心であり、決定心は卽ち無上上心であり、無上上心は卽ち眞心であり、眞心は卽ち相續心であり、相續心は卽ち淳心であり、淳心は卽ち憶念であり、憶念は卽ち眞實の一心であり、眞實の一心は卽ち大慶喜心であり、大慶喜心は卽ち眞實の信心であり、眞實の信心は卽ち金剛心であり、金剛心は卽ち願作佛心であり、願作佛心は卽ち度衆生心であり、度衆生心は卽ち是れ衆生を攝取《おさめとり》して安樂淨土に生ぜしむる心である。

是の心は卽ち是れ大菩提心であり、是の心は卽ち大慈悲心である。是の心は卽ち是れ無量光明慧《はかりなきちえ》より生ずるものである。したがつて願海が平等《へだてない》であるから、發心等しく《しんじんへだてなく》、發心等しいから道等《みちへだてなく》しく、道等しきが故に大慈悲も等しい。而してその大慈悲こそは是れ佛道の正因である。

故に『論註』には「彼の安樂淨土に生れようと願うものは、要《かなら》ず無上菩提心を發す」といわれた。またいう（經に）是心作佛というは、心よく佛に作《な》るということである。（經に）是心是佛というは、心の外に佛ましまさずということである。譬えば火は木より出でて、木を離れることができない。木を離れないから、能く木を燒き、木は火に燒かれて、木即ち火となるようなものである。

善導はいう。是の心佛となり、是の心是れ佛である。是の心の外に異佛なしと。

かくて一心を如實修行相應と名ばれる所以は知られる。即ち是れ正教であり、是れ正義であり、是れ正行であり、是れ正解であり、是れ正業であり、是れ正智である。ここに三心は即ち一心であり、一心は即ち金剛の眞心である意義は答え竟つた。

『止觀』に依れば菩提とは天笠の語で、飜譯すれば道ということ。質多とは天笠の音で、此方では心ということである。その心とは即ち慮知（思慮知覺する心）である。

『止觀』　天台の『摩訶止觀』により、菩提心の語義を明らかにす。

横超の道

經に「即ち往生を得」とあるを、釋には「横に四流を超え斷つ」と領解せられた。

横超とは、横は竪超・竪出に對し、超は迂に對し、廻に對する言《ことば》である。その竪超とは、大乗眞實の教であり、竪出とは權《かり》なる方便の教、二乗・三乗と分つ迂廻の教である。これに對する横超とは、卽ち本願の成就なる一實圓滿《ひとつのまことまどかなる》の眞教であり眞宗がこれである。また横出というべきものがある。それは卽ち三輩・九品といい、また定・散と分つ教であり、化土・懈慢界を徑る迂廻の善である。大願に成る淸淨の報土には、品位や階次はなく。往生の一念に於て、速かに疾く無上正眞の道を超證する。それ故に横超といわれるのである。

大本『大經』にいう、上なき殊勝の願を超發《おこし》したもう。
またいう。

われ世に超えし　願い立てたり
必ず道を　究めつくさん
名は十方に　ひろく聞えん
もし聞えざる　ところしあらば
誓う佛の　身とならじ

またいう。必ず生死を超え、流轉を絶ち、安養《ほとけ》の國に生るることを得て、横に惡道の因《もと》を截ち、惡趣は自然に閉じ佛道に進むに窮りがないであろう。その安養の國へは

二乗　大乗と小乗。三乗、聲聞乗と緣覺乗と菩薩乗。

三輩九品　『大經』に往生人を上・中・下の三輩に分ち『觀經』はその三輩に各々上・中・下の三品を分ちて九品を說く。

懈慢界　『化卷』參照。

逆うことなく、願力の自然に牽かれるから、往き易いのであるが、これに隨つて往く人がない。

『大阿彌陀經』にいう。この世を超絶して去《ゆ》くことができる。彌陀佛の國に往生せば、橫に惡道の因は截たれ、惡道は自然に閉塞して佛道に昇るに極りがないであろう。その國へは往き易いのに行く人がない。それは、その國に逆い違いはなく、願力の自然にひかれて生れることを信ぜぬからである。

斷というは、往相の一心を發起するが故に、生として受くべき生なく、趣《ところ》として到るべき趣がない。已に種々なる趣生の因は亡び、果は滅びているから、即ち頓に三界の生死は斷絕されている。それ故に斷というのである。

四流とは、四の暴流《あらきながれ》である。また生・老・病・死である。

四暴流　次頁参照。

大本『大經』にいう。

まさに佛の道をとげ
生死の流れ度《わた》るべし

また『平等覺經』にいう。かならず世尊《ほとけ》と成りて、まさに一切《ものみな》の生・老・死を度《すく》うべきである。

『涅槃經』にいう。涅槃とは、また洲渚《しま》と名《よ》ぶ。それは四の大なる暴河も漂わすことができぬからである。その四の暴河とは一には欲、二には有、三には見、四には無明である。

光明寺の和尚はいう。もろもろの行者に告ぐ。生死を貪りて厭わず、浄土を輕んじて欣わぬというようなことであつてはならない。厭えば娑婆は永く隔たり、欣えば常に浄土に居られる。かくて悪道の因は亡びて輪廻の果も自から滅びる。因果すでに亡ぶれば業苦の形も名も頓に絶ゆることであろう。

またいう。仰ぎ願わくは一切の往生人よ、善く自ら己が能を思い量るがよい。今身《このみ》に彼の國に生れようと願えば、行・住・坐・臥に必ず心を励まし、己に克ちて、晝夜に怠りなく、生涯を期し念佛すべきである。その生涯をかけるは少苦《かたい》ようではあるが、念々相續すれば、前念に命終して後念に彼の國に生まれるのである。而して長時に常に無爲の法樂を受け、乃至、佛と成るまで生死にかえらないのである。これ洵に快《たのし》いことではないか。

四の暴河（暴流）欲は欲河に屬する煩惱、有は色界の煩惱、見は特に三界の知見にかかる惑い、無明は諸惑に通ずる根本の愚かさである。

眞の佛弟子

經に「不退轉に住す」とあるは、即ち眞の佛弟子の境地である。それ故に不退轉に住する者は「彌勒と同じ」と説かれた。

眞の佛弟子とは、眞は僞でなく假でないこと、弟子とは釋迦・諸佛の弟子ということである。その眞の佛弟子といわれるものは、即ち金剛心の行人である。その人は本願の信行によりて必ず大涅槃を超證《さとる》する。それ故に眞の佛弟子といわれるのである。

『大經』に言う。われ佛とならば、十方の量りなき世界の群生、わが照らす光明がその身に觸れれば身も心も柔軟なること人天に超えたるものとならしめよう。しからずば覺《さとり》の身とはなるまい。

われ佛とならば、十方の量りなき世界の群生、わが名を聞かば、聖者としての涅槃を思念する忍《ちえ》と、もろもろの深き總持の慧《さとしさ》とを得せしめよう。しからずば覺の身とはなるまい。

『如來會』にいう、われ佛とならば、量りなく邊りなき世界の生きとし生けるもの、わが照らす光に觸れれば、身心の安樂なること、世の常ならぬものとなるであろう。しからずば覺の身とはなるまい。

總持の慧　梵語ではダラニという、總括する智慧。

また『大經』に釋尊は

みのりをききて　わすれずに
みむねをおもい　うやまいて
よろこぶあらば　その人は
わが善き友と　したしまん

と言《のたま》うた。

また『大經』及び『如來會』に

「至心に安樂國に生れようと願う者は、智慧は明に達《さと》り、功德は殊に勝れるものとなる」といい、その人を「廣大勝解者」といい、「かくの如き大なる威德あるものは、能く廣大なる佛國に生る」と言われた。

また『觀經』にいう。念佛する人は、是れ人中の白蓮華である。

『安樂集』にいう、說聽の法規に就て『大集經』にいう。法を說く者は、醫王の想《おもい》を作し、苦を拔く想を作せ。その說く法をも甘露の想を作し、醍醐の想を作せ。法を聽く者は勝解《ちえ》の增長する想を作し、病の癒える想を作せ。しかれば說者と聽者と、みな佛法を興隆するものとなり、常に佛前に生まれるであろう。

廣大勝解者　勝れた識見あるもの即ち智慧者。

それ故に『涅槃經』には、佛、迦葉に告げて、念佛の徳を説きたもう。若し善男子・善女人ありて、常に能く心を至し、専ら念佛する者あらば、山林であれ村落であれ、晝夜をいわず、坐臥に拘らず、十方の佛たちは、常に其の人を見《みそな》わすこと、目の前に現われましますが如くである。而して恒に此の人のささげる施を受けたもう。

『大智度論』に念佛を宗とすべきに就て、三通の解釋がある。第一には、佛は無上の法王であり、聖賢は法臣である。されば尊重すべきは、ただ佛世尊である。それ故に常に念佛すべきである。第二には聖者たちは表白せられる。我等は遠き昔より、世尊に依りて、我等の法身・智身・大慈悲身の長養を蒙り、禪定・智慧、及び無量の行願を成ずることができた。その報恩の爲に、常に佛に近づくことを願う。それは恰も王の恩寵を蒙つた大臣は、常に其の王を念うが如くであると。第三には、もろもろの聖者たちは、またこう表白せられる。我等は曾て、惡しき師友に遇い、佛智を謗り、惡道に沈んだことがあつた。そのため長き時をかけて修行しても、其の障を離れることができなかつたのである。然るに後に善き師友に近づき、念佛を行ずべきを教えられ、それに依りて、能くすべての障を離れ、惡道から解脱することができた。この大益を思うから、佛を離れまいと願うのであると。

『大經』に依れば、凡そ淨土に往生しようと欲えば、かならず菩提心を發すべきである。菩提とは是れ無上佛道の名である。それ故に、若し發心して佛と作ろうと欲えば、この心は廣大であつて法界に周徧《あまねく》く、この心は長遠であつて未來の際《はて》を盡くし、この心は普く自利利他して小智・小見の障を離れる。これに依りて一たび發心すれば、無始の生死の有輪《まよい》を離れることとなるのである。

『大悲經』にいう、いかなるものを大悲と名《よ》ぶか。若し専ら念佛相續して斷えなければ、命終る時に定めて淨土に生れるであろう。かくして相傳え相勸めて念佛を行ぜしめば、それらの人々は悉く大悲を行ずる者と名《よ》ばれるのである。已上『安樂集』

光明師はいう。

疑うこころぞ　うらみなる
淨土は對い、　たがわぬを
大悲の攝護　知らまくば
己がこころの　向《むき》を省《み》よ

佛のさとり　ひらくまで
長くめぐみを　たたえなん

彌陀の誓に　あわざれば
いずれの時か　世を超えん

思いやかけし　浄土へと
まこと世尊の　力なり
本師のすすめ　あらざれば
いかでか入らん　彌陀の國

またいう、

佛ある世に　値いがたく
信の智慧うる　ことかたし
希有のみ法を　きくおりに
もうあうことは　いとかたし

自ら信じ　信ぜしむ
かたきがなかに　いやかたし

大悲のみむね　傳うるは
まことめぐみに　むくうなれ

またいう、

おんはだいろは　金のごと
み光よもを　照らしては
御名よぶものを　攝めます
彌陀の誓の　大いなる

よろずの佛　舌をのべ
西ゆく道を　あかします
華のうてなに　法きかば
願は自然に　あらわれん

またいう、ただ阿彌陀佛を専念する衆生を、彼の佛の心光は常に照らして攝め護りたもう。餘の雑業の行者を攝護すとは説かれない。これを現生に護念される増上の縁という。

またいう。經（『觀經』）に「心、歡喜するが故に無生法忍を得」と說かれた。これは韋提希夫人の眼前に淨土の光明が現れたので、躍りたち、その喜びによつて無生《ねはん》の忍《ちえ》を得たことを明かすものである。この忍は、また喜忍とも悟忍とも信忍ともいわれる。それは信による忍であつて、解・行等による忍ではない。

またいう。經（『觀經』）には「念佛する、其の人は、是れ人中の白蓮華である。觀音・勢至は其の人の親友となりたもう。其の人はやがて道場において諸佛の家に生る」と說かれてある。これ正しく念佛の功能は超え勝れて雜善の比類《たぐい》でないことを明かすものである。ここに彌陀佛の名を專念する其の人を讃えて白蓮華と喩えられた。これ能く相續して念佛する者は甚だ希有《まれ》であつて、比ぶべきもののないことを喩えたものである。白蓮華は人間界の好華といわれる。それはまた希有華といわれ、上上華といわれ、妙好華といわれる。言い傳えて蔡華《めでたきはな》といわるるは、この華である。されば白蓮華に喩えられる念佛者は、卽ち是れ人中の好人であり、人中の上上人であり、人中の希有人であり、人中の最勝人である。これに依つて彌陀の名を專念する者には、觀音・勢至は常に隨つて影護したまうことは、親友の如くである。既に今生にこの益を蒙り、來生には卽ち諸佛の家に生まれる。諸佛の家とは卽ち淨土である。彼處に至

喜忍　は喜びの心、悟忍は疑いのはれた心、信忍は決定の心、いずれも智慧を伴うから忍という。忍は認である。

蔡華　蔡は龜である。聖人の出世に白龜白蓮華に乘りて現われると傳う。故に蔡華という。

れば寂《しず》かに法を聞き佛に事えて行願を圓滿し、遠からず成佛の道場に坐する身となるのである。

王日休はいう。われ聞く『無量壽經』に「彌陀佛の名を聞きて、信心歡喜する一念に、彼の國に生れようと願えば、卽ち往生を得て、不退轉に住す」と。その不退轉とは梵語にこれを阿惟越致《アユイオッチ》といい、『法華經』に聖者彌勒の境地とせるものである。されば一念の往生は便《すなわ》ち彌勒と同じこととなる。佛語に虛《いつわり》はない。しかれば此の『經』はまことに往生の徑術であり、脫苦の神方《はやみち》であると信受すべきである。

『大經』にいう。佛、彌勒に告げたもう。この世界から、六十七億の不退の聖者があつて、彼の國に往生するであろう。その一一の聖者は、已に曾《むか》し無數の佛たちを供養せるものであつて、彌勒と德を同じうするものである。

また『如來會』いう。佛、彌勒に告げたもう。この佛土に七十二億の聖者があり、無量の佛の所に於て、もろもろの善根を種えて不退轉の身となつたものである。その聖者たちも、彼の國に生まれるであろう。

律宗の用欽師はいう。至極の妙談は『華嚴』『法華』に及ぶものはない。しかも、その經に普く凡夫がこの一生に無上正眞の道を成就するということは說かれてない。

王日休　宋朝の人、龍舒に生る。著作『淨土文』十二卷あり。

用欽　元照の弟子、著作『阿彌陀經超玄記』、今は傳わらず。

されば念佛こそは誠に不可思議の功徳といわねばならない。

眞に知る、彌勒大士は等覺《さとりちかき》の金剛心を窮めるが故に龍華三會《とおきみらいのよ》の曉に無上覺の座につかれるのである。しかるに念佛の衆生は、横超の金剛心を獲るが故に臨終《このよのおわり》一念の夕に大涅槃を證るのである。それ故に「便ち彌勒と同じ」という。それのみではなく、金剛心を獲る者は、韋提希と等しく卽ち喜・悟・信の忍を獲得することができる。これ則ち、往相廻向の眞心が徹到するからであり、不可思議の本誓によるからである。

禪宗の智覺は、念佛の行者を讃めていう。奇なるかな、佛力の不可思議なることは、古今に未だ曾てないことである。

律宗の元照師はいう、ああ教觀に明らかなることは、孰れか智者に及ぶものがあろうか。その人も臨終には『觀經』をあげ、淨土を讃えて、この世を去られた。法界に達せることは、孰れた杜順に及ぶものがあろうか。その人も僧俗を勸めて佛を念じ、瑞相を感じて西に逝かれた。參禪して見性すること、孰れか高玉・智覺に及ぶものがあろうか。その人々も社を結び佛を念じて往生せられた。儒家の才あるものとしては、孰れか劉程之・雷次宗・柳子厚・白樂天に及ぶものがあろうか。その人々も皆な筆を

龍華三會　彌勒は龍華樹の下にて成道して三會の說法をなすことになつている。

智覺の讚　『樂邦文類』による。

教觀　教相と觀心。

智者　天台宗祖師、智者大師。

法界　諸法のありかた。一卽一切の眞相。

杜順　華嚴宗の祖師。

高玉　懐玉禪師。

執り、誠を書《しる》して、彼の土に生れようと願われた。

假というは、即ち是れ聖道の諸機であり、淨土の定散の機である。故に光明師はいう。

さとりの門は　數多し
八萬四千と　說きたもう
根機ことなる　人々を
みちびき入れん　ためにとて

またいう。

假の方便《みちびき》　異《ことな》るも
大悲のこころ　かわりなし

またいう。

よろずの法は　長き時
つとめはげみて　さとるなり

僞というは、則ち種々の惡見、種々の邪道である。

『涅槃經』にいう。世尊はつねに一切外道の九十五種は、みな悪道におもむくと説かれた。

光明師はいう、

外なる道は　世を汚す
佛の道のみ　清閑《さやか》なり

誠に知る、悲しい哉。愚禿、鸞、愛欲の廣海に沈没《しずみ》し名利の大山に迷惑《まよい》して、定《ほとけと》聚《なるみ》の數に入ることを喜ばず、眞證《ほとけ》の證《さとり》に近くことを快《たのし》まない。恥ずべく傷むべきことである。

阿闍世の獲信

教　旨

佛は、難化の機に就て『涅槃經』に説きたもう、「迦葉《カシヨウ》よ。世に三人ありて其の病は治し難い。一は大乘を謗るもの、二は五逆の罪あるもの、三は善根を斷てるものである。この三の病は世の中での極めて重いものである。いかなる賢人も聖者も治する

九十五種　印度における種々の思想を數えたるもの。

「善根を斷てるもの」　原文一闡提。虚無思想に陥いれるもの。

ことができない。譬えば必死の病は、看病人、名醫、良藥の有無に拘らず、治療の望みがないようなものである。この三種の人も、そのようである。ただ大聖世尊に依つて法を聞くことを得れば、能く無上菩提の心を起し得よう。賢人や聖者では、その說法の有無に拘らず、無上菩提心を發させることができない。

賢人、聖者　原文、聲聞と緣覺と菩薩。

說話

上、阿闍世の愁苦

王舍城の阿闍世王は性惡で殺戮を好み、言うことも行うことも粗暴であつた。……而して妻子を愛し現世の欲樂を貪著する心から、無道にも父王を殺害したのである。けれども父を害し已ると、悔ゆる心から熱を生じ、その熱は全身に瘡《かさ》を生出し、その瘡《できもの》の惡臭は寄りつけぬものとなつた。それで自ら念うよう。「私は今すでに此の身に現報《めのまえのむくい》を受けた、地獄の報いも遠くはあるまい」と。その時に看護せる母の韋提希は、種々の藥を塗つたが、瘡は少しも減らずに、いよいよ增すのみであつた。そこで王は母に歎く、「是の瘡は心から生じたもので身から出たものではありませぬ。ですから、いかなる人も、これを治し得る理はないのです」。

その時に月稱という大臣が來て王に申し上げる、「大王は何故に愁に悴《やつ》れて顔容《かおいろ》がすぐれられぬのでありますか。御身の痛みですか、お心の痛みですか」。

王「私は今、身も心も痛まずにおれない。わが父は何の辜《つみ》もないのに無道に逆害を加えたのである。私は曾て智者に聞いたことがある。「世に五人のものがあつて地獄を脱れることができない」と。その五人とは卽ち五逆罪である。私は已に無量無邊の罪がある。どうして身心を痛めずにいられよう。いかなる良醫も、わが身心を治し得るものはあるまい」。

月稱「大王よ。あまり愁苦せられるな。歌にもあるように、

愁いなやめば　愁はつのる
眠り耽れば　いよよ眠むたく
色と酒にも　はてなきごとし

であります。王のいわれる五人のものは地獄を脱れることができぬということ、誰れが往つて見て王に語つたのですか。地獄というは世間の智者の寓話に過ぎませぬ。王は私の身心を治す良醫は、この世に無いと言われますが、今、富闌那《フランナ》という大醫がおります。この人は一切智を具え、自在の力を得、清淨の行を修め、常に無量の衆生の爲に無上涅槃の道を說いておられます。その弟子達に對しての說に依りますと、「惡業もなく惡業の報もない。善業もなく善業の報もない。また向上の業だの向下の業だ

のというものはない」ということであります。この師は今、王舎城におられますから、願くは大王、駕を枉げて彼所に往き、この師に身心を療治せしめられよ。」

王「まことに、そのように、能く私の罪を滅除し得れば、私はその人に歸依もしよう」。

また藏德という大臣があり、來つて王に申すよう、「大王よ。何故に面貌《かおかたち》が憔悴《やせおとろえ》して、唇は乾き、音聲は細いのでありますか。御身の痛みですか、それともお心の痛みですか。」

王「私は今、何うして身も心も痛まずにいられよう。私は癡盲で智慧の目がなく、惡友に近づき親しみ、提婆の言に惑わされて、正法の王に逆害を加えた。私は曾て智人の歌を聞いたことがある。

生みのちちはは　佛と弟子に
よからぬこころ　起して罪を
作らば報う　無間の獄へ

それで私は心怖れて大いに惱むのである。この病は如何なる良醫も救療することはできまい」。

藏德「大王よ。願くはあまりに愁怖なさらぬがよろしい。法には出家と王法との二種があります。その王法に於ては、父を害して國王となつても、それは逆といわれても、罪ではありません。それはあのカララ虫は要《かなら》ず母腹を壞つて生れ出るようなものでしよう。母の身を破つたからとて、何の罪もありませぬ。騾馬は子を姙んで死ぬということです。それも生れる子の罪ではないでしよう。治國の法もそのようなもので、父兄を殺したからとて、罪はないのであります。しかし出家の法ということになりますと、人はいうまでもなく、蚊や蟻を殺しても罪になるのであります。……王は世にわが身心を治する良醫なしといわれますが、今、末伽梨拘賒梨子《マカリクシヤリシ》という大師がおります。一切智があつて衆生を赤子のように憐れみ巳に煩惱を離れて、能く人々の貪・瞋・癡の毒の箭を拔く力を有つております。この師は今、王舍城におられますから、願くは大王其所に往かれるがよい。必ず罪障は消滅するでありましよう。

王「まことにそうであれば、私も歸依しよう」

また實德という大臣あり、王の所に來り歌いながら

「大王《おおきみ》なぜに　瓔珞すてて
髮はぼうぼう　亂れています
お心の痛みですか、御身の痛みでありますか」と申上げる。

カララ虫、黒虫、母腹を食い破つて生れる。

王「私は今、いかで身心に痛みなきを得よう。わが父先王は、慈愛あふれ、憐れみ深く、實に辜のない人であつた。私の生まれる時に相《うらない》師に尋ねられ、相師はこの兒が生まれればきつと父を害すると答えたのである。けれども父は、その語を聞きつつも、大事に育ててくだされたのである。私は曾て智者に聞いたことがある「若し人、母に通じ、比丘尼を汚し、寺の物を偷み、道心を發した人を殺し、または其の父を殺すものは、必ず無間地獄に墮ちるということである」。されば私は身も心も、何うして痛まずにおられよう。

實德「願くは大王よ。そう愁苦せられるな。一切の衆生にはみな過去の餘業というものがありまして、その業縁で幾度も生死を受けるのであります。されば先王にもその殺さるべき宿業があつたに違いありませぬ、王が今、その宿業の報いとして大王を殺されたからとて、何の罪がありましよう。ただ願くは大王、意を寛くして愁いられぬように。若し常に愁苦すれば、愁は增長するばかり、眠り喜《この》めばいよいよ眠は滋くなり、色を貪り、酒を嗜むに、際しのないようなものであります」と。而して大師として刪闍耶毗羅胝子《サンジャヤビラセンシ》を紹介したことであつた。

また悉知義という大臣があり、同じように王に申し上げる。

王「私は今、いかで身も心も痛まずにおられよう。……先王に辜なきに無道にも逆害したのである。私は曾て智者の説を聞いたことがある。「若し父を害することあらば、長き世をかけて大苦惱を受けるであろう」と。されば私は今、遠からず必ず地獄に墮ちるに間違いはない。いかなる良醫も私の罪を救療することはできぬ。」

悉知義「願くは大王、愁苦を放捨せられよ。昔羅摩《ラマ》という王があり、其の父を害して位を紹がれました。跋提《ベッタイ》大王、毗樓眞《ビルシン》王、那睺沙《ナゴシャ》王、迦帝迦《カテイカ》王、毘舍佉《ビシャキャ》王、月光明《ガッコウミョウ》王、日光明《ニッコウミョウ》王、愛《アイ》王、持多人《ジタニン》王、これらの王達も皆な其の父を害して王位を紹がれたものであります。けれども一王も地獄に入られたものはありませぬ。また今、現に毗《ビ》瑠璃《ルリ》王、優陀耶《ウダヤ》王、惡性《アクショウ》王、鼠《ソ》王、蓮華《レンゲ》王等の王達も皆な其の父を害せられましたが、一王として愁惱しておられるものはありませぬ、地獄の餓鬼のといつて、誰か見たものがあるのですか。大王よ、有るものは唯だ二つ、人間と畜生とのみであります。しかもこの兩者の生死に因縁があるわけではありませぬ。その因縁がないとすれば、善惡ということもないのであります。大王よ、愁い怖れてはなりませぬ。若し常に愁苦すれば、愁は增長するばかりであります。眠り耽ればいよよ眠むたく、色と酒とに、はてがないようなものであります。」そういつて、阿耆多翅舍欽婆羅《アギタシシャキンベラ》を推稱し、その教を求めることを勸めるのであつた。

また吉德という大臣あり、王を慰めつつ、こう語るのである。「地獄というは何ういう意味でありましょう。私は說明いたします。地は地であり、獄は破であります。地獄を破つて罪報がないということ、それが地獄の意味であります。また地とは人であり、獄とは天であります。其の父を害して人天となる、それが地獄という意味であります。それ故に婆蘇《バツ》仙人は言いました。羊を殺して人天の樂を得ること、それを地獄というのであると。また地とは命であり、獄とは長のことであります。ものを殺して壽命が長くなる、それで地獄というのであります。ですから大王よ。地獄というものは實は無いのであります。大王よ。麥を種うれば麥を得、稻を種うれば稻を得るように、地獄を殺せば還て地獄を得、人を殺害せばかえつて人となるのでしよう。大王よ。臣の說を聽いて下さい。殺害というようなことは、實は有り得ぬことであります。若し「我」あらば、害することができず、若し「我」がないならば害せられるものがないでありましょう。何故ならば、若し有我ならば常に變易《かわり》はなく常住であるから、殺害することができませぬ。それは破れず壞れず、繫げず縛れず、瞋らず喜ばざることと虛空のようなものであります。それに對して何うして殺害の罪があり得ましよう。また若し無我ならば、ものみなは無常であります。それ故にそれは念々に壞滅するでありましよう。殺す者も死するものもみな念々に滅びるものであります。そうとすれ

吉德の地獄の說、言語的には不明であるが、要するに牛を殺せば牛になる、人を殺せば人になるという類の詭辯である。

ば誰に罪がありましよう。大王よ。火は木を焼いても火に罪がなく、斧は樹を斫つても斧に罪なく、鎌は草を刈つても鎌に罪がないようなものであります。刀は人を殺しても、刀は人でないから罪がないというならば、人にのみ罪ある理《わけ》はないでしよう。毒は人を殺しても、毒は人でないから毒藥に罪がないというならば、人にもまた罪あるわけはありませぬ。もの皆是のように、實に殺害ということもなければ、罪ということもあろうわけはないのであります。ただ大王、願くは愁苦せられぬように。若し常に愁苦せば愁は彌々増すばかり、眠り喜《この》めば眠は滋く、色を貪り酒を嗜むに際なきようなものであります」と。而して大師として迦羅鳩駄《カラクタ》迦旃延《カセンエン》を推薦したのであつた。

また無所畏という大臣は、來りて王に大師として尼乾陀《ニケンタ》若提子《ニヤダイシ》を紹介したことである。

一	富蘭那	月稱	(空見論者)
二	末伽梨拘賒梨子	藏德	(常見論者)
三	刪闍耶毗羅胝子	實德	(宿命論者)
四	阿嗜多翅舍欽婆羅	悉知義	(自然論者)

この表は、原文では耆婆の慰問の後に出づ。

五　迦羅鳩駄迦旃延　吉徳　（詭辯論者）
六　尼乾陀若提子　無所畏　（裸形主義）

中、月愛三昧

一　耆婆の慰問　その時に耆婆という大醫があり、來りて王に申すよう、「大王よ。安眠ができますか。」

王「耆婆よ、私は今、病が重い。正法の王を逆害した。いかなる良醫も妙藥も咒法も、巧《たくみ》な看病でも治すことはできまい。私の父、先王は、法に順つて國を治められた。實に何の辜もない方である。然るに無道にも逆害した。それを思うと陸へ上つた魚のような悶を感ずる。私は昔、智者の説を聞いたことがある。「身・口・意の業が清淨でないと、その人は必ず地獄に墮する」と。私は今その人である。何うして安穩であることができよう。いずこにも法藥を説いて私の病苦を除く無上大醫は無いのである。

耆婆「善いかな善いかな。王は罪を作られましたが、今は大いに深く悔ゆる心を生じ、深く慚愧しておられます。大王よ。佛たちは常にこう説かれます。「二の白法《よいのり》があつて衆生を救う。一は慚であり、二は愧である。慚とは自ら再び罪を作らぬものであり、愧とは他に罪を作らさぬものである。慚は內、自ら恥じ、愧は人に對して其の心を發《あら》露《わす》する。慚は人に羞じ、愧は天に羞ずる。これが慚愧である。この慚愧のないものは人とはいわれない。畜生である。慚愧あればこそ、父母・師長も恭敬するのである。されば、慚愧ある故に父母・兄弟・姉妹もあるといえるのである」と。しかるに、大王は今その慚愧の心を起されました。洵に慶ばしいことであります。」

「大王よ。今、私の病を治すものはないといわれたことは、洵にその通りでありましよう。しかし迦毘羅城の淨飯王の子に姓は瞿曇で、悉達多という方があり、師に依らずに獨りで覺り、自然に、無上菩提を得られた方があります。この佛世尊は金剛のような智慧がましまして、能く衆生のすべての惡しき罪を破つて下さいます。この方ならば大王の病は治されぬということはありますまい。大王よ。この如來《ほとけ》に提婆達多という從弟があり、教團を破壞し、佛身から血を出し、蓮華比丘尼を害すという三つの逆罪を作りました。しかるに如來は、この提婆の爲に、種々の法をお説きになつて、其の重罪を輕くせられたことであります。されば如來こそ大良醫であつて、六師はそれに當らぬものであります。」

その時に空中に聲があり、「大王よ。一逆を作れば一罪の報を受け、二逆を作れば罪は二倍となり、五逆を具うれば、罪報もまた五倍となる。しかれば大王よ。王の惡業はその報を免れることのできぬことは明らかである。ただ願くは大王よ。速かに佛の所へ往くがよい。佛世尊を除いて、他に救うものはない。私は今、御身を愍れに思うので、かように勧め導くのである。」

大王は是の語を聞き、心に怖を懐き、全身は慄きで芭蕉のように揺れ、空を仰いでいう。「天に告げられるのは誰でありますか。色像《かたち》を現わさずに、ただ聲のみ聞ゆるのは」天上の聲「大王よ。私は汝の父、頻婆沙羅である。汝は今、耆婆の意見に隨うがよい。邪見な六臣の言に隨つてはならぬ。」

その聲を聞くと、阿闍世は悶絶して大地に倒れ、身の瘡は、いや増して痛み劇しく、その臭穢は更に加わり、冷藥を塗つて治療しても、瘡は蒸し毒は熱して、増せども減ずることがないのであつた。

二　釋尊の用意　その時分に沙羅林の間に在せし世尊は大衆に向つて「私は阿闍世の爲に涅槃に入らない」と告げたもうた。而して其の深い思を迦葉に語りたもう。「私の阿闍世の爲という心は一切の逆惡を造るものに及ぶものである。また一切の有《かわり》爲《ゆく》の衆生の爲である。私は無爲の衆生の爲に世に住《とど》まるものではない。それは無爲ならば衆生ではないからである。阿闍世は卽ち是れ煩惱を具足せる有爲の衆生である。それは佛性を見開かぬ衆生である。私は佛性を見開いたものの爲に久しく世に住まるものではない。已に佛性を見開いたものは、もはや衆生ではないからである。阿闍世は是れ一切の未だ無上菩提心を發さぬものの代表者である。私はその人を救うまでは涅槃に入ることはできぬ。」

「阿闍世の名には不生怨という兕《のろい》がかかつている。私は阿闍世の名の爲に、その兕を解こうと思うている。不生怨とは、佛性を生ぜざるが故に煩惱の怨ありということである。それ故に阿闍世の名は佛性を見開くことに依りて煩惱の怨は滅ぶということを意味するものである。また不生とは不生の法なる大涅槃である。阿闍はその不生法を意味し、世はこれらに對する世法を意味するものである。而して阿闍世の名は如何なる世法も不生の法を汚すことができぬことを彰わすものである。かように私は阿闍世の名を眞の佛弟子を代表するものにしたい。それで私は阿闍世の爲に涅槃に入らないというのである」

不生怨　阿闍世の語意、仙人は殺害されて王子と生れ變れるのである。故に不生の時（生れぬ前から）からの怨ということにもなる。

といつて世尊は大悲の心に阿闍世王を念じつつ、月愛三昧に入りたまい、その三昧にあつて大光明を放ちたもうた。その光は清涼であつて、往いて王の身を照らされた。すると一時に王の身の瘡が治癒された。

三　阿闍世、世尊に往く、　王「耆婆よ、佛は天の中の天であられる。何ういう因縁で、この光明を放たれたのであろうか」

耆婆「大王よ、これは大王の爲に放たれた光と思われます。王は世に自分の身心を療治する良醫がないと歎かれた。それで佛はこの光を放つて、先ず王の身を治し、然る後に心を救おうとせられるのであります。」

王「耆婆よ、如來世尊も私のようなものを念じて下されるのであろうか。」

耆婆「譬えば七人の子を有つた親が、七人に對する心に別はないけれども、しかし病める子には特に愍れみが深いようなものであります。大王よ、如來もその通りで、衆生に對する御心は平等でありますが、罪あるものには、特に愛念を加えられるのであります。佛は放逸の者に向つては、慈悲の念を生じたまい、不放逸の者に對しては、心を放捨《やすらかに》したもうのであります。その不放逸のものとは卽ち聖者であります。大王よ。世尊は衆生に於て、その種姓や年齢や、貧富や、時節や、身分というものに拘らず、ただ衆生の善心の有無を觀られるのであります。そして善心があれば慈念せられるのです。大王よ。これは洵に瑞相であります。これは如來が月愛三昧に入つて放たれた光明であります。」

王「月愛三昧とは」

耆婆「譬えば月の光は、能く一切の青蓮華の花を鮮かに開かしめるように、月愛三昧も、能く衆生の善心を開かしめるものであります。それで月愛三昧というのであります。また大王よ、譬えば月の光は能くすべての路ゆく人の心に歡喜を與えるように、月愛三昧もまた能く涅槃の道を修習する人の心に歡喜を生ぜしめるものであります。

それで月愛三昧というのであります。」

下、世尊の説法

一 善友　その時、世尊は大衆に語られた。一切衆生の無上道に至る近き因縁は善友にこしたものはない。阿闍世王が若し耆婆の勸めに順わねば、來月の七日には、必ず死んで無間地獄に墮ちたであろう。それを免れることとなつたのは、善友に依るのである。

阿闍世王は、また世尊の所に往く途中に於て、誰からともなく次のようなことを聞いた。舍婆提《シャベダイ》の毘瑠璃《ビルリ》王は災難を避ける爲に船に乗り海に出でたが、その船中で災に遇うて死し、瞿伽離《クカリ》比丘はその罪に依り死んで無間地獄に墮ちた。けれども須那刹多は種々の罪を作つたが、佛の所に到つて其の罪が消滅したと。阿闍世はこの話を聞いて耆婆に語つていうよう、私は今、この二つの話（惡を作つて地獄に墮ちたものと、惡を作つたが佛に値うて罪滅したもの）を聞いたけれども、私の心はまだ定まらない。耆婆よ、私は汝と一つの象に乗つて行こう。たとえ私は無間地獄に入るようなことがあろうとも、汝は私を捉えて墮さぬようにして欲しい。私は昔《むかし》聞いたことがある「得道の人は地獄に入らない」と。汝はよもやきつと地獄に入る身だとはいわれまい。

二　説法

大王よ。衆生の罪業にも輕いものと重いものとがあります。心に思い口に出せるだけならば輕く、身に行うこととなれば重いのであります。大王は、あの時に、先王を殺せよとはいわれなかつた。ただ先王の足を刖れと侍臣に命じられただけであります。されば罪は輕いのであります。

大王よ。王に若し罪があらば、佛たちにも亦た罪があることでありましよう。何故ならば、先王頻婆沙羅は、常に諸佛に對して善根を種えられました。その報に依つて王位をも得られたのであります。諸佛がもし先王の供養を受けられなかつたならば、先王もまた王位を得られなかつたでありましよう。若し王位を得られなかつたならば、汝も國王となりたいということで父王を害せられることは無かつたに違いありませぬ。そうすれば、汝が父王を殺せる罪の責は私たち佛の上にもあるのであります。しかし佛たちに罪がないとすれば、汝だけがその罪に悩まれなくてもよいはずであります。

大王よ。頻婆沙羅王は、往時、毘富羅《ビフラ》山に鹿狩りに出られ、曠野をかけめぐられたが、獲物がなかつた。そこに唯だ通力を具えた仙人のただ獨り居るのを見られて、腹立たしい心になり、今日の遊獵に獲物が無いから、鹿の替りにこの人を殺しても、正しく罪になるということはあるまいとて、この人を駈り立て、左右に命じて殺させました。その時、その仙人は瞋りの心の爲に神通を失い、「私は何の辜もないのに汝は無道にも心と口とで私に害を加えた。私も來世には、また是の如く心と口とで汝を害するであろう」と誓いました。先王はその咀を聞いて悔ゆる心を生じ、仙人の死屍を供養せられましたので、その報いも輕く、地獄へまでは墮ちられませんでした。しかれば、汝もまた地獄の報を受くるということはないでありましょう。先王は自ら罪を作り自ら報を受けられたのであります。王に殺生罪を受けさせる筈はありません。王がいわれるように、父の王に罪がないならば、大王は父を殺す咎がないのに、父を殺して罪があるといわれるのであろうか。もし罪があれば、罪報があるであろうし、悪業がなければ、罪報はない筈であります。汝の父たる父王に若し罪がなければどうして報がありましょうか。(既に仙人を殺した罪があるからその報を受けたのである。)頻婆沙羅王は現世の中に善果と悪果とを得た方であります。(王舍城の大王と生まれ、また七重の室に幽閉せられて殺されたのである。)故に先王の果報は善惡何れとも定まりません。從つてこれを殺してもその罪の輕重は不定であります。どうして地獄に入るといえましょうか。

大王よ。衆生には狂い惑うということには四種があります。貪欲に狂わされ、藥に狂わされ、咒に狂わされ、また業縁に狂わされるのであります。これらの四種の狂いから悪を作すことがあつても、私は其人が戒を犯したものともいわず、また悪道に沈むものでもありませぬ。其人もし本心に立ち歸れば、罪なきものであります。大王は國を貪るその貪欲の狂いから父王を逆害せられました。貪欲に醉うていられるのであつて、決して本心からではなく、而もそれを今、悔恨しておられるのですから、その罪に報はありませぬ。

大王よ。譬えば手品師が四衢《つじ》のほとりで種々の男女・象馬・瓔珞・衣服等を現わして見せると愚癡の人は眞實と思うでしようが、有智の人は眞實でないことを知つているようなものであります。凡夫が實と思うことも、佛たちには眞にあらざることが知られるのであります。大智の眼より見れば、殺というのも山谷の響きのように實のないものであります。恰も怨ある者が詐り來りて親付すれば愚癡の人は眞實と思うけれども、智者は其の虛詐《いつわり》であることを了達するように、諸佛は人間業の眞にあらざるを知つておるのであります。鏡に映る面像、熱き時のかげろう、尋香城、夢の中の欲樂、それらは皆な愚癡の人にのみ實と思われるように、殺とその報も、大いなる智慧の眼には眞にあらざるものであります。

大王よ。佛たちは殺の業と殺の報とを知り、それからの解脱を得ておるのであります。されば王もまた、其の知を受けて罪から解脱せられねばなりませぬ。大王よ、譬えば人が酒番をしていても、自分で飲まなければ醉わないようなものであり、火は熱

尋香城　龍神が空中に現わす城郭、蜃氣樓。

いと知つても火に入らねば燒けないようなものであります。されば大王も其の知に於て罪の悲しみの醉をさまし、報の痛の炎を消さねばなりませぬ。人、日の出ずる時に種々の罪を作り、月の出ずる時に盜みをなす、それは恰も日月がその明るさで罪を作らせたようでありますが、日月には實に罪はないのであります。されば罪を作れるものも、それを照らす光の前に、慚愧してその罪を消滅せしめられるものであらねばなりませぬ。

大王よ。その光は卽ち涅槃であります。その涅槃は有でもなく無でもないが、しかもその德に於て有と言うべきであるように、殺罪も有でもなく無でもないが、しかも有といわれるのであります。それは慚愧ある人には殺罪はなく、無慚愧の人には有るからであります。無慚愧の人はその果報を受くるから有るのであります。また空智を得た人には無く、有執の人には有るといわねばなりませぬ。それは有執の人には果報があり、空智を得た人には果報がないからであります。また涅槃常住に達せる人には無であるが、その常住の知見なき人には有といわねばなりませぬ。しかしその常住の知見とは、常住の執とは別であります。常住の執あるものには、惡業の報があるから、殺罪は無いとはいえぬのであります。

大王よ。衆生とは出入の息のあるのをいい、出入の息を斷つのを殺という。大いなる佛の知見より見れば、殺というも出入の息を斷てるものに過ぎませぬ。須らく慚愧の眼を開いて、さらに大いなる智慧の光を仰ぐべきであります。

三 獲信

阿闍世「世尊、私は世間に於て伊蘭《イラン》子から伊蘭樹が生ずるということを見ておりますが、伊蘭子から栴檀樹を生ずるということは見ておりませぬ。然るに、私は今、始めて伊蘭子から栴檀樹を生じたのを見ました。その伊蘭子とは私の此身であります。栴檀樹とは卽ち是の私の心の無根の信であります。私は未だ曾て如來を恭敬することを知らず、法と僧とを信じませんでした。それが今、信ずることとなつたのです。これこそ無根の信であります。私が若し世尊に遇わなかつたならば、無量永劫、大地獄にありて量りなき苦を受ける筈でありました。この佛を見たてまつりて得た眞實の功德は、もろ人の煩惱も惡心も破壞するでありましよう」

世尊「大王よ。善哉善哉。私は今、汝の功德が必ずもろ人の惡心を破壞することを保證いたします」

阿闍世「世尊よ。若し洵に私の今の身が能くもろ人の惡心を破る德を有つこととなるならば、私は長えに無間地獄に在りて、量りなき時をかけ、もろ人の爲に苦惱を受けても苦とは思いませぬ。」

その時に摩訶陀《マカダ》國の無量の人民は、悉く無上菩提の心を發したことであつた。而してその人民の發心の功德で、阿闍世の重罪は微薄となり、ついで王の夫人も後宮の采女も、皆な無上菩提心を發したのである。
その時、阿闍世王は、耆婆に語つていうよう、「耆婆よ、私は今、未だ死せずして已に天身を得、短命を捨てて長命を得、無常の身を捨てて常身を得、もろ人をして無上菩提心を發さしめた」と。而してその喜びから世尊の德を嘆えて歌うよう。

まことの語《のり》のいみじさは
深きおもいを祕めまして
巧みにいわれ示しつつ
われらの爲に說きたもう

あるいは廣く演《の》べたまい
あるいは近く示してぞ
そのみ言葉にわれ人の
病める心をいやします

そのみ言葉を聞くあらば
信ずる人も信ぜざる
人も諸共そのいわれ
佛の説《のり》と知りぬべし

機をみそなわし説きたもう
そのみ教はこまやかに
あるいはあらくかわるとも
みなまことへとみちびかる

されば われ今つつしみて
世尊に歸依したてまつる

よろずの水は海に入り
一つの味となるがごと
かわるみ言もかわりなき

まことならぬはなかりけり

佛說きますみおしえの
みのりの數は量りなし
人おのがじし聞きえては
同じまことをさとるなり

因を超えまた果をはなれ
生もなくまた滅もなし
これ大涅槃と說きますを
聞き得て惑い破れゆく

佛は迷えるもののため
常にいとしむ父母の
ごとくましますみこころに
われら佛のみ子となる

大いなるかなおん慈悲は
魅《つ》かれて狂うもののごと
苦難の道に入りたまい
救いの業《わざ》を修めます

今われ佛にまみええて
心も身をもきよめえし
この功徳もて願くは
さとりの道に向うべし

われ今佛《ぶつ》とその法《のり》と
おん弟子たちに身をささぐ
希《ねがわ》くは長えに
三の寶よ世を照らせ

われ今得たるもろもろの
この功徳もて願くは
世のもろ人をかどわかす
悪魔の業《わざ》を破れかし

われ悪友にあいしため
世を経て罪をつくりしが
今おん前にさんげして
また作らじと願うかな

希くはもろ人よ
みな道心を發してぞ
心にかけて十方の
佛を常に念じなん

また願くはもろ人よ

煩い惱み破りては
文殊のごとく明らかに
さとりのこころ開き見よ

その時に世尊は阿闍世王を讃めていわれた。「善哉善哉、若し人が、よく菩提心を發せば、その人は諸佛・聖衆を莊嚴するものであります。大王よ。汝は昔、已に毗婆《ビバ》尸《シ》佛の時に、初めて無上道心を發され、それ已來、私の出世まで、その中間に未だ曾て地獄に墮ちて苦を受けられたことはありませぬ。大王よ、菩提心にはかように無量の果報があるのです。ですから、大王よ、今より後も、常に菩提の心を勤め修められねばなりませぬ。何故ならば、その因緣で無量の惡が消滅するからであります」

その時、阿闍世王と摩訶陀《マカダ》國の人民とは擧《こぞ》りて、座を起ち世尊を三めぐりして辭退し宮に還つた。

餘　聞

また『涅槃經』にいう、迦葉よ。王舍城《ラエツギ》の王、頻婆娑羅《ビンバシヤラ》に太子があつて、善見という。宿世の業緣にもよおされて其の父を害しようという惡逆の心を生じたが、その機會を得なかつた。その時に惡人の提婆達多もまた宿世の業緣で私(釋迦)に對して善か

王舍城　原文羅閱祇。
善見　阿闍世の別名。

らぬ心を起し私を害しようと思つていた。そこで提婆は神通の修行をして、程なくその通力を獲得して、善見太子と親しくなつて、種々の不思議を現わして見せた。それは門でない所から出て門から入り、門から出て門でない所から入ることや、また或は象・馬・牛・羊や男女の身を現わすというようなことであつた。善見はこれを見て愛し喜び、敬の心を起し、種々の物を以て提婆を供養した。而していうよう。「大師聖人よ。私は曼陀羅華というものが見たい」と。そこで提婆は三十三天に上り、天人にそれを求めたけれども、提婆に福分がないので誰も與えるものがなかつた。提婆はそこで思うよう。「曼陀羅華には我だの我がものだのということがない。であるから私《ひそ》かに取つても罪にはなるまい」と。進んで取ろうとした時、たちまち神通を失い、ふりかえつて己が身を見れば王舎城におるのである。提婆はその愧かしさに善見にも會えないことになつた。

そこでまた念《おも》うよう。「われはこれから、如來の所に往つて、大衆を索《もと》めよう。佛がもし許したまわば、われは意のままに舎利弗等に敎誨もし命令もしよう」と。そして私の所へ來て「願くは如來、この弟子達を私に付囑《あずける》せられよ。私は適當に法を說いて敎化し、訓練するから」というのである。そこで私は答えた。「癡人《おろかもの》よ、舎利弗等は聰明であり大智があつて、世間に信服せられているものである。その人にさえ私

曼陀羅華　白華、天の妙華。

三十三天　忉利天ともいう、須彌山の頂にあり。

は大衆を委ねはしない。まして唾を食うような癡人に何うして弟子達を任せられよう」と。その時に提婆は私に對して、ますます惡心を生じこういうのである。「瞿曇《クドン》よ、汝が、今大衆を訓練していても、その勢は久しくない、やがて磨滅するであろう」と。そう語ると、大地は六度《たび》震動し、提婆は地に倒れ、其の身邊から大暴風《あらし》が起りて、吹きまく沙塵に全身を汚した。提婆はこの惡相を見て、また言う「もし我が身が生きながら無間地獄に入るようなことがあれば、何うでもかような大怨を返えさぬではおかぬ」と。そういつて提婆は善見の所へと往つた。

善見はその様子を見て問う。「聖人よ、何故に顏容はやつれ、憂いの様子をしておられるのですか」。提婆「私はいつもこの通りである。汝《おんみ》には知れぬですか」。善見「何うぞ其のわけを話して下さい。何ういう事情によるのでありますか」。提婆「私は今、汝と極めて親愛しています。然るに世の人は汝を罵りて非理《わからずや》といつております。私はそれを聞くに忍びない。それで憂えているのであります」。善見「國人は何う私を罵辱するのですか」。提婆「國人は汝を罵りて未生怨といいます」。善見「それは何ういうわけで私を未生怨というのですか。誰がこの名をつけたのですか」。提婆「汝が未だ生れられなかつた時に、すべての相師は皆この兒が生れればその父を殺すであろうといいました。それで國人は皆汝を未生怨というのであります。ただ王宮の內人たち

唾を食うもの　提婆、神通を現して孩兒となり、善見太子の膝の上に坐す、太子これを抱いて口づけせし時に唾を含めたということ『智度論』にある。

瞿曇　ゴータマ　釋迦一族の姓、また釋迦の通稱となる。

のみは汝の心を安めるために善見と稱しているのであります。また汝の母、韋提夫人は、相師の語を聞き、（その適中せんことを怖れて）汝を生む時に高樓の上から大地に生み落された。その時に汝は一指を壞られました。この因縁で、世人はまた汝を婆《バ》羅《ラ》留《ル》枝《シ》（折指）ともいうております。私はこういうことを聞いて、心に愁と憤りとが生じたのですが、それを汝に話すわけにもいかないのであつた」と。かように提婆は種々の惡事を教えて、遂に父を殺させるようにし「若し汝の父が死すれば、私もまた瞿曇沙門を殺しましよう」というのであつた。

　そこで善見太子は（事實を確める爲に）一人の大臣の雨行に問うよう。「先王は何故に私の名を未生怨とせられたのであるか」と。雨行がその始終を話したのは提婆の言う通りで異なる點はなかつた。これに依りて善見は雨行と共に父王を執え、城外に幽閉し、四兵をして守備せしめた。この事を聞くと、韋提夫人は王の所へ往かれたが、守備は遮ぎつて入ることを聽《ゆる》さないので、夫人は瞋つて守人を呵罵せられた。そこで守人は太子に告ぐるよう、「大王よ。夫人は父王に見えようとせられます。ゆるして可いでしようか」と。善見がそれを聞いてまた瞋嫌の心を起し、母の所へ往き、母の髮を牽き、刀を拔いて斫《き》ろうとした。その時に耆婆がいうよう。「大王よ。國が成立してからこのかた、いかに罪は重くとも、女人には及ぼさないことになつています。

ましてや生みの母を害するということは以ての外であります」と。善見はこの言葉を聞いて、母を放捨したが、父王への衣服・臥具・飲食・湯薬は遮斷せられた。かくして七日を過ぎ、頻婆娑羅王は命終せられたのである。

その父の喪を見て、善見は方《まさ》に悔心を生じたのである。（それを見て）雨行大臣はまた種々の邪悪の法を以て善見に說くのであつた。「大王よ、一切の業行には、すべて罪はない。何故に今になつて悔ゆる心を起されるのであるか」と。しかし耆婆は言う「大王よ、汝の業には二重の罪がある。一は父王を殺したこと、二は須陀洹の聖者を殺したことである。是の罪は佛以外には能く除滅するものはない」と。善見はそれを聞いて、「如來は清淨で穢濁《けがれ》がない。私のような罪人は、何うして見《まみ》えることができよう」と、歎き躊《ため》ろうのであつた。

私はこの事を知りて（善見の心をひき立てる爲に）阿難に告げて「三月を過ぐると私は涅槃する」と。善見はそれを聞いて私の所に來た。私の說法により重き罪も薄らぎ、無根の信を獲たことである。迦葉よ。然るに私の弟子たちの中には私の意が解らないで、如來は結局、涅槃せられるというているものがある。迦葉よ。修道の人にも實のものと假名のものとがある。假名の道人は「私は三月して涅槃に入る」というたのを聞き、みな退轉の心を生じ、「若し如來ですら、無常にましまして、世に住ま

須陀洹　預流果、聲聞弟子としての初果の聖者、頻婆沙羅王は已にこの初果を獲ておられた。

られぬものとすれば、我等は何うしよう。量りなき生死の世に大苦惱を受けた身である。如來世尊は無量の功徳を成就し具足しておられる。その御身すら死魔を壞られぬものとすれば、まして我等はそれから免れることはできない」と、迦葉よ、私はこういう道人の爲に「如來は常住であつて變易はない」というのである。然るに弟子たちの中には、またその意が解らずに、きつと「如來は結局涅槃に入られない」というものがある。

歸結

是を以て今、大聖の眞説に據るに、難化の三機、難治の三病は、大悲の弘誓を憑み、利他の信海に歸すれば、これを矜哀して治し、それを憐愍して療したもう。これは喩えば醍醐の妙藥の一切の病を療《なお》すようなものである。されば濁世の庶類、穢惡の群生は、金剛不壞の眞心を求念し、本願醍醐の妙藥を執持すべきである。

逆惡と謗法

それ大乘の經典に「難化の機」を説く。（その文は不同である。）今『大經』には「ただ逆惡と正しき法を謗るものを除く」といい、或は「ただ無間の惡業を作り、正法と聖人を謗るものを除く」という。しかるに『觀經』には逆惡の往生を明してあるが法を謗るものに就ては説いていない。また『涅槃經』には難治の機と病とを説いてある。これらの教説は、云何に思量すべきであろうか。

答う。『論註』にいう、問う『無量壽經』には「往生を願う者は、みな往生することができる。ただ五逆と正法を誹謗するものとを除く」といい、『觀無量壽經』には「五逆・十惡もろもろの不善を具えるものも、また往生し得」という。この二經の相違は、如何に了解すべきであろうか。答う『大經』は五逆と謗法との二種の重罪を具えるものを說く。故に往生するを得ぬのである。『觀經』はただ十惡・五逆等の罪を作るといつて、正法を誹謗するとはいわない。正法を誹謗せぬものであるから往生し得るのである。

問う、然らば或人が五逆の罪を具えていても、正法を誹謗しなければ、往生を許されるとすれば、また或人が正法を誹謗しても五逆の罪のないものが往生を願えば、その人は往生し得るか何うか。答う、正法を誹謗すれば、餘の罪がなくても、必ず往生はできぬ。何故ならば、經には「五逆の罪人は無間地獄に墮ちて、この世のあらん限り、一劫の重罪の報を受けるであろう。正法を誹謗する者は、無間地獄に墮ちて、この世が盡きれば、更に他方の無間地獄に至り、展轉して百千の無間地獄を經るであろう」と說いて、謗法の者の地獄を出ずる時節は記されてない。これはその罪が極めて重いからである。また正法とは卽ち佛法である。この愚癡の人はすでに佛法を謗つている。どうしてその人が佛土に生ぜんと願う道理があろうか。假に淨土の安樂を貪りて往生を願うとしても、それは水でない氷、炎のない火を求むるようなものである。どうしてそれを得べき道理があろうか。

問う、正法を誹謗するとは何んなことであるか。答う。自身の見解にせよ、また他から教えられたにせよ、佛も無く佛の法も無く、聖者もなく聖者の法も無いと決定せるものを皆謗法というのである。

問う。そういう計《はからい》は、ただ自分の事であつて、何ら衆生を苦るしめ惱ますものではない。それが何うして五逆よりも罪が重いのであろうか。答う。若し佛と聖者が、世間・出世間の善道を說いて衆生を教化せられることなければどうして仁・義・禮・智・信のあることを知ろうか。そうなれば世間の一切の道德はみな絕え、出世間の一切の賢聖はみな滅びるであろう。それ故に、正法を誹る人の罪は最も重いのである。問者は、ただ五逆の罪の重きを知つて、その五逆の罪は正法を無視するところから生ずることを知らぬのである。

問う、業道經には「業道は秤の如く、重い方が先ず牽く」といつてある。然るに『觀無量壽經』には「五逆・十惡を造り、もろもろの不善を具え、惡道に墮ちて、長

業道經　業道を說かれた經ということで、一部の經名ではない。

き世をかけ量りなき苦を受くべき者も、幸に命終の時に臨んで、善友に遇い、南無無量壽佛と稱えよと敎えられて、心を至し聲を絶やさず、十念を具足すれば、便ち安樂淨土に往生し得て、卽ち大乘正定の身となり、佛道を退轉することなく、永く三塗《まよい》にかえることがない」と說きたもう。されば「重い方に先ず牽く」という道理は何うなるのであろうか。また遠き宿世から、つぶさにもろもろの業を造つておる。それらの業は煩惱に穢されているから、三界に繫《つな》がれるものである。然るにただ十念、阿彌陀佛を念じるだけで、三界を出ずることを得るものとすれば、「業に繫がれる」という道理は何うなるのであろうか。

答う。五逆・十惡の業の繫がりが重いか、愚惡の人の十念の德が輕いか、それを校《くら》量《べる》しよう。その輕重の道理は「心」と「緣」と「決定」とその上にあつて、時節の長短や業行の多少に依るものではない。

その心にありとは、彼の罪を造ることは自身の虛妄顚倒《あやまれる》の見に依るものであり、此の十念は善友が心を盡くして安慰し、實相《まこと》の法を聞かしめるに依るものである。されば一は實であり、一は虛である。それは比べものにはならない。譬えば千歲の闇室も、光が至れば直ちに明朗となるようなものである。闇は室に千歲もあつたから、去らぬということはいえまい。それが心にありという理由である。

縁にありとは、彼の罪を造ることは、自身の妄想心を因とし、煩惱業の報いなる衆生を縁とするものであり、此の十念は無上の信心を因とし、阿彌陀如來の眞實清淨なる無量功德の名號を縁として生ずるものである。譬えば毒の箭に中《あた》つたものは、そのために筋は截れ骨は破れても、滅除藥の鼓の聲を聞けば、即ち箭は拔けて毒も除かれるようなものである。

『首楞嚴經』にいう。譬えば藥があり、「滅除」という。若し戰の時にこれを鼓に塗れば、その鼓の聲を聞く者、身に被つた箭は拔け、毒も除かれるが如く、聖者も首楞嚴三昧(勇健定)に住し、その名を聞くものは、三毒の箭が自然に拔け出ずるのであると。

彼の箭は深く毒は厲しいから、鼓の音聲を聞いても箭は拔け毒の去ることはないとはいえないであろう。これが縁にありという理由である。

決定にありとは、彼の罪を造ることは、生を執する間《ひま》ある心に依るものであり、此の十念は死に面せる間《ひま》なき心に依るものである。ここに決定の意義があるのである。

巳上の三の理由に依りて校量すれば、十念は重い。重い方に先ず牽いて能く三有《まよい》を出ずるのである。されば兩經は一義であつて、相違するものではない。

問う、一念とは、どれ程の時間であるか。

答う、百一の生滅を一刹那とし、六十の刹那を一念という。けれども今ここで念というのは、その時間に就ていうのではない。ただ阿彌陀佛を憶念して、その全體なり部分なりを思い浮かべ、その心に他の想なく、十念相續するのを十念というのである。それは名號を稱うることに於ても同様である。

問う、念佛する時に、心が他へ移れば立ち還らしめて、その念の多少《かず》を知ることを得よう。しかし多少を知るようでは、念に間《ひま》があるものとなる。もし心を凝らし想を注《とど》むれば、何うして念の多少を記すことを得よう。

答う、經に十念と言うのは、往生の業事の成辨を明らかにするものである。必ずしも頭數《かず》を知るを要しない。「ひぐらしは春秋を識らぬ」と言うようなものである。というても、ひぐらしは夏を知つているということではない。ただ知つているものがそういうだけのことである。十念業成というのも、是れまた神に通ずる者、即ち佛・世尊の言である。ただ念念相續して他事を想わねば、それでよいのである。その念の數を知る必要はない。若し是非それを知りたいならば、その方法もあることであるが、それは口傳に依ることであつて書き記すべきことではない。

抑止と攝取

光明寺の和尚はいう。（『觀經義』）問う、四十八願に於ては、唯だ五逆と謗法とを除いて、往生し得ぬものとせられ、『觀經』の下品下生の中では謗法を除いて、五逆は攝取せられてある。これは何ういう意であろうか。答う、これは仰いで抑止門の義と解すべきである。四十八願の中に謗法と五逆とを除くのは、この二業はその障、極めて重いからである。若しこの惡を造れば、直に無間の獄に入り、長き世を經て出ずることができない。如來《ほとけ》は衆生《われら》のこの二の過を造ることを恐れたまい、方便して往生し得ずと抑止せられたのである。攝取せぬということではない。また下品下生の中に五逆を取つて、謗法を除くのは、已に五逆を作つたものである。大悲の心はそれを捨てて流轉せしめることができない。依つて攝取して往生せしめられた。けれども謗法の罪は未だ爲《つく》らない。それ故に抑止して、謗法をなさば往生し得ぬといわれる。それは未造の業に就てのことと解せられる。したがつて若し造つたならば、また攝取して往生を得しめられるであろう。たとえ往生し得ても、華に包まれて、長い時を經るのである。而して、これらの罪人は、華の內にある間は三つの障を離れることができない。一には佛と聖衆たちとを見ることができぬ。二には正法を聽聞することができぬ。三には諸佛に奉仕し、供養することができぬ。これ已外には更に苦はない。經には道人の禪定に入る樂の如きものがあるとも說かれている。されば華の中に在つて長き時の間、その華が開かなくても、無間の獄にあつて、永劫にもろもろの苦痛を受けるよりは、勝《ま》しであるといわねばならない。

　またいう、浄土には誹り嫌いの聲は絶え、憂い惱みというものはない。人も天も善も惡も、皆な往生することを得、そこに到れば差別はなく、齊しく同じく不退の身となることである。何故なれば、それは彌陀の因地に於て、世饒王佛の所で位を捨て家を出でて、悲智の心を起し、廣く四十八願を弘めたもうのに由るのである。その佛の願力に依つて、五逆も十惡も罪が滅して、往生を得、謗法も闡提も、廻心すれば皆な往生し得るのである。

註

五逆とは淄州慧沼の説に依ると二種がある。その一は一般佛教に通ずるものである。それは一に故意に父を殺し、二に故意に母を殺し、三に故意に羅漢を殺し、四に倒の見《かんがえ》をもつて教團の和合を破り、五に惡心をもつて佛身を傷つけ血を出すのである。これらは恩田父母に背き、福田三寶に違するものであるから、逆というのである。この逆を犯す者は身壊れ命終えて、必ず無間地獄に墮ち、長き時の間その苦を受けるのである。それ故に無間の業と名づくるのである。（中略）

　その二は大乗の五逆というものである。それには一に塔寺を破壊し、經藏を焼き、三寶の財物を盗用するもの、二に佛法を謗つて聖教に非ずといい、非難し妨害するもの、三に一切の出家の人――それは有戒と無戒と持戒と破戒とに拘らず――を打ち、罵り、責め、其の過を擧げて監禁し、還俗せしめて駈使し、命を斷たしめるもの、四には父を殺し、母を殺し、佛身より血を出し、教團の和合を破り、阿羅漢を殺すもの、五に因果を無《なみ》し常に十不善業を行うものである。（下略）

領解

序

信の喜びは如來の願心の徹れるものであつて、自身の智慧に依るものではなく、眞心《まことごころ》は大聖の教法に感ぜられるものであつて、凡人の思慮で現われるものではない。

しかるに今代の識者は、自覺の論理に執えられて彼岸の世界を認めず、善惡の反省に拘わりて平等の信心を知らない。まことに悲しむべきことである。

その悲しみをもつて聖典を披けば、本願を信ずる身の喜びは、さらに深きを覺える。疑問は已に教法に解かれているのである。

自覺の論理に滯りて彼岸のさとりを認めないものは、この世の苦惱を經驗しないものであろう。それで本願の大悲が感ぜられないのである。善惡の反省に執えられて信心の智慧なきものは、かえつて現實の自身に徹しないのであろう。それで善き人の仰せに順うことができぬのである。

聖教の光に照らされて人生は明らかにせられる。誰か煩惱具足の身であり、火宅無常の世であることを否認し得よう。人生が問となりて答を聖教に求める。大悲は業障を解除し、光明は愚惡を照破したもう。苦惱の人生はかえつて淨土への道路となるのである。

人生と聖教と互に問となり答となる。因緣まことに不思議といわねばならぬ。

疑問を如來の願心に至せば、それは大悲の信樂を深めるものとなり、明證を大聖の教說に得れば、それは智慧の念佛を身に卽いたものとならしむ。洵に佛恩は深重にして、世人の嘲りを恥じる暇なきことである。

領解に取捨を加うるは、淨土を欣う同人の道とするところである。されど領解に毀謗を生ずることは、眞に求道に志あるものとはいえぬであろう。毀謗を怖るるは小心であるからではない。そしる其の人の罪障となるからである。かえつてまた本願を顯彰しようとする領解が本願を毀謗する緣となることを怖れるのである。

ああ併し、我等は「信順を因とし疑謗を緣として」生涯を送るの外ない身なのであろうか。

大　意

大信心は盡きせぬいのち、彼岸への思慕、めぐまれた素直さ、世をうるおすよろこび、やぶるものなき金剛の心、わが身のためと知る感激、大悲無倦のみこころをしのぶ、勝れて希れなる大いなるまことと、まこととも思えぬ程のさとりはやき道、大涅槃にかなう心、よろずの徳を具えたる、純一無二の眞實心である。

凡夫が覺りを得るということは、難いことではない。如來の願力があるからである。されど其の願力を信ずるということは甚だ難い。信ずるとは此の身にいただくことであつて、我等の力にて發し得ることでないからである。

これを飜せば、覺り易きは自力でないからであり、信じ難きは自力を賴む心が離れないからである。覺り易きも道理、信じ難いことも道理、その一つである道理の前に、われらは自覺を迫られているのである。

如來の加威力による信樂は敬虔であり、大悲の廣慧力に依る眞心は柔軟である。それ故に、その信心は顚倒でなく虚僞ではない。而してそこに現われる喜びの心は聖尊《ほとけたち》の重愛を感ずるものである。洵にこれ永遠眞實なる光の中に自身を見出せる喜びである。

信心が若し我等の心によりて決定せらるれば、それは固執の形となるであろう。そこには敬虔の情もなく柔軟の心もあり得ない。したがつて、その信心は顛倒であり虚僞である。

それ故にそこに喜びというものがあつても、それは内心に誇りを有つ凡夫の満足に過ぎない。それは決して諸佛の重愛を感ずるということはないであろう。ただこれ邪見憍慢の小肯定に外ならぬからである。

愚かでありながら生を全うするものは天愛といわれる。もとより誇りの言葉である。されど身に引き當てて思えば、天愛の背後にも諸佛の護念が感ぜられる。

信心の人は聖尊の重愛を蒙るといわれる。親鸞の深き喜びである。されどその喜びも疎そかなる我等にありては、かえつて罪障の深重を悲しまざるを得ない。

しかればその悲しみを轉じて喜びとすることの外に聞思の道はないのであろうか。「聖尊の重愛」の御言は、淋しき人生にある者をして深く思を潜めしめるものがあるのである。

業障の深重を思い知らしめて、そのままに深重の業障から解脱せしめられる。そこに仰がれるものは大慈大悲の光であり、そこに現われるものは、身に餘る慶喜の心である。

本願と成就

本願を聞く心に大悲は徹り、名號《みな》を稱うる身に功徳は廻施せられる。これ佛が佛となろうと願われる、その心の中にわれらを攝め取られたからである。

ここを以て名號を本願とする御言には疑いはない。疑いなきは佛の智慧である。而してその疑いなき本願の御言がわれらの往生の道となるのである。

われらの往生を御身の成佛と結びて本願とせられる。その大悲に於て逆惡と謗法とを除くと宣う。われらは其の御言に於て、自身を省み、深く思ひに沈ましめられ、そこに特に大悲心の切實なるものあるを感ぜざるを得ない。除かれるものは、最も御心を離れないものであるからである。

廣く十方の衆生に呼びかけたもう本願の御聲は、深く除かれた逆謗の身に應えて感ぜられる。不思議の事實である。

信心とは如來の本願を聞きて疑いなき心である。それは大なる願心が小さき胸へと徹る一念である。それ故に信心というも歡喜の外にはない。それは狹き凡心が廣き佛心に覺まされる時尅である。そこに現われる歡喜こそ信心といわれるものであらねばならない。

浄土に生れる身と定まりて、この世に佛道を退轉しないものとなる。これに依りて信心はさらに聞法に精進ならしめ、歡喜は彌々佛智を思わしめることとなるのである。

自の喜びの深さは、他の喜びとなれることを知るところにあるようである。隨喜されない喜びは眞の喜びではない。これは人間の自他に於て感ぜられることである。しかるに今ここに信心の喜びは佛心の喜びを得ることであることを知らしめられた。その喜びは究まるところがない。洵に廣大難思の慶心である。

今さらに信心とは大悲であり大喜であると説かれたる、その御心の有難さを思う。愛憎によるわれらの小喜・小悲は、みなその大悲・大喜の心に和め解けしめられるのである。

曇鸞の三不信

佛の御名を稱えて、そのみこころに相應せんことを欲《おも》う。それは無碍の光をたたえて碍ある身を省みるものである。

惣べてを知ろしめす照覽の眼に、われら一切の無明は破られる。如來の實相《さとり》の智にわが虛相《まよい》の心が照し出されたのである。すべてを和めたもう愛護の御手に、われら一切の志願は滿たされる。如來の爲物《いとしみ》の悲にわが業苦《なやみ》の身が潤されるのである。

されば、われらの救われるということも、洵に如來を知ることに外ならないのである。

本願を語るも事理《よしあし》の迷いを超ゆることができない。これ如來の實相の身にて在すを知らぬものである。佛智を說くも唯心の執を離れることができない。これ如來の爲物の身なるを知らぬものである。

願は清淨の欲であると說かれてある。されば愛欲に於ける無明の破られたる時、そのままに志願の滿足となるのであろうか。瞋恚の氷も解くれば大悲の水となる。すべてを距てし氷が、轉じてすべてを潤おす水となるのである。この不思議の德を現わすものは無碍の光であり、この光に相應するものは稱名憶念である。

佛を信ずるといつても信ぜられる佛と信ずる心とがあるのではない。唯だ佛心がわが身に徹り、わが心に感ぜられたものである。それ故に、その信心は、無碍の光に相應して、おのずから淳一に相續するのである。

したがつて淳一に相續しない信心は、信心というも自心を執するものに外ならぬのである。

われら自身に信心を尋ねる。あるが如く無きが如くである。これを明らかにしようとすれば、かえつて消えてゆく。そこに決定の心がない。それを決定しようとすればいよいよ動揺するのみである。その信心に相續を求めても無功である。餘念は常に間《へだ》てているからである。

ここに念佛して御名のこころを思う。そこに不思議にも淳一に相續する憶念の心が内感せられる。恰も動搖止むなき波浪の底に動かぬ月影を見るが如くである。さればわれらの不信もついに如來の眞實に反くを得ぬのであろうか。

今さらに三不信を廣説して、三信を反顯せられし曇鸞の心を偲ぶ。

善導の三心釋

至　心

至誠は人間に求められても、眞實は如來にのみあるものである。それ故に、眞實は至誠ではあるが、至誠は必ずしも眞實ではない。したがつてまた人間の眞實といつても、それは虚假の雜染を免れぬものである。ここに經説の至誠心を、眞實心と解釋せられた善導の心がうかがわれる。それは淨土の往生は凡夫の至誠心では不可能と信知せられたからであろう。至誠心の經説に於て、我が身の至誠の不實を思い知られたのである。ここを以て「一切群生の身・口・意の解・行は必ず如來の眞實心に作したまえるを須いよ」と領解せられたのであつた。

これ卽ち衆生の意の如く至誠心と説き、かえつて彌陀の意の如く眞實心を彰わされたものであろう。教説は如意であるということも、ここに領かれることである。

信心とはまことの心である。しかし、そのまことは如來の眞實であつて凡夫の至誠ではない。したがつて信心とは自力の至誠をひるがえして、本願の眞實を受容することであらねばならぬ。その受容せられた眞實は、この身に浸透して疑を除き證を得しめたもう。それを信心獲得という。これ卽ち永遠の眞實を生死無常の身に受け、大悲の願心を煩惱熾盛の生に於て感ぜしめられることである。

今さらに「信樂を獲得することは、如來の大悲の願心にもとづく」有難さを思う。

外に賢善の相を現わして内に虛假を懷いてはならない。凡夫の至誠なる反省である。内に虛假を懷ける身は、外に賢善の相を現わすことができない。如來の眞實に照らされての自覺である。

貪瞋は邪僞につながり、惡性は蛇蝎の如しと説かれた。ああ是れ遂に人間の免れ得ないことであろうか。

凡夫の善は毒を雑ゆるものであり、人間の行は虚假であるに違いはない。したがつて、我等の至誠に依る信・行は、たとえ頭上の火を拂う如く勵みても、ひつきよう不實であるということは何という悲しいことであろう。

しかるに、この悲しみを知るもののみが、永遠の眞實を感じさせていただくのである。まことにその喜びは究りなきことである。

如來の眞實の一念一刹那も間《へだ》てなきことを思わしめるものは、われらの至誠の徹底しない悲しみである。

これに依りて如來の眞實はわれらに施され、それを須ゆることが、われらの至誠となる。ここには、われらの悲しみは大悲に連り、われらの喜びは佛の喜びとなるという道理があるようである。

深　心

自身は現に罪惡生死の凡夫ということは、我等の日常に意識されてはいない。それを深く信ぜよということは、我等の日常意識に深き反省を求めるものである。

ここを以てこの深信は「常に沒み常に流轉せる」過去を顧み、「出離の緣なき」未來を悲しむに至らねば徹底せぬことであろう。したがつて此身の救われる法も、遠き宿世の悲願に成り、未來の光明と現われるものであらねばならない。これに依りて佛願に對する疑なき慮りなき深信は決定せられるのである。

助からない身と知る時に、助けんと思召し立ちける本願が身に應えて感ぜられる。しかれば法の深信は機の深信を待つものに違いはない。されど助けたい願は助かりたいとの願となるものである。しかれば機の深信とは、その助かりたい願心に呼び覺まされたるものではないであろうか。

深く本願を信ずるとは、本願の外に出離の縁なしと知ることである。さればこそ疑いなく慮りなく願力に身を托することを得るのであろう。若し我が力の及ばざるところを、本願に補けられてと思うことあらば、それは淺き心といわねばならない。その心には疑あり慮あらざるを得ぬことであろう。本願を疑うものは、我が力を頼むものである。

たとえ、一切の衆生の救われる本願の道理があつても、此の業苦にある自身の救われるという事實は必ずしも明かではない。我等はこの矛盾を如何にして解決すべきであろうか。

自身は現に罪悪生死の凡夫と思い知る、その心の深き底に於て、永劫流轉の間に於ける一切衆生との業縁を内感せしめられる、而してその業縁の内感が機となりて十方衆生を救われる本願の道理が我が身に沁みて疑なく慮りなきものとなつて來るのである。

ここに此の身の救われるという事實が、一切の衆生を救う本願の道理を證明するものとなるのである。

淺き心は是非の惑に動亂し、深き信は愛憎の底に靜寂である。

そこへは疑も屆かず、慮りも徹らない。洵に涅槃の眞因である。

自身の罪惡生死を深信して彌陀の本願に無疑無慮であること、その道理は明瞭にして事實は至難である。然るにその至難のことを端的に成就するものは、釋迦の敎を深信することである。それは人間に生を受けたまいし釋迦は、我等の業苦を知り盡くし、覺りを成就せられた御身は、彌陀の願意に同證したもうからである。道を求めつつある賢聖には、衆生に對するこの大悲と、彌陀に對する、この眞智とがない。それ故に、その說くところ一應道理に契うても、眞に衆生を救うものとならず、したがつて眞に佛意に應ずるものとはいわれぬのである。

唯だ佛語を信ぜよ。それが深信を決定し成就する道である。

彌陀は稱名を以て本願としたまい、釋迦は一切の行善を以て淨土を欣慕せしめたもう。ここに釋迦の意は人間生活の歸趣は淨土にあることを指示するにあり、彌陀の願は、人間生活に一如の眞實を透徹せしめんとするにあることが知られるのである。

それ故に、念佛は凡夫に行ぜられる彌陀の眞實であり、淨土の法は特殊の教の如くにして、實は普遍の大道である。この事を證明するものは諸佛の誠言である。これに依りて念佛して淨土を願うもののみが眞の佛弟子といわれるのである。

淨土の法を十方の佛たちは同心に同時に、大千界に徹る清澄の御聲を以て證誠したもう。我等はその證誠の聲を念佛に於て內感せしめられるのである。

一方の佛は證誠せられても他方の佛は必らずしも同意せられない。曾ては力強く勸められし法も、今は要なきものとせられている。そこに諸善の賴りなさがある。然るに念佛のみは、十方の佛たち悉く同心に證誠したもう。それは念佛の道理の普遍であるからに依ることであらねばならぬ。

それ故に、我等は、ただ念佛に於てのみ、その證誠の聲をきくのである。それは聲高く雜音をうち消さんとする人間の聲としてではない。ただ、人間思想の雜音の基底に於て、大千界に徹る清澄の諸佛の御聲としてである。したがつて其の聲は何ものに依つても、うち消すことのできぬ力を有つものである。

彌陀の因位の修行は、釋迦に依りて開說せられ、釋迦が濁惡の世に於て淨土の敎を說かれる苦心を諸佛は稱讚せられる。これを以て推すに諸佛の證誠にも深い大悲と大智とが本となつていることであろう。大千界に徹る淸澄の御聲、われらはそこに諸佛護念の恩德を仰がしめられることである。

廻向發願心

明よく闇を破り、空はよく有を含む。これ對待の法に具わる法爾の道理である。この世法の事實を見るものは、佛法の眞實を疑うてはならない。

ここを以て、「大悲の願は恰も虛空の如く、もろもろの妙なる功德は廣大にして邊りがない。日輪の光の如く、一切の凡愚の痴闇を破りて信樂を生ぜしめ、大地の如く能く一切の往生人を持ち、大水の如く一切の煩惱の垢を滌ぎ、大火の如く一切の意見の薪を燒き、大風の如く普く世間に行われて碍るところがない」(『行の卷』)と領解せられた。

これ卽ち念佛の信樂に於て本願の道理が行われるものである。

すべての學解は有緣の學行の助緣となりてのみ意味を有つものである。學行を妨ぐる學解はいかに高遠であつても、畢竟これ邪見に過ぎない。學行は必ずしも學解を拒むものではない。それは信解の喜びを豊かにするものともなるからである。されど學行は敢て學解を貪らない。それは道理を身證することに專一であるからである。これを身に得る時、自から生死に碍りなき一道にあらしめられる。それが眞理である。それ故に、眞理は心に執せられるものではない。

淋しさは人が無いからである。人と思えるものは、皆な獸であり賊である。それらの群が多いだけ、洵に怖ろしき曠野といわねばならない。その怖ろしさを逃れようとする。そこに忽ち見出されたものは愛と憎みとを離れ得ぬ我が身である。それは解脱の道を求めたから見出されたものであつた。しかもそれは解脱の道がないと知らしめるものである。

しかし解脱の願いは、これに依りて撤回されない。かえつてその願いは一筋の白道として愛と憎との生涯を貫ぬき淨土へと通じているのである。回《かへ》ることができない。進むこともできぬ。といつて住《とど》まることはできない。全く絶望である。しかし絶望ということも許されてはおらぬ。已に住まることのできぬ絶望は、ただ一筋の白道を進む外ないのである。

その一筋の道は甚だ狹い。愛河に溺され瞋火に燒かれつつある四五寸の道である。しかし唯だ一筋の道である。それはいかに狹くとも、愛河にも流されず瞋炎にも燒き盡くされない眞實の大道である。

その一道にあるもののみ、釋迦の教をきき彌陀の本願をきく。淨土の門は、この世と自身とに絕望せるものの前にのみ開かれるのである。

釋迦の教に於て「仁者《なんじ》ただ決定して、この道を尋ねて往け」の勸にあい、彌陀の本願に於て「我よく汝を護ろう」との聲をきく。その「汝」とは現に群賊・惡獸におののき、愛と憎とに惱みつつある此身である。

されば信心とは、正しくその「汝」として自身を呼び出されし者の驚喜であらねばならぬ。本願の御聲が道である。されば、その御聲を身心にひき當ててゆく外に、われらの行はない。そして、それのみが必ず往き得るに疑いなき道である。

われらの生涯に經驗する一切の事變は、業苦の身にしみてよくよく永遠の眞實を感知せしめられる機緣となるものである。もし生涯が無事であれば、大悲の本願も深く身につくということはないであろう。そこに人生の意味もあることである。

しかし、それ故に、われらの生涯は、常に背後の群賊・悪獸の叫びにおののき、前面に愛と憎みとの强盛に悲しみを有たねばならぬのであろう。またそれなればこそ、兩岸の聲は彌々身心に透徹するのである。

源信の菩提心

いかなる怨敵も何うすることもできぬ藥、それはいかなる病にも侵されぬ藥を喩えたものであろう。その藥は未だ見出されてない。されどいかなる煩惱にも壞られない法藥は獲得することができる。それは淨土の菩提心であり、卽ち眞實の信心である。

この身につくれば深水に入るも溺れることなき寶珠、それは必ずしも我等の要するところではない。されど生死の海底をも碍りなく歩ましめる道心は必ず無くてはならぬのであろう。それが無ければ我等の存在は意味のないものとなるからである。

ここには喩うる物なき信心の有難さがあるのである。

大悲倦きことなき御心は、攝め取りて捨てたまわぬ光明となる。その心光に依りて煩惱に間なき我が身が常に照護されてあるのである。

無倦の大悲は常没の凡夫を攝めたもう。永劫の修行は、この御心に依りて行われる。不捨の攝取は稱名憶念の自然の力となりたもう。智慧の光明は、これに依りて量りなき德を現わされるのである。

不可壞の法藥、住水の寶珠、それは大悲無倦の攝取に依る金剛の信心に外ならぬのである。

世々つぎて、いでし聖のみおしへに、大悲無倦のみこころおもう。
みひかりの大悲無倦にてらされて、わが世のなやみ、なごめられゆく。
大悲無倦、大悲無倦とくりかえし、大悲無倦のみこころに泣く。

結　釋

我等の救われることには、ただ一つの因がある。それは願心の廻向《めぐみ》による行信である。如來の本願は、この廻向の行信に依りて成就するのである。

されば「因が無いのではない」ということは、大悲の願心を思わしめるものであり、「他に因があるのではない」ということは、「いずれの行も及びがたき身」と知らしめるものであろう。

ただ一つの因、それは我等に具わりてあるものではない。偏えに清淨なる願心の廻向に依るものである。曇鸞の淳・一・相續心の說、善導の至誠心・深心・廻向發願心の釋、源信の菩提心の教、それはすべて、この事實を思い知らせんがためであつた。

我等の救われる緣は我等の力を超えてあるのである。それは洵に不可思議のものであるに違いはない。されど我等の救われる因は、我等に行信として惠まれているのである。その因なくして、他力を賴むというは、意味のないことである。

「遇々行信を獲ば遠く宿緣を慶べ」その緣は因によりて思い知られ、その因は緣によりて獲られたのである。

三心一心の問答

字　訓

一の心も、その方向に依りて表現を異にする。それが一字に多訓ある所以である。されば、唯一の大悲心が、「三心の願を起したもう」こととなつた所以もそこにあるのであろう。

これに依りて、その表現を異にする言葉にも、一つ心は領解せられる。されば三心の願を領解して一心と表白せられた意にも、「涅槃の眞因は唯だ信心」であることが、身證されてあつたのである。

その情を感じてその理を知らないものは愚である。その理を知りてその情を感じないものは鈍である。三心一心の問答、その情を盡くし、その理を究めたもう。洵に愚鈍の我等がためである。

信は、いつわりなく（眞）うつろなることがない（實）。うぶのままなるまこと心（誠）である。これ卽ち信の眞實である。

それ故に、信はそれ自身に満ち足り、それに心極まり、それに成り切れる心である。これは正に信の滿足ともいうべきであろうか。

したがつて信は、その信ずるものを用いそれを重んずる心である。またその信ずるものに審かであり、それに驗しを見、その德を宣べてまめやか（忠）なる心である。そこに信の敬虔さと明瞭さとがあるようである。

その信には樂が具わる。樂はのぞみ（欲）であり、ねがい（願）であり、したしみ、このむ（愛）であり、たのしみてしたがう悅である。そこには信の柔軟さが感ぜられる。

然るに、その樂《よろこび》は、うべきことに先ちて歡といわれ、心の内に常にありて喜といわれ、言行に現われて賀といわれ、うべきことをえ終りて慶といわれる。そこに信の暢達《のびやかにたのし》ともいうべきものがあるのである。

その信樂の體は至心である。「至心は眞實ともうすなり。眞實ともうすは、如來の御ちかいの眞實なるを、至心ともうす」のである。故に至心は眞實誠の種といわれる。種はたねであり、うえられ、そこから草木も生えるものである。その種としての能なきものは心《しん》のなきものともいわれる。至心は信樂の種である。この種ありて眞實誠の心は滿されるのである。

欲生の心は、その信樂から現われる。それ故にそののぞみ（欲）は即ち願であり樂である。したがつて我等は、その欲願に於て眼覺め、道を知らしめられる。されば欲生こそは、信に於ける希望というべきであろう。

その欲生の生とは、成りたつことであり、作されることであり、爲しつつあることである。これに依りて事業もおこり（興）ゆくのである。されば信樂に現われる欲生に於て、佛道も成し、利他の德も興るのである。これ正に信の圓滿といわるべきものである。

信心とは願われる身となりて、願いたもう御心を思い知らしめられることである。而して願いたもう御心を聞きて、自から願う心が生れる。これ即ち欲生の心を大悲廻向の心といわれる所以である。

本願のいわれを聞かずして佛心を思う、それは眞信に達しない假信である。そこには疑のくもりがある。大悲を感ぜずに佛智を説く。その信には實がないから虚信ともいうべきであろうか。そこには疑のおおいがあるようである。

眞實の信は自身の心ではない。それ故に、それは本願に疑いなき心であつて、本願を疑わぬ心ではないともいわれるのである。

至　心

この世の群生は、遠き昔から今日の今まで、穢れに染みて清淨の心なく、いつわりのみで眞實の心がない。これはまさしく人間の歴史的事實である。さうしてそれは其ままに我が身の宿習として内感せられるものである。

その我が身を悲しむことに於て、苦惱の衆生を悲愍したもう御心を知り、苦惱の群生を大悲したもう御心を知りて、我が身の悲しみは御名の眞實に融かされるのである。

永劫修行の「時」は、平和の時のみではなかつたであろう。戰亂の世も多かつたに違いはない。菩薩の心はその晴天の日にも、清淨でないことがなく、その風雨の日にも眞實でないことがなかつたのである。

永劫修行の「所」は、山林の禪室のみではなかつた。特に塵喧の巷に於て爲されたことも多いのであろう。その愛憎違順の境に於て、一念一刹那も虚假の心なく諂僞の心なく、修行せられたのである。

永劫修行の「身」も幾度か變られたものであろう。「或は長者居士となり、豪姓尊貴となる」と説かれてある。されば或は庶民ともなり、貧賤ともなられたのではないであろうか。必ず男子の身のみであつたのではない。また女人の身ともなられたのである。

本願に依る修行は希望を達する爲の準備ではない。それ故に本願の成就は、修行の過程に於て、内面的に果遂せられる。

菩薩の行は修行であつて事業ではない。それ故に、それは人間を救うことを本とするものであつて、制度を改むるを要とするものではないのである。

したがつて、其の行は天下の耳目を聳動せしめるようなものではない。「欲覺・瞋覺・害覺を起さず……功徳を成就す」という。それは、おのずからなる清涼の空氣となり萬人の心の底を潤おすものである。

親鸞の一生は、法藏菩薩の修行の身證であつた。傳記の不明なることも、それに依ることである。されば身を以て宗祖を傳えようとするものは、世に知られることを恥とするものであらねばならぬ。

名號を體として眞心は廻施せられる。そこに念佛して自力の心を離れしめられる所以がある。されば御名を稱うるは、即ち御名に親しむ心であり、御名に親しむ心は、更に御名を尊むことであらねばならない。

これに依て「この行に奉え、この信を崇めよ」と教え、「恭敬の心に執持して彌陀の名號稱すべし」と讃せられた。

菩薩の修行は、彌陀の名を體として成就せられた。これ即ち彌陀の名は群生の法であることを明示するものである。故に、それを本願の名號という。したがつて彌陀の大悲智慧というも、ただ念佛に於てのみ感知せられるのである。

しかれば稱名は凡夫が佛の行を行ぜしめられるものであり、また凡夫が佛とならしめられる行である。故に大行といわれ、廻向の行といわれるのである。

念佛の生活に於て、自から轉惡成德の行智は惠まれる。これ卽ち名號を體として、永劫修行の眞心を廻施したもうに依ることであろうか。

我等の一生は念佛に依りて滿足し、如來永劫の修行は御名に於て成就せられる。洵に不可思議の事實であり、深廣の恩德である。

信　樂

信心とは、我等に感ぜられたる大悲心である。それは廻向せられた如來の願心であるから、我等の所有となるものではない。さればこそ一念も疑の雜ることがないのである。

然るに何故に我等は、信心をわが有《もの》としようとするのであろうか。その爲に疑の心は、いよいよ除かれず、現われるものは、唯だ善心を汚す貪愛と、法財を燒く瞋憎とのみである。大信心は、遂に我等のものとなることはない。

深く無信の身を悲しみ、常に大悲の願心をいただく。ただそれのみである。

永劫の修行は、卽ち傳統の精神である。その精神なくば人間の歴史というも、畢竟これ流轉輪廻に過ぎない。世界を支持するものは、念佛に依る父祖の傳統である。

されば信心というも、この精神に接し、この傳統に歸することの外ないであろう。これに依りて永遠の眞實も一念の淨信に感ぜられ、如來の願心も歡喜の心に受けられるのである。

信の一念は無念と多念とのさかいにありて、無念と多念とを內攝するものである。それ故にそれは多念を展開しつつ無念に歸せしめる。その無念は我等に淸淨の信心なきことを知らしめて、如來の大悲心に歸入せしめ、その多念は歡喜愛樂のこころ終生盡くることなく、常に轉惡成德の益を現わすのである。

「一切の衆生に佛性あり」とは、いかなる者にも佛となるべき可能性があるということであろう。その可能性とは卽ち一切の衆生は、皆な如來の大慈・大悲の中にありということである。したがつて永遠の意義に於ては可能はそのままに必然といわれるのであろう。その永遠の意義を成就するものは大慈・大悲の願心である。

信樂とは、その必然を知らしめられた智慧であり、またその可能を感ぜしめられた歡喜である。

われらは大悲・大喜のみこころを、いずこで感知することができるのであろうか。如來の願心は念佛を衆生に廻施せられた。しかれば大悲・大喜というも念佛する心の他に尋ねるところがないのであろう。人と生れし悲しみにおいて念佛する、その悲しみの心の他に大悲の心を感ずるものがないのである。人と生れし喜びにおいて念佛する、その喜びの心こそ、大いなる佛の喜びに通ずるものである。

大慈は衆生を包容し、大悲は凡心に融け入られる。これに依て、我等は大悲を感じつつ大慈を思い知らしめられる。信心とは、この大慈・大悲を感ずる心である。されば信心に依りて念佛が行ぜられるということも、これに依ることであろう。

大喜は衆生の喜びを滿たし、大捨は萬人にその所を得しめたもう。これに依て我等は大喜を感じて大捨を思わしめられる。歡喜とはこの大喜・大捨を感ずる心である。ここに信心は涅槃の眞因であるということも、おのずから身證せしめられるのである。

信心とは、大悲の本願を聞思することである。本願の道理を聞けばここに道ありと信ぜられる。されど、それを我が身に引き當てて思うことなくば、その道の爲に修行せられた者あることを信ずることができぬであろう。その修行し得道せる人を信ぜねば、「我が身のため」というも、如實に感ずることができない。信不具足である。

如來とは信心の永遠の相、信心とは現實なる如來の心。それ故に、如來は常に信心のうちに在し、信心は唯だひとえに如來を思うのである。

若し人、信あらば凡夫のまま如來である。煩惱は菩提となる。一切の聖行も、これに依りて成就するであろう。明白なる道理である。

されど我等には信心がない。その信心と思念しているものは、すべて虛假不實のものである。日常の生活は貪瞋邪僞の外にはない。否定のできぬ事實である。

この道理と事實との矛盾を解くものはただ念佛である。而して其の念佛に於て、その解決も、我等の計いではなく、偏に如來の御計いであることを信樂せしめられるのである。

凡聖智愚を簡ばず、如來の眞實心に作したまえるを須いよと教えられた。その須いられる眞實は念佛であり、その須ゆる眞實は信樂である。

我等は終生、ただ凡夫である。如來は凡夫を攝めてその大行を作り、その大信を現わし給う。それ故に行信というも如來の廻向の外にはない。

洵に不可思議の因緣である。

如來永劫の修行は信心に成就せられる。これに依りて信心は佛道修行の一切の德を身證するのである。

欲生

浄土を忻うは、涅槃を期する心である。往「生」を願うは、「無生」を慕う感情に外ならない。生の執着に於て不死を欲い、死の知見に於て虚無におののく。凡夫の迷情である。この迷情を轉じて無生の生に歸せしめるものこそ眞實の願生心である。

それは凡夫自力の心ではない。唯だ如來の大悲心の廻向《あらわれ》である。

「心を至し信樂して、我が國に生れようと欲え」と願われた。その願心の廻向するところは、われらを浄土に生れしめようということであることは明らかである。されば「心を至して信樂して」という御言も、疑いなく慮りなく「我が國に生れようと欲わ」しめようという願心を顯わすものに外ならぬのであろう。

ここを以て欲生は特に大悲招喚の勅命であると聞思せられ、また信樂を以て欲生の體とすと領解せられたのであつた。

信ずるいわれも行うのりも本願の御言《みこと》に思い知らしめられる。したがつて浄土へのみちも招喚の勅命の他はないのである。

智慧の眼なきものには、大悲の御聲が光である。その御聲は深く煩惱生死の世界に徹りて、われらの心を涅槃の彼岸へと歸入せしむるのである。

聖者は淨土を建て、凡夫は淨土へと生る。これ佛法の大義である。それ故に、若し淨土に往生する凡人がなければ淨土を成就し得る聖者もないであろう。

この世に淨土あらしめようとする道には知識を要とするも、彼岸の淨土に生れようとする法には機根の簡びがない。淨土は萬人同歸の世界としてのみ成立するからである。

この世に淨土あらしめようとする願を轉じて、淨土に生れようという心に成らしめられる。これまさしく理想より現實への廻心というべきであろうか。然るに淨土を願う行人の上には、自然に淨土の光が惠まれる。洵に是れ願力の不思議に依ることである。

淨土に生れようと願うは、卽ち涅槃界へと招かれるものである。ここを以て欲生は如來の勅命と言われるのである。

永遠に於て人生を見る。業苦のこの世というも畢竟これ永遠の眞實を身證せしめる行路といわれよう。それで十分なのではないであろうか。

されば往生を願うことに於てのみ、人生の意義は完うせられるのである。

本願の時に於ては、逆謗は佛智から除外されねばならぬものであつた。されど攝化の今に於ては、逆謗も大悲に解除せられるのである。これ卽ち「このふたつのつみのおもきことをしめして、十方一切の衆生みなもれず往生すべしとしらせむとなり」（『尊號眞像銘文』）と領解せられし所以であろうか。

淨土を欲う心は、大悲の願力の廻向《あらわれ》である。それ故に、その往相に於て自然に還相利他の功德は具わるのである。ここに全人を救う大悲は、個人の往生に於て成就し、個人の往生に於て全人の救われる道は現われてゆく。これに依りて往生は卽ち成佛となるのである。

大悲の願心に形成されたる淨土は、願心の功德を象徵するものである。されば淨土とは大悲の世界である。したがつて佛身というも、大悲の願心を示現するものに外ならない。而してこの大悲の願心に歸入し共感せしめられるものは聖衆といわれるのである。

されば念佛というも、この大悲を憶念することであり、信心というも、この願心を愛樂するの外にはない。したがつて往生というは、畢竟、大悲の願心に一味ならしめられることとなるのである。

往生は、この世に絶望せるものの道である。絶望して絶望に止まり得ないものの道である。人生は四五寸の白道である。淨土を願う心は、その白道である。したがつていかなる思想の聲にも惑わされることなく、またいかなる冷笑の聲にも動かされることはない。それを金剛の心というのである。

その金剛心は卽ち大悲心である。大悲心とは絶望に感知せられた眞實の智慧である。それは人間の生活を擧げて、如來の願心の中に見出せる時に感知せられる心である。

本願一實の直道は、惑うことなく往くことができる。無上涅槃の大道は勞することなくして行くを得よう。小路を取るは自力を憑むものである。萬人共同の大道は、唯だ本願に依りて開かれたるものであらねばならぬ。

彼岸への道は開かれている。なぜにわれらはそこを行かないのであろうか。「苦惱の舊里は捨てがたく、安養の淨土はこいしく」ない。深く自身の執情を省みて大悲招喚の御心を思わしめられることである。

大信海

個身に受くる苦に執えられて、その根柢の人間であることの悩みに徹しない。そこに本願の大悲の信樂せられない所以があるのである。

本願における至心と信樂と欲生とは、その言は異るも、苦惱の群生を大悲したもう心であることは一つである。洵に惡業の惱み、愛情の惱み、生死の惱みは深くして窮りがない。これに依りて大悲心の眞實・智慧・方便が信樂せられるのである。

大悲の願心に疑いなきは、天月の必ず水底に映るが如くである。煩惱の波浪はいかに動亂するも廻向の光影は壞《こ》わされることがない。眞實の信心である。故にそこに「眞實の信心は必ず名號を具う」という事實がある。名號の功德は、ただ眞實の信心に於てのみ現行するのである。

したがつて、その眞實信心なくば名號もただ名號であることにとどまることとなるであろう。たとえ念佛を執つて往生の行と思い定めても、思い定めたる心が自力であるならば、念佛は名號の德を現わさないのである。これに依りて、「名號は必ずしも願力の信心を具うるものでない」と領解せられた。

されば稱名を憶念たらしめるものは信心である。それで信心は「み名に如實に修行して相應」せしめるものといわれる。稱名憶念は即ち名號の現行であるからである。

本願の大悲に疑いなき心は、老少善惡に執えられる心を破り、道俗男女を論ずる心を和めしめる。これに依りて同一念佛の身となる喜びを惠まれるのである。

大悲の願心に疑いなき心は、凡べての計《はから》いを離れしめる。信心を以て、頓といい漸といい、乃至、一念といい多念といつて、思い定めようとする。それは賢《さか》しくもまた愚かなるものである。

その智愚の毒を滅するアカダの妙藥は、洵に誓願の不思議である。

大信心とは如來の心である。その大いなる心には、智者と愚者のえらびはない。勝つものも負けるものも、富めるものも貧しきものも、有を執るものも、無に沈むものもひとしく融け入りて同感せられる。それは人間悲を知る心ともいうべきであろうか。その人間悲に徹して如來の本願を思い知らしめられる、それが大信心といわれるものである。

竪《たてさま》は識見の道である。たとえそれは智慧の直觀によつて超ゆるも、修行の功によりて出づるも畢竟これ煩惱を離れねばならない聖者の境地である。

横《よこさま》は謙敬の道である。たとえ信心を眞理とし、念佛を智慧とするも、畢竟これ願力に依るものである。したがつてそれは煩悩の生死を行程とする凡夫の道である。

されば浄土を欣うものは、聖者の道に敬意を有ちつつ、偏えに自身の道を行かねばならない。

聖道の成り難きを知りて本願に歸入する。ここに菩提心は轉じて信樂となるのである。それで信樂は入眞せる菩提心であり、邪雑を離れたる眞心といわれるのである。

然るに本願を信ずる心を自身に求むるものあらば、それはなお疑情を去らぬものといわねばならない。それは信不具足と誡しめられたものである。われらはそれを深く反省しつつ、聞思の大道に歸せねばならない。

菩提心を内徳とする信樂は、浄土に於ける自身の受樂を期待するものではない。普ねく群生の救われる道の見出されたことを自身の喜びとするものである。したがつてまた、菩提心を内徳とすればこそ、眞實に信樂し得るのであろう。疑情の去らないのは、偏えにただ自身の受樂を求めるからである。

自愛があるから自身の往生を障え、疑情があるから萬人の道を塞ぐ。誤つて法を説くものは法の弘まるを碍げ、自利に執えられるものは念佛しつつ浄土の門を閉《と》ず。まさに教家の反省をせねばならないことである。

信樂開發の一念

如來の本願は永遠の眞實であり、その願心に疑いなからしめられる信は一念の直感である。これによつて、その信には廣大難思の慶びの心が伴う。その慶びは卽ち永遠の眞實が、この業苦の身に浸みて、思いに餘るものである。それは洵に廣大であり難思であり、不可稱・不可思議・不可説の慶びである。

されば一念卽永遠ということも、特に信は願より生ずる喜びに於て身證せられることである。

永劫修行の如來の願心は、凡夫の一念の信樂に受容せられる。それは唯だ本願の生起の由來を聞くことに依るのである。されば信心というも大悲の願の聞えしことに他ならない。ここを以て信の體は大悲心であり、信の相は慶喜の心といわれるのである。

經説の條理《すじみち》のみを知りて、その眞心《まごころ》を感じないものは、眞に教法を聞くものではない。それは經説の半ばを信じて半ばを信じないものである。

その人は眞に經説を讀誦し得ないものである。したがつて他に對して解説しても、利益するところはないであろう。然るに敢て解說しようとすれば徒らに論議の本となり、名利・勝他の心を增長するのみである。

洵に聽聞の大事ここにありといわねばならない。

本願を信ずるとは、本願の言葉を分別して自心を決定することではない。ただ偏えに本願の生起の由來を聞くことである。そこに大悲の願心は、願言の道理を通して嚴肅に我等の胸へとひびく。それを信心という。その信心は卽ち本願力の廻向である。

人の經驗する苦を人生問題とし、人であることの惱みを生死問題という。而してこの兩者の離れないところに難度海の眞相があるのである。したがつて眞に生死を解脫する法は、必ず人生の業苦を緩和するものとなるであろう。大涅槃を超證せしめる金剛の眞心が、必ず現生の利益を獲せしめることは、これに依ることであろうか。

必ず現生に光を惠むものでなくては、眞に永遠の命となるものではないであろう。しかし、それなればこそ眞に永遠の命となる法でなくては、現生に不退の光とはならぬことが思い知られることである。

ただ往生淨土の道のみが眞實なる所以はここにあるのである。また念佛のみが人間生活を礙りなきものとならしめる所以も、ここにあるのである。

現生の利益は、すべてこれ身心悦豫の相續であり、功德である。それは生の事象に永遠の眞實を信樂せしめられることの他はない。そうでなくば、この業苦の現生に於て、何うして心に歡喜多く、常に大悲を行ずることを得よう。洵に諸佛の護念と稱讃も、心光の常護も、その信樂の相續に於て內感されることである。これに依りて惡を轉じて善と成し、恩を知り德を報ずることともなるのである。

されば現生の利益というも、所詮は正定聚《ほとけとなるみ》に入らしめられることの他ないのである。

身心に悅豫あれば、おのずから柔和忍辱の德は養われる。柔和忍辱の心あれば、またおのずから身の幸福を感ずることともなるであろう。されば現生の益とは、また現世の益ともなるというべきであろうか。

ここに冥衆護持の益を思う。それは單に個人に幸福を惠むのみのものではない。やがてはまた「佛の行步せられるところ、天下は和順し、日月は清明にして、民は安らかに、德を崇び、禮讓を修む」るものとなるのであろう。我等は現生の利益を空うしてはならぬのである。

信は願より生ずるとは、願の理想は信に於て現實となるということである。ここを以て信の徳は悉く願より恵まれたるものであり、願の力はすべて信に具わるのである。一念の信心が深信であり、決定心であり、金剛心であり、大菩提心であることも、これに依るのである。

しかし、その信の心は凡夫の慮知である。煩惱業苦の心である。その心が大悲の願心を受容して、大悲心となるのである。そこには煩惱業苦の身なればこそ、特に大悲心を感ずるというものがあるようである。

煩惱の木がないならば、大悲心の火はない。凡夫でなければ佛心を感ずることができぬ。洵に是れ不可思議の事實である。

念佛は業苦の世界を轉じて成佛への道場と成らしめる。その道場に於て如實に修行する心が信心である。ここに念佛と信心との相應があるのである。

横超の道

直ちに生死を「超」ゆる道を求むることは、特に人身の受け難きを知るからである。迂廻の小善は他生を期せねば成就しない。されど此身、今生に度せずば更にいずれの生に於てか度するを得よう。

偏えに横超の法に依ることは、深く自他の愛憎の絶ち難きを思うからである。竪超の聖道は世俗を絶つの識見なしには成立しない。そこに業縁を離れることのできぬ群生は、如來の本願の他に救われる道なき所以があるのである。

「大願に成る淸淨の報土には、品位や階級はない」。その世界を思慕することに於て、差別に悩む心は和《やわら》げられ、上下を執する身を省みさしめられる。而して、そこから、大衆への深い親しみと群生への廣い懷かしみとが感知されて來るのである。

われらは果して業苦の世から救われるであろうか。必ず超越して去くことができる。その道として淨土の教は說かれ、願力自然の法は顯わされたのであつた。

さらば何うして、われらは業苦の世を離れるを得ぬのであろうか。眞に淨土を欣う心が無いからである。したがつて此世を厭うことなく、本願を信ずる心がないのである。

「その往き易きを行く人がない」。ああ、その矛盾を解くものは何であろうか。

やがて死ぬ身の哀れさに於て、「もう暫らくにしていただいた」という安らかさがある。それは人間苦に於ける溜息とも思われるであろう。されど業苦の忍受は大悲の行であると信知する身に取りては、そこに寂かなる喜びがあるのである。それ故に、それは長き迷も今生を限りとしての歓びであり、また永遠なる眞實を此身に證得せしめられた喜びである。

風波に荒れる四つの大いなる河、
　外に名利を追う欲、
　内に存在を執する有、
　本能に使役せられる意見、
　生死の歸するところを知らない無明。
この流れに漂沒しつつあるものは、大悲の願船に身を托する他には、涅槃の洲渚に著く道はないのである。

　生は身の感ずるところ、趣は心の向うところである。その身の感ずるところ、唯だ大悲の願心にあれば、更に業に依りて受くべき生はなく、その心の向うところ涅槃の寂靜にあれば、特に惑うて趣くべきところがない。ここに自から暴河も斷絶せられ、生死も横超し得ることとなるのである。

知識に依る死後の否定は人生に問題を投げるのみで解答を與うるものではない。死後の存續を說く思想も同樣である。いずれにしても死は永遠で闇であることを免れぬであろう。したがつて、その闇を轉じて光とするものがない限りは、死の不安は除かれぬのである。

その闇を轉じて光と成すものは本願の信樂である。これに依りて死のさびしさは、涅槃の懷かしみとなるのである。

淨土は光であり、生死は闇である。その光へと橫超して、その闇は斷たれる。これに依りて光は闇に浸み入りて、寂しき死は涅槃の喜びとなり、闇は光を冴えしめて、業苦の生は、永遠の思慕となるのである。

眞の佛弟子

南無は弟子の態度であり、阿彌陀佛は眞佛の德である。されば、眞の佛弟子とは、南無阿彌陀佛の身とならしめられしことであろう。念佛する身はそれ卽ち眞の佛弟子である。

弟子の喜びは、限りなく佛の敎を受用せしめられるところにあるのである。憍慢の山は聞法に崩壊して、謙虚の谷となり、法水は徐《ゆる》く流れて業苦の身を潤おされるのである。その喜びは恐らく愚鈍の者に於て特に深いものであろう。それは愚鈍であることに於て、特に教化の長養を蒙り、感激は常に新たであるからである。

佛と作ることは願わしいことに違いはない。されど弟子であることは、今の此身に於て特に喜ばしいことではないであろうか。それは如來の德を受用するに盡くることがないからである。眞佛は、すべてを知ろしめし、すべてを和めたもう。その量りなき智慧と慈悲とを感受するものは眞の佛弟子である。これに依りて、萬人の立場を了解する忍智と、如何なる事態にも柔軟であることが、眞の佛弟子の道となるのである。

その忍智、その柔軟、それが殊に業苦の身に行われるということは、洵に不可思議のことといわねばならない。

智慧も功德も佛に於てのみ眞實である。其の智・德を受用するものは、念佛者である。これ即ち廣大勝解者といわれる所以であろうか。

法を聽いて法の如くになろうと思う。それは知識の計いである。その限り、遂に法の如くになるということはないであろう。

聞法とは教に化せられることである。法の聲がこの身に浸み入り、ただ法の有難さのみが感ぜられる。それを聞法というのである。されば、聞法とは善知識の教化即ち是れなりというべきであろう。教化せられることの他に聞法というものはないのである。

この説聽の方規を知るものが、眞の佛弟子と呼ばれるのである。

念佛者とは、佛を無上法王として尊重するものである。

聖者は「遠き昔より世尊によりて法身・智身・大慈悲身の長養を蒙り、禪定・智慧・及び無量の行願を成ずることができた」といわれる。我等は念佛しつつ、その長養を蒙り、その行願を受用するのである。

されば善き師友に値い、障りを離れ、解脱を得ることも、また念佛の他にはないのである。

「この心は廣大にして法界にあまねく、この心は長遠にして未來の際を盡くし、この心は普く自利利他して小智・小見の障を離れる」といわれる。その心を支持するものは、念佛する身である。而してそれ故に、その心は、業苦のこの身の「無始の生死の有輪を離れ」しめるのである。

念佛者は大悲を行う人といわれる。これ如來は念佛者を、その大悲を行じたもう場とせられるからである。我等に取りては、この身を以て大悲を行じたもうところとしていただくことの他に、大悲を行う道はないのである。

念佛者は希有人であるといわれる。その稱讃には悲しき響きがある。それは濁惡の世に苦惱を感ずる人が希有であり、煩惱の身に罪障を悲しむ人の希有なることを思わしむるものではないであろうか。

希有人であることの悲しさ、希有人と呼ばれる喜び。大いなる喜びは常に大いなる悲しみと交感するもののようである。

佛弟子は世尊の在世を慕う。したがつて、特に凡夫の身ながら涅槃を忍ぶ智慧ある人が懷かしまれる。ここに思ひ偲ばれるものは、大悲を信じ世を悟り、深き喜びを得られた韋提希夫人である。佛弟子は世尊の後を繼ぐべき人を尊とぶ。されど其の人は遠き未來の世でなくては期待されない。然るに悲願を信樂する身は、近く佛と成らしめられるのである。ここに「彌勒と同じ」という喜びの盡きないものがあるのである。

眞宗とは眞實の宗教ということである。したがつて、宗教の眞實を求むるものは、必ず念佛することとなるであろう。されば諸宗というも諸道というも、ただ入眞の諸門に過ぎぬものである。同一念佛にして別の道はないからである。

自身を「佛」とする識見は高い。されど、それは果して凡人に證得せられるものであろうか。そこには人心を危うするものもあるようである。

教法を執持して信心という。それは教法に繫縛せられるものである。繫縛を解かうとする教法に繫縛せられること、それは佛弟子の特に反省を要することである。

信心とは無信の身に感じられたる大悲心である。それ故に眞實の信心は、無信の反省と矛盾するものではない。かえつてまた無信を感ぜぬ身の信心は、他力の信心ではないのではなかろうか。されど眞實の信心をいただく身に取りては、その無信の心根が悲しい。その不實の心こそは愛欲の廣海に沈み、名利の大山に惑うて餘念のない自性なのであろうか。念佛する身となりつつ定聚の數に入ることを喜ばず、眞の佛弟子と自識しつつ眞證の證に近づくことを快まない。洵に恥ずべく傷むべきである。

ここに宗祖の悲歎を聞く。我等は沈默して何事も言うことはできない。久しうして後ち、「かたじけなくも、わが御身にひきかけて、われらが身の罪障の深きをも知らず、如來の御恩の高きこととをも知らずしてまよえるを、おもいしらせんがためにてそうらいけり」と溜息をつく他はないのである。

阿闍世の獲信

教旨

正法を謗るものは道を塞ぎ、逆罪を造るものは道に反き、虚無に陥るものは道を絶つ。その塞げるを通し、反けるを復《か》えし、絶てるを繫ぐことは、いかなる賢人も聖者も爲し得ないことである。それは敎誨を施すべき術が無いからである。

然るに大聖世尊に値えば、その難化の三機も救われるということである。これは恐らく如來の智慧は、眞にそれらの人々の頼りなき心境を洞察せられるからであろう。而して、其の智慧の大悲に依り、謗るものの自負は破れ、反くものの强情は和められ、絶てるものの生命は潤おされるのである。

我等は常にその難化の機を外に見るものである。されど事實はかえつて深く內に潛在することを感ぜねばならぬのではないであろうか。

いかなる人の心境にも大悲同感することができれば、我等はその限りに於て佛心を身證するものであろう。されば、眞實に佛心を信知しようとするものは、難化の機として自身を反省するものであらねばならぬ。

阿闍世の愁苦　——外道の意見に就ての反論——

逆惡を辯明しようとするのは、强力意志を以て生きようとするものである。それが道德を冷笑し正法を誹謗する思想となるのも當然であろう。それは動物本能を肯定するものである。人間の意味を見失うものである。したがつて、虚無に陷ることもまた當然である。かくして逆惡と謗法と虚無とは相俟ちて難治の機となるのである。

善と思うて行い、省みて惡を爲せることを悔ゆ。そこに喜びを有ち、そこに惱みに沈む。それが人間である。

然るに其の惱みに堪えないで善惡を否定しようとする。それは人間の資格を失うことであらねばならぬ。誰か眞に心からそれに安んじ得よう。

人間の惱みを救うものは、唯だ惡をも善に轉成する大いなる善であらねばならない。

罪人の殺されることは、王の力に依るものではない。定められたる法に依ることである。それ故に、王は法を定めても、その法には王も順わねばならない。したがつて、その法正しければ正法の王といわれ、その法に反けば王も悪王といわれるのである。

その正法を聞き、その正法に順う。そこに人間の人間としての生活があるのである。

殺されるものに殺される宿業あらば、殺すものにも殺すべき宿業があるのであろう。殺される宿業は恐るべきか、殺す宿業こそ怖るべきか。

その殺せる宿業を怖れるものに取りては、殺された者の宿業は念頭に入らない。かえつてただ其の殺されたものに罪なかつたことのみが思い浮べられる。洵に痛ましいことである。

されど、その悲痛のある限り、人間の人間としての生命はあるのである。

他を害せるものは多く、しかもそれを愁悩するものはない。この事實を見て、我等は自身の愁悩を小心の然らしむるところと自嘲して、道德感情から解放されようとするのである。されどそれは人間は動物でないことを忘れているのである。

外觀に於て有るものは、人間と動物とのみであろう。地獄も餓鬼も唯だ內感に於て有るものに違いはない。されど眞實に「有」として覺受せられるものは、その內感の世界ではないであろうか。

悪報の豫感は詭辯や頓智で笑殺し得るものではない。慰戯は唯だ苦惱を內攻せしめるのみである。それと知りつつ語路を合わせ、漫談に耽る、人間の哀れさ。

自然現象として「殺」は成立するか成立しないかは問題ではない。他を害することは、即ち自己を害することである。それは卽ち眞實の自由を失うことである。

月愛三昧

罪惡を悔ゆる心は慚愧の情である。それは痛ましい悲しみに於て、人間としての自身に面接するものである。

この心に於て自身に面接することは同時に他身に面接することである。慚愧の情に於てのみ自他は共に人間となるのである。自は自にある己であり、他は他にある己である。そのいずれも己なることを知るところに、父母・兄弟・姉妹等があるのである。

我等は業緣の深みに於て、自他の一體なることを、常に忘れてはならない。

慚愧とは敬畏の感情である。人は互に敬畏の心を有つことに於て、個人はそのままに全人となる。いかなる人物も個人としては圓滿なものではない。されど能く他の長を見て、それを敬畏することを學べば、愚鈍のままに智慧あるものともならしめられるのである。

害しようとした母は病を看護し、殺せる父は空中の聲として、善知識へと勸める。殺害したことの悔は彌々深い。されどそこにはまた、いかなる罪惡も眞實の慈愛を殺害することができぬことを思い知らしめるものがあるようである。

道理としては「一切の衆生を救う爲に涅槃に入らない」であるべきであろう。それを「阿闍世の爲に涅槃に入らない」という事實の上に顯わさうとせられた釋尊の思召は深重である。それは普遍の道理を證明するものは、個人の身證であるからである。これに依りて阿闍世の爲にとは卽ち一切衆生の爲にであると說かれたのであつた。

釋尊はまた阿闍世の「名」を愛念せられる。我等の名は生涯の業障を荷うている。その俗名を轉じて法名としたもう。かくして念佛するものは、名實、共に救われるのである。

懺悔も後悔である限り、身心の熱惱を去ることはできない。したがつて反省といつても、改悛といつても、その熱惱を除くことはできぬであろう。それは過去を惡として、未來の善を求むるものであるからである。

ただ大いなる御心に於て、善悪を超えしめるもののみが、その悔熱を解くのである。しかしそれは人間の小さい知識の爲し得ることではない。偏えに如來大悲の光に俟つことである。

その大悲の光を月の夜に仰ぐ。清涼の氣は來りて悔熱は去る。月愛三昧の名の懐かしさ、思いは盡きぬことである。

心を改めて身に及ぶ、人間の知識である。身を治して心に及ぶ、佛智の感化である。

月の光は限なくも
さやかに照らす池の上
青蓮《うばら》の花はあざやかに
ほほえむごとく咲きにけり

大悲の光限なくも
涼しく照らす人の身に
惱みの熱さ消えさりて

よろこびの花ひらくべし

光は暗に浸み入りて
暗は光をさえしむる
その月の夜はなつかしく
かの世を近く偲ばしむ

その月の夜に　み佛の
大悲のこころ仰ぎては
よろこぶこころおのずから
ニルバナの世を慕うなり

いつの世よりかあの月を
不死の甘露と呼びなせる
晝の疲れに絶えぬべき
命にいぶきそそぐなり

いつの世よりかみ佛は
大悲の願いかけませる
奈落の底に沈みゆく
身を御國へと生れしむ

善　友

善き師あれば善き友があるということである。されば善き友あらば善き師にも遇い得ることであろうか。

われらに取りての善き師は、聖教として與えられているのである。然るに眞に能く其の聖教の意を得ないのは、善き友を有たないからであろう。たまたま其の友を得ては、遠く宿縁を喜ばしめられることである。

善き友がある。人間に取りては、これにまさる幸福はない。

わが微なる善心に隨喜して、その功德を大いならしめ、わが執拗なる迷妄に悲涙して、その罪障を解消せしむる。その友は洵に有難くもまた懷かしい。

われ理を説けば情を以てそれを和らげ、われ情に執えられれば理を以てこれを解く。その友は特に敬い親しまれる。

それは師でありながら友と名告つているのではないであろうか。

世尊の説法

私は心に思い口に語りつつ、自ら手をかけずして他に悪を行わしめることこそ、特に罪深いことと思うておりました。されど大悲のおん胸には其の手をかけなかつたことを愛《いと》しと思召して、心に思い口に語つたことまでも、罪なしと思うていただけるのでありましたか。

私は親に反いて來たに就ても、それが其まま、親達の尊敬せる佛法を謗るものであると知りて、怖れおののいておりました。されど大悲のおん心には、佛法に反かしめたことには、佛法の責任もあると感じていただけるのでありましたか。

私は自身の生涯は親達に對して相濟まぬこととのみと思い、苦るしみ悩みおりました。されど照覽のおん眼には、それはかえつて親達の苦るしみ痛みとなるのみと知ろしめされるのでありましたか。私は大いなる光を見ねばならぬのでありました。

私は過去の罪業を顧みては、何うして、あんなことが正氣で爲されたであろうかと悔い悲しむのでありました。その思い出に全身を熱うすることもあるのです。されどおん智慧には、それこそ狂氣の業であつたと知られるのでありましたか。

私はいかに夢の浮世と聞かされても、この業苦の人生を現實のものと思うて來ました。されど大いなる覺りに於ては、それこそ夢を現と強いられている人間の憐れさでありましたか。私は山谷の響きに驚き、鏡に映る影に怖れておつたのでありましたか。

私は自身の罪業を知りて苦るしみ惱んで來ました。されど罪業を知るとは、それに苦るしみ惱むことではなくして、實はその罪業を解脱することでありましたか。私は罪業を見ることは自分の眼であると思うて來ました。されどそれは已に佛日の光に依ることでありましたか。

獲信に就て

いらんの種にせんだんの
生ゆるためしは無きものを

不思議や今しせんだんの
かおりいらんの森にみつ

そのいらんこそ此の身にて
その栴檀は月愛の
光をうけてめぐまれし
信の喜び勿體なや

きけもろ人よつみふかき
この身の今の喜びを
いかなる惡か破り得ぬ
光なるべき仰ぎ見よ

無間の底もみこころを
身に浸み深く感じ得ば
無間の底にわれゆきて

苦難のうちにほほえまん
見よわれ未だ死せずして
不死のその身をすでに得き
短き命すてはてて
永遠なる命たまわりぬ

いざもろ共に手をあわせ
佛のみ名を稱えつつ
涅槃にかなう道たどり
長き迷を離ればや

餘　聞

いかなる邪念も如來を害することができない。如來は惡業の緣となりたもうことあらば、かえって能く其の惡業を淨化せられる。ここを以て如來に反くものは、その反いた因緣に依りて如來に救われるのである。難化の機、ただ大悲の弘誓に救われる所以はここにあるのである。

宿業には定まれる形はない。眞實の信心を獲れば惡緣そのままが善緣となる。惡緣の繋がるところは窮りがない。それだけまた善緣も深く遠いことである。その惡緣にからみ合うて善緣となりたまいしもの、それは大悲の本願であつた。

ここに大いなる眼を開き、永遠の世を見せしめるものを思う。淨土の教の有難さ、深く身に泌むものあるを覺ゆることである。

如來の入滅と不滅とは矛盾するものではない。かえつて入滅に依りて不滅を知らしめたもう。ここを以て入滅の生涯に大悲を行じたまいしことを感じ、不滅の道理に大智の光を仰がしめられるのである。したがつて、其の入滅と不滅とに執えられるものは、共に眞實の如來を知らないものといわねばならぬ。

逆惡と謗法

曇鸞の說

人間を道德に順わしめるものは、正法を知見する智慧である。それ故に、道德を犯す惡よりも、正法を謗る罪は重い。明白なる道理である。これに依りて道德を犯すものも、正法を疑わない限り、必ず救われる。その正法を思念する心は懺悔の涙となりて、善道へと向わしめるからである。されど正法を謗るものには、その反省の生ずる根據がない。これ卽ち無間に地獄にありと説かれた所以である。

「いかに生くべきか」の問は、人間生活を根本から反省せしめるものである。それ故に、それは正法を發見せねば止まぬものであろう。

然るにそれは悲しくも、「生きる爲にはいかにすべきか」と同義とせられているようである。したがつて、それに應うるものは、唯だ賢《さか》しらの知識に過ぎない。

その知識の增長に於て、正法を謗る罪は深まるのである。

逆謗の者に對しても、大悲の願は「心を至し信樂して我が國に生れようと欲え」と呼びかけたもう。されど「若し生れずば正覺を取らじ」との誓は逆謗に對しては爲されぬのであつた。而して、嚴しく「唯だ除く」と宣いしは、一筋に廻心を待ちたもうものである。その廻心を待ちたもう願に於て、逆謗の身こそ、正機であることを思い知らねばならない。

罪惡は生死に迷う顚倒の心に行われ、念佛は涅槃に向う眞實の信に行われる。顚倒の心は眞實の信と兩立するものではない。千歳の暗室も、光り至れば直に除かれるのである。佛陀は「自を燈明とし、法を燈明とせよ」と教えられた。その法燈は念佛であり、その自燈は即ち信心である。

念佛を滅除の鼓として、その音聲に救われてゆく。それが淨土への道である。その鼓聲の聞ゆるところ、煩惱に疲れる心も醫やされ、業苦に痛める身も治せられて、佛道に不退轉ならしめられるのである。

かくして愚鈍の領解も、念佛を基調として、讃仰の歌となり、凡夫の生活も滅除の鼓聲に勵まされて往生の行進とならしめられるのであろうか。

逆惡は生を執する心より起るものであるから、有間《ひまある》の心であり、念佛は死に面する心に行われるから無間の心であると說かれた。それは卽ち逆惡は無自覺に行われ、念佛は自覺に行われることを彰わすものであろう。常に死に面するもののみ、生の有難さを知るのである。而して其の有難さを惠むものは、唯だ念佛の他はないのである。

抑止と攝取

この法を世間に弘めようとすれば、逆謗を抑止せねばならない。されど、この法を以て世間を救おうとせば、逆謗もまた攝取せられることである。

されば『大經』の本願は淨土の法を世間に徹底せしめんがために建てられ『觀經』下品の往生は世間を救うものは淨土の法のみなることを彰わしたもうものといわねばならない。

ここには淨土の法は明らかに世間の法でないことが知られる。それ故に、五逆の罪もこの法に依りて消滅し、謗法・闡提も廻心せば淨土の人となるを得るのである。

謗法・闡提は廻心して淨土の人となつても、三寶を見聞することができない。これ恐らく、廻心に於て、その謗を捨つるを得ても、なお疑の餘習あるに依ることであろうか。

補　注

罪の輕重を計るは一應の分別である。大乘的見地よりすれば一惡の根柢に一切惡が横たわつている。愛欲名利の心から逆謗となることもあるのであろうか。ましてや謗法が五逆に內在することは否認できない、「煩惱熾盛」である事實が「罪惡深重」であることを證明するものである。抑止と攝取との教旨、いかにも身につくべきことである。

證の巻

必至滅度の願

難思議往生

大意

眞實の證とは、（如來の）利他《すくい》の圓滿せる位であり、無上涅槃の極《きわまり》である。これは必至滅度の願より現われる。この願は、また證大涅槃の願と名《よ》ばれる。

然るに煩惱《なやみ》成就《はなれぬ》の凡夫、生死罪濁《まよいにしずむ》の群萠が往相廻向の心行をいただけば、即時《ただち》に大《ほ》乘正定聚《とけとなるみ》の數に入らしめられる。正定聚に住するから、必ず滅度《さとり》に至る。滅度は常樂《とこしえのたのしみ》であり、常樂は畢竟寂滅《しづけさのきわみ》であり、寂滅は無上涅槃であり、無上涅槃は無爲法身《うつろわぬのりのみ》であり、無爲法身は實相《もののまこと》であり、實相は法性《もののしょう》であり、法性は眞如《まこと》であり、眞如は一如である。

されば阿彌陀如來も、その如より來生《あらわれ》して、報・應・化等の種々の身を示現せられるのである。

本願に報われた眞身と衆生の機に對しての應化身。

本願と成就

必至滅度の願。『大經』に言《のたま》う、われ佛とならば、國の中の人天定聚《ほとけとなるくらい》に住し、必ず涅槃に至るを得よう。しからずば覺の身とはなるまい。

『無量壽如來會』に言う、われ佛とならば、國中の情《こころ》あるものが等正覺《さとりちかきみ》となり、大涅槃を證らしめよう。しからずば覺の身とはなるまい。

その願成就の文。經に言う。彼の國に生れようと願う衆生はみな悉く正定の聚《かならずほとけとなるみ》に住するのであろう。何故ならば、彼の佛國の中には、諸の邪聚《よこにそれたもの》や不定聚《こころさだまらぬもの》はないからである。

また言う、彼の佛の國土は、清淨《きよく》にして安穩《やすらか》であり、快樂《たのしみ》は微妙《たえ》にして、無爲涅槃の道に契うものである。その賢聖と人天との智慧は高明で、神通は自在である。したがつて同一の心境にあつて、形も異ることはない。ただ此世に準えて賢・聖・人・天と名ぶのである。顏貌の正しさはこの世のものでなく、容色のすぐれたことはたぐいない。みな自然の法身を受け、涅槃の體をそなえている。

また言う。彼の國に生まれた衆生、若しくは生るべきものは、みな悉く無上道を究め、涅槃の境へと到るであろう。何故なれば（これらの人々は菩提涅槃の眞因を獲得した正定の人であり）邪聚と不定聚とは菩提涅槃の眞因を成立することを知らないからである。

淨土論

『淨土論』にいう、妙聲功德の成就したことは

妙なる聲ははるかにも
聞ゆるきわみ世をさます

と歌われる。經（『平等覺經』）には人ただ彼の國土の清淨にして安樂なるをきき、念をかけて生れようと願えば、已に往生を得たものの如く、正定聚に入ると説かれてある。これは卽ち國土の名字が佛事を爲すものである。洵に不思議のことといわねばならない。

主功德の成就したことは
さとり究めし彌陀佛は
法王として住持せらる

と讃えられる。彼の安樂の淨土は、覺の身となりたまうた阿彌陀に依つて善く住持せられてあるのである。その德はいかで思議し得よう。「住」とは變らず滅びざることであり、「持」とは散らず失せざるをいうのである。恰も不朽藥《くさらぬくすり》を種子《たね》にぬれば水に置いても爛《ただ》れず、火に入れても焦《こ》げず、その因緣《たより》があれば何時でも芽生するという力があるように、若し人が一たび安樂淨土に生まれれば、その後、三界に生まれて衆生を敎化しようと願う時には、願に隨つて三界に生まれることを得て、三界の生なる水火の中に入つても、無上道の種子は畢竟して朽ちることはない。それは覺を究めた阿彌陀の住持に依るからである。

眷屬功德の成就したことは、

浄き覺りの華の上に

多くのひじり生まれます

と嘆《たた》えられる。凡そ此世の「生」は胎・卵・濕・化の別があつて、種族が多く、その苦樂も一様でない。それは業を異にするからである。然るに彼の安樂國土にあるものは、みな是れ阿彌陀如來の浄き覺りの華の上に化生したものである。それは同一に念佛して、別の道に依らぬからである。その趣旨を遠くこの世に推せば、四海の内にあるもの、皆な兄弟となり、その眷屬は量られない。洵に不思議のことである。

またいう、往生を願うものに、本は九品の別があるけれども、今は一二の殊《ことなり》もない。それは諸河の海に入れば一味となるようなものである。その德はどうして思議し得よう。

また清浄功德の成就したことは

かの世の相おもい見ば

すべてこの世の道を超ゆ

と頌せられる。されば凡夫の煩惱具足したものも、彼の浄土に生まれることを得れば、その業に繫がれ、その報を受けることはないのである。それは煩惱を斷たないで涅槃の分を得るものである。洵に不思議のことといわねばならない。

安 樂 集

『安樂集』にいう、釋迦と彌陀との威神力は等しかるべきものである。しかるに釋迦は己が能を申《の》べずに、彌陀の長《すぐれたる》を顯わされることは、一切の群生をして歸するところを齊うせしめんがためである。それ故に釋迦は處々に彌陀を嘆えて、それに歸せしめられた。これに依つて曇鸞も彌陀に歸し、『大經』に添えて讃を作つていう、

淨土にありて人といい
聖というもその智慧と
身のうるわしさかわりなし
この世にならい名を分つ
かおばせ　かたち　妙にして
そのうるわしさたぐいなし
法を身とするゆかしさに
平等の力たたうべし

觀經義

光明寺の『觀經』の註にいう。弘願は『大經』に説いてある。一切の善惡の凡夫が淨土に生まれることを得るのは、みな阿彌陀佛の大願業力に乘《よ》り、それを增上縁《すぐれたるたより》とせぬものはない。また佛意は深くして、教旨は曉《さと》り難く、賢者も聖人も測り窺い得るものではない。まして輕毛の如き凡夫に何うして佛教の旨趣が知られよう。ただ仰いで惟れば、釋迦は此方より淨土へと發遣《すすめ》たまい、彌陀は彼國より此方へと來迎したまう。その彼《かしこ》に喚び、此《こゝ》に遣わされる（み意に順つて）どうして往かずにいられようか。ただ命あらん限り一心に念佛して、この穢身を捨てて、彼の法性の常樂を證るべきである。

またいう。

靜寂の彼方　無爲のたのしみ
心にかない　かかわりはなる
大悲のかおりこころうるおし
身を分ちてはものをみちびく

神通自在にみ法を説きつ
すがたは妙に心はしずか
おもいのままに不思議を現わし
きき見るものの罪は消えゆく

また讃えていう

いざゆかん
ここは魔の郷《さと》住《とま》るまじ
永き世をかけさすらいて
よろずの巷《ちまた》を　めぐりしも
たのしみとてはあらずして
きくは嘆きの　聲をのみ
いざやこの世をかぎりとし
涅槃の城《くに》に入らんかな

結　釋

それ眞宗の教行信證を按《おも》うに、それは如來の大悲に廻向された利益である。故に因にせよ果にせよ、一事として阿彌陀如來の清淨なる願心の廻向によつて成就せられたものでないものはない。されば因淨きが故に果もまた淨しと知るべきである。

還相廻向

總説

還相廻向というは、即ち是れ利他教化の境地を與えられることである。これは必至補處の願に本《もと》づく。この願をまた一生補處の願と名づけ、また還相廻向の願とも名づくべきである。その願文は『論註』に顯われているから、ここには記さない。

『淨土論』にいう、大慈悲を以て、一切の苦惱の群生を觀察し、應化の身を現わして生死の園、煩惱の林の中に廻入《わけいり》し、そこに神通《おもうがまま》に遊戲《さわりなく》して教化の境地に至る。それは本願力の廻向によることである。是を出の第五門という。

『論註』にいう、還相とは彼の土に生れて、止と觀と方便力とを成就し、生死の密林に廻入し、一切の群生を教化して、共に佛道に向わしめることである。されば往にせよ還にせよ、みな群生を救うて生死の海を渡らんが爲である。故に『論』に

出の第五門　行の卷參照。
『論註』『論』の第五門なる廻向を分ちて往相と還相との二とす。
止　感情の動亂を靜めること。
觀　智慧を以て眞理を正觀すること。
方便力　柔軟の心で善處すること。

は「廻向を首として大悲心を成就す」といわれた。

作意と自然

また『論』には「彼の彌陀佛を見たてまつれば、未だ淨心を體得せぬ聖者も、平等の法身を證得し、淨心の聖者、乃至はそれ以上の聖者と畢竟同一に寂滅平等を體得する」と説かれてある。

その平等法身とは八地已上の法性生身の聖者をいう。寂滅平等とは卽ちこの法身の聖者の身證する寂滅平等の法である。この寂滅平等の法を證得するから、平等法身といい、この平等法身の聖者の體得するものであるから、寂滅平等の法というのである。

この聖者は報生三昧を得、その寂定による不思議力を以て、能く一處にあつて、一念に一時に十方の世界に徧く至つて、諸の佛と其の佛の集會の大衆を供養することができる。また能く量なき世界の佛・法・僧の無い處に種々に身を現わして、種々に敎化して、一切の群生を度脫し、常に佛事を作すのである。しかも其事を行うに、初めから往來の想も、供養の想も、度脫の想もない。故にこの身を平等法身といい、この法を寂滅平等の法というのである。未だ淨心を體得せぬ聖者とは、初地から七地までの聖者たちである。この聖者もまた能く百・千・萬・億の世界に身を現わして、無佛

八地已上　初めて眞理を見證してから身心を訓練して成佛するまでの過程を十地に分つ、その七地までを未證淨心といい、八地已上を淨心の聖者という。

法性生身　法性より生ぜる身、純粋なる法性體驗者。

報生三昧　果報として自然に生ずる靜寂虛心の境地。

の國土に佛事を作すことである。けれどもそれには作心《こころをはたらかして》して靜寂の境地に入るを要する。作意なしには敎化が行われない。それ故に未證淨心というのである。

その未證淨心の聖者も安樂淨土に生まれて、阿彌陀佛を見ようと願い、やがて彌陀佛を見たてまつれば、上地の聖者たちと畢竟して身も等しく、法も等しいこととなるのである。聖者龍樹や聖者天親が淨土に生まれようと願われるのも、これが爲めである。

問う、『十地經』に依れば、聖者の進道には次第順序があり、量《はかり》なき功を積み、長き時を逕て、漸くそれぞれの地位を得るのである。どうして阿彌陀佛を見たてまつる時に、畢竟して上地の聖者たちと身等しく法等しきを得よう。

答う、畢竟とは卽時にということではない。結局は等しいという意味である。

問う、もし卽時ということでないならば、畢竟平等と言うも無意味であろう。結局ということならば、聖者にして初地を得れば、次第に道に進んで自然に佛と等しいともいい得ることである。されば上地の聖者と等しという要もないではないか。

答う、聖者は七地に於て大寂滅の境を得れば、上、求むべき佛位を見ず、下、救うべき群生を見ない。依つて佛道を捨てて入寂しようとするのである。その時に若し十方の佛たちの神力を加え、勸勵せられることがなければ、この聖者は空寂に沈むこと

これを「七地沈空の難」という。

となるであろう。然るに聖者が、安樂淨土に往生して、阿彌陀佛を見たてまつれば、卽ちこの空に沈む難がない。故に上地の聖者と畢竟平等であるというのである。

また次に『無量壽經』の中に、阿彌陀如來の本願に言う、

「われ佛とならば、他方の國の聖者たちも、わが國に來生して、必ず佛の位を得べき身となるであろう。――ただその聖者に本願があつて、敎化のために誓いに身をよろい、德を積みよろずの佛の國に遊んで聖行を修し、よろずの佛に供養し、量りなき衆生を化益して、無上正眞の道に入らしめようとするものは、その限りではない。この願ある聖者は常倫を超え、もろもろの智慧の境地に達し、普賢の德を修するものである。――しからずば、覺の身とはなるまい」

と。この經に依つて思うに、淨土の聖者は一地より一地へと次第を逕るものではないであろう。十地の階位というのは、釋迦佛の穢土《このよ》に於ける一つの應化の道である。淨土にあつては必ずしもそうではない。五つの不思議ということがある。その中でも佛法は最も不可思議である。聖者の修道は必ず次第があつて超越の理が無いということは、その不思議に明らかならぬものである。譬えば、好堅という樹は、地の中に生じて、百年かかつて枝葉を具え、地上へ出てからは、一日に高さ百丈生長するといわれるようなものである。日々かくの如く生長すれば、百年間の高さを計れば、いかに長

五つの不思議　下「眞佛土卷」參照。

好堅樹　想像された樹であつて、實在のものではない。

い松の木も比較にはならない。松の生長は一日に寸に足らぬものである。それに依つて好堅樹が一日に百丈も生長すると聞いても、どうして疑わずにいられようか。

然るに世には、釋迦佛が、一度の聽法者に羅漢の證を得たる者と證明せられ、また、一朝にして無生忍を得たるもののあることを說きたまうたのを聞き、是は誘導の言であつて、實際の說でないというものがある。この種の人は淨土の說を聞いても、また信ぜぬであろう。非常の言は常人の耳には入らぬということである。されば淨土の說を信ぜぬこともまた尤もなことである。

一度の聽法者　舍利弗は一座の說法によりて羅漢となる。世尊それを證誠せられた。

一朝に無生忍を得たるもの　鴦窟摩羅は朝食前に濟度せられた。

淨土の聖者

ここに如來の自利利他の功德の成就を知らねばならない。國土の莊嚴は佛を主とするものである。彌陀は正覺《さとり》の坐にましまして身と聲と心との三業を莊嚴したもう。故にその化をうくる大衆に無量の德があるのである。佛は上首としてその聖衆を住持したもう功德は虛しからぬことである。

これに依りて淨土の聖者は、四つの「正」修行の功德を成就する。眞如は諸法《ものみな》の正體である。その如を體して行えば、行というべきものがない。不行にして行う、それを如實《まことの》修行という。されば體はただ一如であるが、義に依つて四つに分つ。それ故に、

四つの行を「正」という一つに統《つか》ねるのである。その四とは、

「一には、一の佛土に於て、身を動かすことなく、偏く十方に至り、種々に應化して、常に佛事を作すことである。それを偈には

安樂の國　淨くして
常に無垢《まこと》の法を説く
聖者の光　日の如く
また須彌のごと　動《ゆる》ぎなし

と歌われる。それに依つて「もろもろの衆生の泥中の華を開く」と說かれた。八地巳上の聖者は、常に靜寂にある。その寂定の力に依り、身は本處を動かさずに、能く偏く十方に至り、諸佛を供養し衆生を敎化せらるる。「無垢の法」とは佛地の功德である。佛地には煩惱はいうまでもなく、その習氣《におい》もない。淨土にあつては、佛は常にこの法を聖者の爲に說かれるのみならず、聖者たちもまた能くこの法を以て群生を導びき、暫くも止むことがないから「常に說く」といわれる。その聖者の法身《のりのみ》は日の如く、應化の光はもろもろの世界に偏く至る。しかし「日の如く」とだけでは動《ゆる》ぎなきを明了にし得ぬから、また「須彌の如く」と嘆ぜられた。さて「泥中の華」とは經（『維摩經』）に言う、「高原の陸地には蓮華は生じない。卑濕の泥中に蓮華は生ずる」と。

これは凡夫が煩惱の泥の中に在つて、聖者に教え導かれ、能く佛の正覺《さとり》の華を生ずるに喩えるものである。洵にこれに依つて三寶を紹隆して常に絕えざらしめるのである。

「二には、彼の應化の身は、一切の時に於て、前後なく一心、一念に大いなる光明を放つて、悉く能く徧く十方世界に至り、衆生を敎化し、種々に方便し修行して、一切衆生の苦を滅除せられる。それを偈には、

無垢莊嚴《きよくたえなる》のみ光は
能く一念に一時《ひととき》に
佛のつどい照らしては
普ねく迷いの世を救う」

と歌われた。ここに「一念に一時に」というは先に不動と說いたことに、更に前後のないことを明らかにせんが爲である。

「三には、一切の世界を餘すことなく、諸佛の衆會を餘すことなく、そこに於て諸佛を供養し恭敬し讃嘆する。それを偈には、

天の音樂　華の衣《きぬ》
妙なる香り雨ふらし
佛にささげ其の德を

讃《ほむ》るに計ろう心なし」

と讃せられた。ここに「餘すことなし」とは、徧く一切の世界、一切の佛の大會に至り、一世界、一佛會として至らぬことのないことを顯わすものである。僧肇（『維摩經』序）は言う。「法身は像《かたち》無くして（寂滅平等の故に）、しかも形を殊にして物に應じ、至極の音韻は言《ことば》無くして、而も玄籍《ふかきふみ》をひろく布《し》き、冥權《ふかきはかりごと》は謀無くして而も動じては事（衆生濟度）を會す」とは、この意である。

「四には、一切の世界に、三寶の無い處に於て、佛・法・僧の功德海を住持し、徧く示して解らしめ、如實に修行せしめるのである。それを偈には

佛の功德ましまさぬ
世界しあらば願くは
そこに生れてわれはしも
法を說くべし佛のごと」

と歌われた。上の三德は「徧く至る」というても、皆な有佛の國土である。それ故に、若しこの第四德がなければ、法身も法でない所があり、上善も善でないところがあることとなるであろう。

清淨の願心

「國土と佛と聖衆、この三種の功德は、如來の願心によつて莊嚴し、成就せられたるものである。それ故に、三種の功德も略していえば、一法に入ると說かれる。一法とは清淨であり、清淨とは眞實の智慧・無爲の法身である」

三種の功德は、如來の清淨なる願心に依つて莊嚴せられた。その因（願心）が清淨であるから、その果（三種功德）もまた清淨である。されば淨土の功德には因が無いのではなく、また（願心の）他の因に依るものでもない。故に、三種の功德も略していえば一法に入ると說かれる。「廣」く說けば、三種の莊嚴、二十九種の功德となるけれども、「略」すれば一法に入るということで、廣と略との相入を顯わすものである。かく廣と略との相入を說く所以は、佛と聖者には二種の法身があり、一は法性法身、二は方便法身である。法性法身に由つて方便法身を生じ、方便法身に由りて法性法身を現わされる。この二の法身は異なつていながら、分つことができず、一つでありつつ、同じとはいわれない。故に廣と略と相入し、總べて法（身）と名《よ》ぶのである。聖者はこの廣と略との相入を知らなければ自利利他することはできない。

さて「一法とは清淨であり、清淨とは眞實の智慧・無爲の法身である」という、こ

原文　淨入願心
二十九種の功德　國土に清淨・量・性等の十七種の功德あり、佛に坐・身・口等の八種功德あり、聖衆に上說の四種功德あり合せて廿九種となる。

の「法」と「清淨」と「眞實の智慧・無爲の法身」との三は互に相入するのである。「法」には如何なる意味があるか。「清淨」ということである。如何なる意味で「清淨」といわれるか。「眞實の智慧・無爲の法身」であるからである。眞實の智慧とは法の實相を知る智慧である。實相は無相であるから、眞智は無知である。無爲の法身とは法の本性を體とする身である。法の本性は寂滅であるから、法身は無相である。無相なればこそ、能く相を現わすのである。故に相好・莊嚴は卽ち法身である。また無知なればこそ、能く知るのである。それ故に一切の事理を知る智慧そのまま眞實の智慧である。されば「眞實」と智慧を名《よ》ぶことは、その智慧は作《はからわるるもの》でもなく、非《はからわ》作《れぬもの》でもないからである。また「無爲」と法身を標《しる》せることは、法身は色《かたちあるもの》でもなく、また非色《かたちなきもの》でもないからである。かく「でない」を重ぬるのは、いかにでないといつても、であるを現わし得ぬからである。であるとはでないということの無いものであろう。しかしでないということがないならば、またであるということもない。かようにであるともでないともいえず、いかにでないを重ねても達し得ぬもの、それが清淨であり、眞實の智慧・無爲の法身である。

その清淨に二種があり、一は器世間清淨、二は衆生世間清淨である。器世間清淨とは、卽ち國土の功德であり、衆生世間清淨とは、卽ち佛と聖衆との功德である。

衆生とは各自の業の報いなる體であり、國土とは共通の業の報いとして衆生に受用せられるものである。されば兩者は體、用の別があつて、一つでないといわれよう。けれども一切の法は心から成つて、それ已外の境界はない。故に衆生と器とは異なるともいえず一つともいえない。その一つでない意味に於て二種に分ち、その異でないことを現わして、同じく清淨というのである。器とは用いるということである。彼の淨土は彼の清淨の衆生の受用するところであるから、器と名《よ》ぶのである。淨い食も不淨の器を用うれば、器の不淨であるが爲に食も亦不淨となり、不淨の食に淨き器を用うれば、食の不淨なるが爲に器も亦不淨となる。されば食と器と倶に潔《きよ》くて、眞に淨ということができよう。それ故に一の清淨という名は、必ず二種を攝めるのである。

問う、その衆生清淨というは、則ち佛と聖衆とであるといわれる。しからば彼の土の人・天は清淨の數に入らぬのであろうか。答う、實には清淨でないが、名に於ては清淨といわれる。譬えば出家の聖者は煩惱の賊を殺すから、比丘というのであるが、しかし凡夫も出家すれば、比丘と名《よ》ばれるようなものである。また大王の太子は生まれながらに大人の相を具え、七つの寶を所有し、未だ王事を爲し得ないけれとも、王と名《よ》ばれているようなものである。それは必ず大王となるからである。同様に彼の國の人天も皆な大乘の正定の聚《なかま》に入り、終には必ず清淨の法身を得るのである。それ故に清淨の衆と名《よ》ばれるのである。

柔軟心の成就

聖者は止・觀を廣觀略止に修行して柔軟心を成就し、如實に廣略の法を知つて、巧なる方便の廻向を成就する。その方便廻向とは禮拜等の修行によつて集めた一切の功德善根を、自身の安樂の爲にしないで、一切の衆生の苦を救わんが爲に、一切の衆生を攝取して、共に同じく彼の安樂佛國に生れんと願うことである。

原文 善巧攝化

柔軟心とは、廣略の止と觀と相順う修行によつて、止觀不二の心と成るものである。それは譬えば水が影を映すは、清さと靜けさとの相資けるに依るようなものである。「如實に廣略の法を知る」とは廣くは廿九種の莊嚴、略しては清淨の一法を實相の如く知ることである。その如實の相を知るから、三界の衆生の虛妄の相を知り、衆生の虛妄を知れば、眞實の慈悲を生ずるのである。また如實の相を知れば、(また他面に)眞實の法身を知り、眞實の法身を知れば、(その法身平等の境に至らんとして)眞實の歸依を起すこととなる。聖者の巧方便廻向はここから現われるのである。

その巧方便廻向とは禮拜等の修行によりて集めた一切の功德善根を、自身の安樂の爲にせず、一切の衆生の苦を救わんが爲に、一切の衆生を攝取して、共に同じく彼の安樂佛國に生れんと願うことであると説かれた。王舍城で説かれた『無量壽經』に依れば、三種の願生者があつて、其の行に優劣があるけれどもいずれも無上道を求める心を發さぬものはない。この無上道心は卽ち佛と作ろうと願う心であり、佛となろうと願う心は卽ち衆生を度《すくう》おうとする心である。衆生を度おうとする心は卽ち衆生を攝取して佛のまします國土に生れしめる心である。故に彼の安樂淨土に生まれようと願うものは、要《かな》らず無上道心を發すべきである。若し人無上道心を發さずに、ただ彼の國土は樂を受けるに間斷が無いと聞き（彼の安樂淨土は、阿彌陀如來の本願力に住持せられて樂を受くること間斷がない。）その樂を求めて生まれようと願えば、その人は往生することはできぬであろう。故に自身の樂の爲にせず、一切の衆生の苦を救わんが爲にと説かれた。

三種の願生者、原文　三輩生、上輩は出家の道人、中輩は在家の修福者、下輩は一般の信者。

廻向とは己が集めた一切の功德を一切の衆生に施與して、共に佛道に向わしめたもうことである。巧方便とは聖者の願は、己が智慧の火を以て一切衆生の煩惱の草木を燒こう、若し一衆生でも成佛せぬことがあれば、我は佛と作《な》るまいということである。然るに衆生は未だ盡くは成佛しないのに、聖者は已に成佛していられる。それは恰も木を箸にして一切の草木を摘み燒けば、草木は未だ盡きないのに、木の箸は已に燃え盡きるようなものである。かようにその身を後にして、その身は先だつ、それ故に方便という。今ここに方便というは、一切の衆生を攝取して共に同じく彼の安樂佛國に生まれんと願うことである。彼の佛國に生まれるのは卽ち畢竟して成佛する道路であり、無上の方便である。

聖者はこのように善く廻向の成就せられることを知れば、卽ち能く三種の佛道に違する心を離れることができる。

原文　障菩提門

一には智慧に依つて自己の樂を求めないで、我執による自身への貪著から離れる。(凡そ)進むを知り退かぬように守るのを智という。空無我を知るのを慧という。その智に依りて、自己の樂を求めず、その慧に依りて、我執に依る自身への貪著から離れるのである。

二には慈悲に依つて一切衆生の苦を抜き、衆生を安んずる心のない障を離れる。苦を抜くのを慈といい、樂を與えるのを悲という。その慈に依りて一切衆生の苦を抜き、その悲に依りて衆生を安んずる心のない障を離れるのである。

三には方便に依りて一切の衆生を愍れむ心から、自身を供養《やしない》し恭敬《たつとぶ》する心を離れる。方とは正直であり、便とは己を外にすることである。その正直に依つて一切衆生を愍れむ心を生じ、その己を外にすることに依りて自身を供養し恭敬する心から離れるのである。

已上を三種の佛道に違する障を離れることというのである。

原文　順菩提門

是のように聖者は三種の佛道に違する法を離れれば、したがつて三種の佛道に順う法を満足することとなる。

一には無染清浄の心である。それは自身の爲にもろもろの樂を求めないからであるといわれる。佛道は無染《けがれなき》清浄の處である。若し身の爲に樂を求めれば、即ち佛道に違うであろう。それ故に無染清浄の心は佛道に順うものである。

二には安清浄の心である。それは一切衆生の苦を抜くからであるといわれる。佛道は一切衆生を安穏にする清浄の處である。若し何とかして一切衆生を救うて、生死の苦を離れしめようとせねば、佛道に違うであろう。故に一切衆生の苦を抜くことは、佛道に順うものである。

三には樂清浄の心である。それは一切衆生をして大いなる道を體得せしめるからであり、衆生を攝取して彼の國土に生れしめるからであるといわれる。佛道は畢竟常樂の處である。若し一切衆生をして畢竟常樂を得せしめぬならば、佛道に違うであろう。その畢竟常樂は何によりて得られるであろうか。それは大乗の門に依るのである。その大乘の門とは彼の安樂佛國土をいうのである。故にまた衆生を攝取して彼の國土に生れしめると說かれたのである。

これを三種の道に順う法を滿足すというのである。

原文 名義攝對

智慧と慈悲と方便とは般若を攝め、般若は方便を攝めるものである。

般若とは如（理）を達《さと》る慧の名、方便とは權《はかりごと》（事）に通《あきらかな》る智の稱《な》である。如を達れば心行《こころゆき》は寂滅《しずか》になり、權に通れば備さに衆生の機を省《み》ることができる。その省機の智は機に應じつつ無知であり、寂滅の慧はまた無知にして備さに機を省るものである。されば智慧と方便とは相緣《よ》つて動き、相緣つて靜かである。かくして動が靜を失わぬことは智慧の功であり、靜が動を廢《やめ》せぬことは方便の力である。故に智慧と慈悲と方便とは般若を攝取し、般若は方便を攝受すと說かれた。されば智慧と方便とは聖者の父母である。若し智慧と方便とに依らねば、聖者の法《みち》は成就しないであろう。何故ならば、若し智慧がなくて衆生の爲めにする時には、事は顚倒に陷り、若し方便がなくて法性を觀る時には、證は空寂に歸するからである。

また自身を貪著せぬことと、衆生を安んぜぬことと、自身を供養し恭敬することとを離れるということは、卽ち佛道を障える心を離れるのであるから、唯一の無障心といわれよう。事物にはそれぞれの障礙がある。風は靜を障え、土は水を障え、濕は火を障え、五悪・十悪は人・天を障え、顚倒の四見は賢者の證を障える。そのように佛道を障える三種の心がある。その障を離れるのが無障心である。

顚倒の四見　無常を常とし、苦を樂と思い、無我を我と執し、不淨を淨と迷う。

したがつてまた無染と安と樂との三種の清淨心は、唯一の妙樂勝眞心を成就するものである。樂には三種ある。一は外の樂であり、これは五感の樂である。二は内の樂であり、これは禪定の意識に受ける樂である。三は法樂《がく》の樂であり、これは智慧から生まれる樂である。この智慧の樂は佛の功德を愛することから起るものである。無障心は清淨心にと增進して妙樂勝眞心となる。その妙樂とは佛に緣つて生ずるものである。それを勝眞心というのは、勝とは三界の樂を超え、眞とは虛僞でなく、顚倒でないことを意味するものである。

かくして聖者は智慧心・方便心・無障心・勝眞心とを以て、能く清淨の佛國土に生まれしめたもう。この他の緣があつて、生まれるのではない。而して此の四種の心が彼の五念の法に隨順して、聖者の所作は、隨意《こころのまま》に自在となるのである。ここに五念の法は五種の功德力ある業として能く清淨の佛土に生れ出沒自在ならしめるのである。

原文　願事成就

身業は禮拜、口業は讃嘆、意業は作願、智業は觀察、方便智業は廻向である。この五種の業が和合すれば往生淨土の法として自在の業を成就するのである。

入出自在

また五種の門があつて、順次に五種の功徳を成就する。その五種の門とは（一）近門（二）大會衆門（三）宅門（四）屋門（五）薗林遊戯地門である。この五種の門に於て初の四種の門は入の功徳を成就し、第五の門は出の功徳を成就する。

[一]初めに淨土に至るのは近の相である。それは大乘の正定聚に入ることは即ち無上正眞道に近づくことであるからである。[二]淨土に入れば、やがて如來の大會衆の數に入り、[三]會衆となれば、常に安心して修行し得る宅に至り、[四]安心の宅に至れば、正しく修行の所たる屋寓に至るであろう。[五]その修行成就すれば、教化地に至ることとなる。その教化地は即ち聖者の自ら娯しむの境地である。それ故に出門を薗林遊戯地門というのである。

入の第一門とは阿彌陀佛を禮拜して、彼の國に生れんとするから、安樂世界に生まれるを得ることである。されば佛を禮して、佛國に生まれんと願うことが初の功徳の相である。入の第二門とは阿彌陀佛を讃嘆し、その御名の義《こころ》に順つてその名を稱え、その智慧の光明に依つて修行するから、大會衆の數に入るを得ることである。されば

原文　利行滿足
入・出　行卷の註參照。

如來の名義に依つて讃嘆することが第二の功德の相である。入の第三門とは一心專念に願うて彼國に生まれ寂靜なる「止」行を修行するから、蓮華藏世界に入ることを得ることである。されば寂靜なる「止」を修せんとして一心に彼の國に生れんと願うことが第三の功德の相である。入の第四門とは彼の國の妙なる莊嚴を專念し觀察して「觀」を修するから彼の國に到るを得て、種々の法味樂を受用することである。種々の法味樂とは、「觀」行の中に、佛國土の清淨なるを觀る味、衆生を攝受する大乘の味、虛しからざる佛力に住持せられる味、聖者と事行を共にする同法として淨土を成就する味、これらの無量の佛道を莊嚴する味をいう。これが第四の功德の相である。

出の第五門とは、大慈悲を以て、すべての苦惱の衆生を觀察し、應化の身を示して、生死の園、煩惱の林の中に分け入り、神通に遊戲して、敎化の境地に至るをいう。これは本願力の廻向に依るものである。應身とは、『法華經』に說く觀音の普門示現の類である。遊戲ということには二の意味がある。一には自在の義、聖者の衆生を敎化することは、恰も獅子の鹿を搏《う》つに何の困難もないようである。依て遊戲の如しという。二には度して度することとなしという義、聖者は衆生を觀るに實に衆生と執すべきものがない。したがつて無量の衆生を敎化しても、實は一人の衆生をも涅槃を得せしめたということはないのである。されば衆生を敎化するというても遊戲の如きもの

蓮華藏世界　蓮華は佛の座である。それ故にその世界に入るとは佛と其の境地を同うすることである。

『法華經』普門示現「普門品」三十三身の說。

である。本願力というのは、大聖者は法を身として、常に靜寂に住し、種々の神通と種々の說法とを現わしたもう。これはみなその本願力から起るのである。それは恰も阿修羅の琴が、それを鼓つものがなくても、自からなる音曲のあるが如くである。これが教化の境地の功德相である。

結釋

しかれば、大聖の眞言によりて誠に知る、大涅槃を證することは願力の廻向により、還相の利益は如來利他の正意を顯わすものであることを。是を以て論主は廣大無礙の一心を宣布して、普く濁惡世界の群萠を開化し、宗師は大悲往還の廻向を顯示して、ねんごろに他利利他の深義を弘宣せられた。仰いで奉持すべく、特に頂戴すべきである。

論主、天親
宗師、曇鸞。

領　解

證大涅槃

われらは行信によりてこの世から淨土に往き、如來は悲願によりて淨土からこの世に來りたもう。念佛者に取りて未來なる世界は、大悲心に取りては本來の世界である。而して其の未來と本來との一如なるところは、卽ち無爲涅槃界である。それ故に、往生人は彌陀と同證するのである。

涅槃は生死の歸依となるところである。それ故に生死卽涅槃という。その卽とは不離ということである。されば涅槃は生死のこの世に於てのみ內感されるものであろう。

されど涅槃を證得する爲には、生死を超越せねばならない。その超越とは不卽ということである。それ故に涅槃は常に未來の彼岸に思慕されるのである。

その彼岸なるものを此身に內感し、その未來なるものを現生に行信せしめられる。これ卽ち「正定聚に住するから必ず滅度に至る」という身證である。

浄土への道は佛の力で開かれた道であり、念佛の心行は如來の利他に依るものである。その信證を得たものは正定聚といわれる。されば佛道を求めても、如來の利他を知らないものは邪定聚といわれるのであろう。また念佛しながら眞實に利他の信證を得ぬものは不定聚といわれるのである。

浄土に生れるものは、智慧も身相も一つであつて異ることはない。神通も自在であり、かおばせ、かたちも妙であるということである。それ故に浄土に於て賢・聖というも、人・天というも、此世の名を用いておるに過ぎないと説かれた。

これ卽ち信心の行者は、人間生活を洞察する智慧に異りはなく、満足歡喜の相好は同じであるということであろう。されば賢愚といい美醜というは凡眼の分別に過ぎない。そこには知識人も省み、美わしき人も愧《はじ》ねばならぬものがあるのである。

その信心とは卽ち我等に惠まれた佛の眼である。それ故に其の眼を以て同法・同信の人を見れば、浄土も遠くはないと感ぜしめられる。かえつて其の眼を以て今の此身を省みれば、ただ慚愧あるのみである。ここに特に「煩惱成就の凡夫、生死罪濁の群萠」を呼んで、「必ず滅度に至る」と願われた所以があるのであろうか。

佛の德は浄土の名に依りて傳えられた。それで濁惡の世にあるものも往生を願う心にならしめられたのである。これ即ち濁悪の衆生を一境に攝めて、これを淨化しようとせられる如來の本願に依るのである。

それ故に淨土に生れるものは、彌陀の神力に住持せられて、佛心を失うことがない。また其の神力は、淨土を思慕するものの身にも及ぶものであろう。眞實の行信を獲るものは、常に佛心に住持せられてあるのである。それ故に、貪瞋水火の中に在つても道心を失うことがない。かくしてこの世にありて淨土を願うものは、淨土の德をこの世に於て內感するものである。

淨土を願うものは、皆な如來の覺りの淨華の上に生れると說かれた。これ即ち念佛の一道に依るからである。道を同うするものは「座」を同うする。その座は畢竟寂滅なる一如の境地である。その座は一切衆生の未來にある本來の境地である。それ故に其の境地を身證せるものには、一切衆生はみな同朋であり兄弟であると感ぜられねばならない。念佛する者は同朋であるという喜びは深いことである。されどそれは念佛しないものを排除するものであつてはならぬであろう。かえつて四海兄弟と感知せしめられるところに念佛者の身證があるのである。

「この世に煩惱を斷たないで、彼の世に涅槃を證せしめられる」と教えられた。それは彼の世は此の世を包んで、この世に彼の世を內感せしめるに依るのである。煩惱具足の凡夫でなくては淨土を願うということはないであろう。しかもまた煩惱具足の凡夫でなければ淨土の德を內感するということはないのである。洵に不思議のことといわねばならぬ。

人と生れた悲しみを知らないものは、人と生れた喜びを知らない。その悲しみに於て人間であることの愚かさを知り、この世を穢土として厭う。そこに自覺の限界がある。その喜びに於て如來の智慧を感じ、永遠の世を淨土として欣う。それは願心の廻向である。

いかなる事態の變化に於ても動かされない一境を思う。それは自在の境地である。心の欲するところを行うて規を踰えないことを願う。それは眞實の自由である。

されど凡夫は煩惱具足であるから、自在の境地は得がたく、愚痴暗鈍の故に眞實の自由となることができない。ここに自在を無上涅槃に期し、自由を還相利他に望むこととなるのである。然るに願力の廻向に往・還二相あれば、自在・自由も念佛の身に與えられることであろうか。その一境は近くて遠く、遠くて近い。そこに信忍の喜びがあるのである。

いかなる事態にも滿足せぬ凡夫であると知ることを機緣として、畢竟寂滅を思う。ここに念佛する身には、煩惱を斷たずに涅槃の內感される所以がある。

何を爲しても可いということは、何を爲ぬでも可いということの上に立つ。そこに爲して爲さずという境地がある。それは願力を信ずる心の喜びである。

還相廻向

總説

還相廻向の願は、利他教化の徳を滿足せしめたもう。これ自他業縁の惱みに於て淨土を願う者の深き喜びである。往相廻向の大慈に依りて、全人の救われる道をわが身に行信せしめられる。その行信は更に深く全人の救を願うものとなるであろう。その願が還相廻向の本願に依りて滿足されるのである。したがつて還相廻向の大悲を內感するものもまた往相廻向の行信の外ないのである。

利他教化の德は必ずしも說法自在ということに限るものではない。かえつて日常生活に於ける無言の說法によるのであろう。それで無くては一處にありて、一念、一時に十方に普ねく化益を施すということはできない。

日常の行爲みな佛事を爲すということ、それは眞に大涅槃を證して滿ち足れる心でなくては不可能のことであろう。還相廻向を來生に期することは、其の事業の偉大なるが爲ではない。いかにしても不安・不足を離れ得ぬ現生の悲しみからである。
その凡愚の悲しみに於て還相廻向の本願は、特に身近に感ぜられることである。

念佛して淨土を願う時に、已に淨土にある父祖・善友等はわれを迎えるもののように思われる。そこには往生と來迎と一如であつて、共に永遠眞實の世界へと歸するものなることが身證せられる。その念佛に於て、いかにして念佛する身となつたかを思う。その背後には曾て此世にありし父祖・善友の念力が感知せられる。しかればその念力こそは、今現に、わが身の上に加われる父祖・善友の還相廻向ではないであろうか。

されば還相廻向とは卽ち是れ念佛の歷史的傳統を爲すものであらねばならぬ。

いかに卑近に見える行爲も、高貴の心で爲さるれば高貴である。されば淨土を念じて爲される生活は淨土の業であり、涅槃を身證して行われるものは還相の生活といわるべきであろう。眞に他身を了解するものは、他身に應化するものである。そこに大悲の心動けば、共に惱むことも大悲の行であろう。眞に現實に神通するものは現實に隨順するの力を得るに違いはない。その人は生死を園とし煩惱を林として、其中に悠遊するを得るであろう。

思えば還相生活というもの程、近くにありて遠くに感ぜられるものはない。それは、臨終一念の夕に至るまで煩惱具足の凡夫であるからである。しかも其の遠くに感ぜられるものを身近にと大悲したもう。そこに廻向の願力があるのである。

還相の生活は、衆目の見るところとなるものではなく、また自身に覺し得るものではない。それ故に無相であり無作である。

作意して行われるものは、いかに偉大であつても其の限りがある。爲して爲さないものに感ぜられる力には其の限りがない。されど爲して爲さないのであるから、その行蹟を殘すということはないであろう。

佛法の願は、ただ善き空氣を作ることである。

歩々に進境を認めようとするは、この世の道德である。それは意志を用いて行われるからである。爲して爲さないと感ぜしめるものは淨土の德である。それは淨土は自然の境地であるからである。

されば淨土を憶念する人は、また此世に於て善意を盡すべきであろうか。

永遠の眞實は、われらに廻向して往相の行信となり、往相の行信は永遠の眞實に歸入して還相廻向の妙用となる。念佛の生活に內感されるものも無限であり、念佛の生活の展開するところも無窮である。

淨土の聖者

修行とは外に向つて爲される事業ではない。常に他を自に攝めつつ、それを內に淨化することである。而して其の淨化の原理となるものは眞如であり、其の眞如を體とする境地は淨土である。それ故に如實の修行ということは、ただ淨土の聖者に於てのみあるのである。

如實修行の功德は眞如の如く一切に徧ねく至り、萬象に應化して無障無碍である。されば修行といつても作意するものではなく、したがつて修行という相狀もない。それ故に、一念・一時に廣大無量の佛事を成就するのである。

ここを以て聖者の修行は如來の境地と一如ならしめられる。それが淨土の德である。

聖者の敎化に依りて如來の光明を感じ、如來の光明において淨土の功德を想う。それは淨土の德は如來の光に感ぜられ、如來の光は聖者の敎化に現われるに依ることである。

その淨土の光でなくては煩惱の泥の中に覺《さとり》の華の生えるということはない。その凡夫の敎化せられることに依りて、三寶も紹隆して、常に絕えぬのであろう。佛法はただ如實修行の聖者に依りてのみ維持せられるのである。

教化は必ずしも口舌に依るものではない。如法の修行は卽ち無言の說法である。それ故に其の身を動かさないで、一念・一時に一切衆生を利益することもできるのであろう。

淨土の聖者の德を、淨土を念う凡夫に廻向しようとせられる。その大悲の本願は廣大無邊である。

法は像がないから、法を身とするものは機に應化して形を現わすのである。常に眞如を體して語るものに取りては、無盡の廣長舌も、畢竟は無言の靜寂と感ぜられるであろう。自然を念じて善處し、虛心によりて方便は見出される。その言行、その三業は、卽ち諸佛如來への供養であり、恭敬である。

淨土の聖者は無佛の世界へ生れることを願われる、それは聖者の大悲心の窮りなきに依るのである。而して其の窮りなき大悲心こそは、無佛の世界にも透徹する淨土の光である。されば聖者の願の行われることも、畢竟はいかなる世界に入つても、淨土の光は見失われぬからであろう。無佛の世界に於て感ぜられる如來の光明、それを體して修行するものは淨土の聖者である。

清浄の願心

平等寂滅は如來の境地、差別動亂は衆生の業苦である。これに依りて大悲の願心は其の業苦に應現して種々の功德を現わしたもうも、其の歸趣は偏えに一如無爲の境地に證入せしめようとせられることにあるのである。其の願心に依りて淨土は莊嚴せられた。そこに廣略相入といわれる淨土の性格がある。淨土の性格は卽ち願心の性格である。

一如無爲は如來の本來の境地である。その境地にある如來を法性法身という。種々の莊嚴は大悲の願心の顯現である。その顯現にある如來を方便法身という。したがつて二種法身というも別異なものではない。法性の身がなければ方便の身は有り得ぬであろう。されど方便の身がなければ法性の身は知られない。これ卽ち衆生界を機緣として法性の身より方便の身が生じ、また凡夫の行信によりて、方便の身は法性の身を現わすものである。

法の外に佛はない、法性法身である。傳統の精神に於て如來を感ぜしめられる、方便法身である。

浄土の聖者は如來の願心を身證するものである。それ故に二種の法身は、そのままに聖者の境地である。ここに浄土に往生するものの自利利他に自在なる所以があるのである。

法性法身は永遠に住して寂靜であり、方便法身は歴史を貫いて自在に化益したもう。

眞智は無知であるから知らないことなく、實相は無相であるから現われないことがない。その眞智と實相とは畢竟これ如來の境地というの他ないのであろう。

しかるに無知の眞智は我等に現われて信心となり、無相の實相は我等に感じられて念佛となる。ここを以て種々の思想は念佛の心に受容せられて眞實となり、事態の轉變も信心の行に攝取せられて無碍となるのである。

されば眞實の智慧、無爲の法身というも、本願の行信によりて證得せしめられることであろうか。

眞智は無知であるという、その知は一般に知といわれている分別（作）か自然（非作）かと思想されるものではない。

したがつて一般の知でないということで眞智のである相を現わすこともできぬであろう。ただ凡智でないということに依りて信忍せられるのみである。

法身は無相であるといわれる、その相は一般に相といわれている感覺されるもの（色）か感覺されぬもの（非色）かと想像されるものではない。したがつて一般の相でないということで法身のである相を思うこともできぬであろう。ただ凡身でないということに依りて念持せられるのである。

環境を改めても、精神が改まらねば、世界の平和はあり得ない。されど純眞なる精神も、濁惡の世界にありては業苦に陥らざるを得ぬであろう。

佛教は本より精神を重んずるのである。されど其の精神は如來の本願力でなくしては成就しない。ここを以て淨土を願う。それは淨土の德を此身に受用せんが爲に他ならぬのである。

柔軟心の成就

我執、碎けて慈悲となり、法執、破れて智慧となる。その慈悲は無我にして群生に應化し、その智慧は虛心にして諸法を受容する、ここに柔軟心は成就するのである。これに依りて無我の慈悲は群生の虛妄を知る眞實の智慧を有ち、實相の智慧は法身に歸依して慈悲の方便を現わすのである。その智慧・慈悲の一如なることこそ、洵に柔軟心の相である。

惣べてを容れて、惣べてを同化する柔軟心。それに依りてこそ我等は無碍の生活を爲し得るのである。

柔軟心は淨土を願う者でなくては現われない。此世とは自・他の別に依りて、愛・憎しつつある所であるからである。その限り法執も亦如來に歸依しなければ離れることのできぬものである。法執とはものありと執することのみではない。わが法賢しという心にも潜むものである。そこには無知の知というも容易に身證し得がたい所以があるのである。

いかなる人を見ても、その人を救われない者と思うことができない。それは智慧の機である。惑える者のある限り、我れ覺れりということができない。それは慈悲の根である。その機根あるものは「共に同じく彼の安樂佛國に生れんと願う」外ないであろう。

されば群生と共に淨土を願う心、それより他に柔軟心もなく、無上道心もあり得ないことである。

願は其功を外に求めつつ其德を内に成就するものである。誠は人に知られずとも、誠を盡せる者を滿足せしむるのである。かくして内に滿たされた德は、いよいよ功を外に現わすことに倦むことはないであろう。

「其の身を後にして其の身は先だつ」、自他の因緣の不思議なるを思わしめるものがあるようである。

聖者の道は柔順である。それ故に無障の心といわれる。

柔順とは「善きにも従い、惡しきにも従う」徳である。ここを以て其の智慧心は我を立てず、其の慈悲心は他を主として他に同化し、其の方便心は他の行事を善であるようにと善處するのである。これ卽ち「彼の人は瞋ると雖も、還つて我が失《あやま》ちを恐れよ。我れ獨り得たりと雖も、衆に従いて同じく擧え」の心である。

それ故に柔順の心は、人に其の所を得しめるものである。而して人は其の所を得て自から善に就くのである。

この世を淨土にせねばならぬという。其人は自見を善として他の惡を制することとなるであろう。その限り群生の苦を救い安樂を與うることはできない。其人は果して無染・安・樂の清淨心であり得るであろうか。

佛道とは唯だ淨行を爲すことである。それは群生の業苦を大悲して、それを純化するものである。されば淨土の行とは、この世を淨土にするものではない。かえつて濁惡の世なればこそ、限りなく行ぜられるものである。

それ故に自他共に救われる道は「衆生を攝取して安樂佛國に生れる」外にはない。ここに唯一「大乘の門」があるのである。

如來、淨土を莊嚴したもう行は衆生に廻向せられて往生淨土の行となり、衆生の往生淨土の行は如來の本願に攝取せられて淨土莊嚴の功德を有つものとなる。ここを以て往相の行信には法藏の願力が感ぜられ、還相の大悲には、限りなく衆生の業苦が偲ばれるのである。

凡人は五感の樂に耽り、學者は意識の樂を喜ぶ。人間のおのずからなる要求である。或は繁華の巷に出遊し、或は靜寂の山林に入る。畢竟して塵界を離れることができない。法樂《がく》の樂は智慧から生れ、佛の功德を愛することから起る。ここを以て何時いかなる所に於ても常に身心を潤おして内外の樂を感ぜしめる。勝眞の妙樂である。

しかし何故に智慧の樂は法樂《がく》の樂といわれたのであろうか。ここに風樹も水流も音樂であるという淨土の經說を思う。それは念佛に於て聞ゆる大慈悲の聲、空無我の聲、波羅蜜の聲である。

禮拜は念佛の相《すがた》である。卽ち謙虚に身を以て法を恭敬する態度である。

讃嘆は念佛の表現である。それは如來の功德を讃仰することに於て、深く人生の業苦を懺悔するものである。

作願は念佛の意《こころ》である。動亂の意は淨土を願うことに於てのみ靜止する。ここを以て淨土は修行安心の宅といわれるのである。

觀察は念佛の智慧である。人間の業苦を機緣として淨土の功德を思わしめられる。その功德は人間の惡を轉じて善と成らしめるのである。その轉惡成善の智慧は淨土を思い觀る念佛の業である。

廻向は念佛者の人間感情である。自他は業緣にあるかぎり、共に淨土を願う他に救われる道はない。しかし他を視ること自己の如く、正直に己を外にして他に同感することは甚だ難い。その己を廻して他に向わしめるものは即ち念佛の德である。

入出自在

宗教とは萬人に一如の心境を與うるものならば、淨土とは正しく宗教の世界であるといつでも可いであろう。洵に究竟して虛空の如く、廣大にして邊際なき世界である。

その世界へと入る第一の門は禮拜である。「佛を禮し佛國に生れんと願う」時に、淨土の門は開けるのである。されば禮拜こそ淨土の門であるというべきであろう。それ故に、人間はいかなる所にありても、禮拜念佛すれば、そこに淨土の門があるのである。苦惱の旅地に流浪する者も、禮拜念佛すれば直ちに淨土の門に入ることができるのである。

人間の到るところに淨土の門を開く、それが禮拜である。されば禮拜こそは二つの世界を感知せしめるものであるといわねばならない。

佛の御名を讃うるものは、大會衆の數に入ると說かれた。これ卽ち稱名念佛するものは、如來の眷屬となるということである。凡夫が聖者と同朋となるのである。敎化する人と敎化される人とが佛の御名に於て其の德を一にするのである。救われた身は、正しく救われたということに於て、救う力を成就するのである。

それは佛を讃うることは御名の義に順い、御名の光明に依る智慧に依りて行われるものであるからである。これに依りて稱名とは「稱」と「名」とその輕重を等しくすることであると領解せられた。（行卷）

生死の業苦にある凡夫が、ただ稱名念佛によりて無爲の涅槃にある聖者と其德を一にするのである。それは淨土を出でて此世の群生を救う還相の願力は、此世を超えて淨土に生れんと願う往相の念佛に成就せられてあるからである。業苦を離れるということは、生死にあるものに取りて不可能のことである。その不可能を可能にするものは念佛である。これ卽ち念佛は聖者の修行を自然に成就するものであるからである。

眞實の修行は安心の地に於てのみ爲されるのである。安心の地のない修行はいかにしても不退轉であることはできない。それは行うてのち安んずるということはなく、ただ安んじてのち行われるものであるからである。

その安心の境地は人智の世界にはない。これを以て人はただ行いてのち安んじようとするのである。されど如何に行いても眞に安んずることができない。それが業苦といわれるものである。

安心の境地は、ただ佛智の世界にのみ存在する。それ故に願うて其の世界に入つた者には、業苦の生活も轉じて佛道の修行と成ることが身證せられるであろう。その身證は卽ち淨土の聖者と同證一味なるものである。

修行は安心の地に於てせられるが、安心は其まま修行ではない。安心は修行の爲であつて、修行なければ安心も無意味である。恰も自然の道理も訓練によりて感知せられるように、安心の妙境も修行によりてこそ身證されるものでなくてはならない。これ卽ち止觀不二と說かれる所以である。

安心とは滿足の感情である。滿足とは何物をも求めないことではなく、すでに滿たされて求めるの要なきことである。したがつて安心に依る修行とは、安心に具わる功德を見出さしめる智慧の他にはないであろう。その修行の智慧に依りて安心の靜寂は、いよいよ成就するのである。

この世に求めて得られなかつた諸德は、淨土を願うことに依りて與えられる。これ「佛國土の清淨なるを觀る味」である。個人の自覺を徹して全人の生活に神通せしめられる。これ「衆生を攝受する大乘の味」である。而して夫等の味得せられた功德は、煩惱業苦の中にありても失われるということはない。これ「虛しからざる佛力に住持せらるる味」である。これに依りて念佛の一生は「聖者と事行を共にする同朋として淨土を成就する味」を有つものとなるのである。寂靜の「止」は、安らけく、修行の「觀」は樂しい。樂あるところ必ず苦ありということは、五欲の世界にあるからである。法味樂の世界には「衆《もろもろ》の苦あることなく、ただ諸の樂のみを受くる」のである。これ卽ち安樂淨土といわれる所以である。

この世に求めて得られなかつたものは、淨土を願うことに依りて滿される。その法味樂を受けるものは、自然に世の人に應じ、其の求めて得ない惱みを化して法味樂を受けるものとならしめるであろう。萬人の生活に神通するものは萬人を自覺せしめる力を有つものであらねばならない。その力こそは一切の群生を淨土にあらしめようとする如來の本願力と一味なるものであろう。これに依りて、凡夫も聖者と共に淨土を成就するのである。而して其の妙用を現わすもの、それを應化身というのである。

思、内にあれば、色、外に現われる。身は心のいろ・かたちである。ここを以て、大悲の心あれば、同感のいろ・かたちを現わすこととなる。それが應化の身である。それ故に應化の身は、他の爲に第二の自己となるものである。我等は應化の人に依りて第二の自己を得るのである。それ故に其人は不請の友といわれる。

凡夫でなければ、凡夫に同感することはできぬであろう。されど凡夫であつては凡夫に應化することができない。その凡夫をして凡夫に大悲同感せしめるものは、ただ念佛の智慧である。

智慧に依る應化は即ち教化である。たとえ說法せずとも其の身業は其ままに教化である。それ故に其の教化は無爲自然であり、無障無碍である。また、たとえ說法すといえども、敢て教化に意あるものではない。ただ是れ法味樂を語るのみである。それ故に教化というも、畢竟これ自娯樂の他ならぬのである。

すべては「衆生と共に」と知るとき、自利そのままに利他となる。それ故に說法に難《はばか》りがない。すべては「我が身の爲め」と達するとき、利他はそのままに自利となる。それ故に說法に教化されるというものはない。我が力を盡くして、其の力に我を忘る。洵に遊戲の如くである。

それは說聽共に聞くの境地である。しかし說聽共に聞くとせば、教化するものは誰れであろうか。それこそは鼓つものなきも音曲自然なる阿修羅の琴である。

凡夫に大悲同感の智慧の惠まれるとき、煩惱は神通を現わす園林となり、生死は應化を示す道場となる。されば涅槃の境地は懷かしむべきも、業緣の世界また樂しむべきである。

眞佛土の巻

光明無量の願
壽命無量の願

大意

謹しんで眞の佛土を思う。佛は不可思議光如來であり、土はまた無量光明土である。これ卽ち大悲の誓願の報《むく》いであるから眞の報佛土といわれる。その願は卽ち光明壽命の願といわれるものである。

本願と成就

『大經』に言う。われ佛とならば、光明は量りなく、普く十方の國々を照らすこととなろう。しからずば覺の身とはなるまい。

また願いたもう。われ佛とならば、壽命は量りなく、遠く未來際に至るであろう。しからずば覺の身とはなるまい。

その願の成就を、佛、阿難に告げたもう。無量壽佛の嚴《おごそ》かなる光明は、その尊さ諸佛の光明に超えている。故に無量壽佛を無量光佛・無邊光佛・無礙光佛・無對光佛・燄王光佛・清淨光佛・歡喜光佛・智慧光佛・不斷光佛・難思光佛・無稱光佛・超日月光佛とよびまつる。もし衆生、この光に遇えば、愛憎も愚痴も消え滅《う》せて身も意も柔軟に、歡喜胸に滿ちて善心はそこに生まれよう。たとえ地獄・餓鬼・畜生のような痛苦の所に在つても、この光明を見れば、皆な休息を得てまた苦悩なく、壽《いのち》終りて後はみな解脱を得ることである。

無量壽佛の光明は十方を照らし輝き、いかなる國土にも、その威德の聞えぬ所がない。ただ我れ、今その光明を稱《ほ》むるばかりではなく、すべての佛も賢聖も、咸《ことごと》く共に譽め嘆えられる。若し衆生が、その光明の尊き功德を聞き、日夜に讃仰して、斷えないならば願のままに其國に生るるを得、もろもろの聖賢衆に譽め嘆えられる身となるであろう。而してのち、佛道を成就する時には、普く十方の佛、聖者に其の光明を嘆えられること、また今われ無量壽佛を稱するようになるのである。かように我は無量壽佛の光明の尊嚴の殊《すぐ》れて妙なることを說こうとして、夜を日についで、一劫を經ても、盡くすことはできない。

佛、阿難に語りたもう。無量壽佛の壽命は長く久しくてかぞえ盡すことはできない。たとえ十方世界の量りなき衆生がみな人身をうけ、賢者の智を成就して、共に一所に集まり、思を禪《しず》め心を一にし、その智力を盡して長き世をかけ、無量壽佛の壽命の長さを算え計るとも、其の極限を窮め盡すことはできぬであろう。

『無量壽如來會』に言う。阿難よ、無量壽佛には、無量光・無邊光・無著光・無碍光・光照王・端嚴光・愛光・喜光・可觀光・不可思議光・無等不可稱量光・映蔽日

光・映蔽月光・掩奪日月光という別名がある。かの光明は清浄で廣大であり、普ねく衆生を照らして身心を悦樂ならしめたもう。またあらゆる國の天・龍・夜叉・阿修羅等にも歡悅《よろこび》を得しめられる。

『平等覺經』に言う。速かに安樂の世界にいたり、無量光明土に於て無數の佛を供養したてまつる。

『大阿彌陀經』に言う。阿彌陀佛の光明は尊さ第一で比《たぐい》なきものである。諸佛の光明の及ぶところではない。諸佛の中には、頂中の光明、七丈を照らすものがある。また一里を照らすものがある。乃至ある佛の頂中の光明は二百萬の佛國を照らすものもある。然るに阿彌陀佛の光明は千萬の佛國を照らしたもう。かく諸佛の光明の照らす所に近遠ある所以は、もと其の前世に道を求められた時の願の心に大小があつたからである。これ諸佛の威德は同等なれど、心願の行われるところ自から別となるものである。かように阿彌陀佛の光明の照らすところは最大であり、諸佛の光明の及ばないものである。

佛、阿彌陀佛の光明の極善たることを稱譽したもう。阿彌陀佛の光明は極善にして善の中の明好なるものである。快しさ比なく、すぐれたること極りがない。阿彌陀佛の光明は清潔で穢れなく缺くるところがない。阿彌陀佛の光明は日月の明に勝ること百千億萬倍である。諸佛の光明の中の極明なるものである。光明中の極好であり。光明中の極雄であり、光明中の快善である。諸佛の中の王であり、光明中の極尊であり、光明中の最明きわまり無きものである。

その光、幽冥の處を照らせば、そこは常に大明となり、あらゆる人民も、空飛ぶものも地に蠕くものも、阿彌陀佛の光明を見ぬものはなく、其の光を見るものは慈心を生じ歡喜せぬものはない。世の婬欲と瞋怒と愚痴とにあるものも阿彌陀佛の光明を見れば、みな善を作さぬものはない。地獄・畜生・餓鬼その他爭奪の苦にあるものも、阿彌陀佛の光明を見れば、皆な休息を得、その時には根治しなくとも死しての後は憂苦を解脫しないものはない。かように阿彌陀佛の光明と其の名とは、八方上下の窮りなき諸佛の國へ聞え、諸天・人民それを聞知しないものはなく、その聞知するものは度脫《くぬけ》しないものはないのである。佛、言う。我れ獨り、阿彌陀佛の光明を稱譽するばかりではない。八方上下の數限りなき賢聖たちも、是の通りに稱譽せられる。

また言う。善男子、善女人ありて、阿彌陀佛の聲《みな》を聞き、光明を稱譽し、朝暮に心を至して斷えずば、願のままに阿彌陀佛の國に往生することができる。

『眞言經』に言う。汝等の生るべきところは阿彌陀佛の清淨なる報土である。覺りの坐なる蓮華の中に化生して常に諸佛を見たてまつり、諸法の忍智《ちえ》を身證し得よう。壽命は長遠にして量りなく、直に無上道に至りて、また退轉することはない。故に我は常に其の行者をまもる。

如來即涅槃

『涅槃經』に言う。解脱は虛無といわる。虛無は解脱、解脱は卽ち如來。すべてこれ自然である。

眞の解脫は生なく滅なく、如來もまた生なく滅なく、老いず死せず、破れず壞れない。故に解脫は卽ち如來である。如來は有爲《つくられた》の法ではない。その意味で「如來は大涅槃に入る」といわれる。

また解脫は無上の上といわれる。無上の上は眞の解脫であり、眞の解脫は如來である。若し無上道を成ずれば愛なく疑ないものとなるであろう。愛なく疑なきは眞の解脫である。解脫は卽ち如來である。

如來は卽ち涅槃、涅槃は盡くること無きもの、盡くる無きは佛性、佛性は決定の智、決定は卽ち無上道である。

迦葉、佛に問う。「世尊、もし涅槃と佛性と決定と如來とは一義ならば、何故に佛・

法・僧への三歸依ありと說かれたのであろうか。」佛、迦葉に答えたもう。「善男子よ、衆生は生死を怖れるから三歸を求め、其の三歸依によりて佛性と決定と涅槃とを知るのである。善男子よ、法には名は一で義の異なるものあり、また名と義とを倶に異にするものとがある。例えば佛は常であり、法は常であり、僧は常であり、涅槃も虛空もみな常であるといわれる。それは常の名《よばるること》に於て一であつても、佛・法・僧等それぞれ義《いみ》を異にするものである。それは名は一で義の異るものである。また名と義と倶に異る例は、佛を覺《さとるもの》と名《よ》び、法を不覺《さとらるるもの》と名び、僧を和合と名び、涅槃を解脱と名び、虛空を非善とも無礙ともいうようなものである。善男子よ。三歸依もそのような、（たとえ名を一つにしても義を異にするものである。或は名と義と倶に異る）ものである。

佛道は涅槃に歸一するものならば何故に三歸依を說かれたか。

また言う。光明は弱まることはない。その力の滿ち足れるもの卽ち如來である。また光明は智慧といわれる。

常 樂 の 淨 土

また言う。有爲《つくられしもの》なるものは惣べて無常である。虛空は無爲であるから常といわれる。佛性は無爲である。故に佛性は虛空の如く常である。その佛性は卽ち如來である

涅槃は常住。

から、如來は無爲であり、常である。その常は法であり、その法は僧にあれば、僧もまた無爲であり常である。譬えば牛より乳を取りて酪を作り、酪より生蘇を、生蘇より熟蘇を、熟蘇より醍醐を製せば、その醍醐は最上の妙藥として諸種の藥分、悉く其の中に含まれ、それを服《の》むものは、よろずの病みな癒ゆるように、佛の經典を說くや、そこに教訓を顯わし、教訓より道理を、道理より智慧を、智慧より大涅槃を顯わしたもう。その大涅槃は醍醐の如きものである。醍醐は佛性であり、佛性は卽ち如來である。この義《いみ》に於て如來の功德は無量無邊にして計ることができぬと說かれるのである。

また言う。道に二つある。一は常であり、二は無常である。證の相にも二つある。一は常であり、二は無常である。涅槃もまた同樣である。外道の道は無常であり、佛道の道は常である。賢者の證は無常であり、聖者・諸佛の證は常である。外からの解脫は無常であり、內からの解脫は常である。されば眞の道と證と涅槃とは悉く常である。されど衆生は無量の煩惱に覆われ慧眼がないから、それと見ることができない。しかし衆生それを見ようと欲いて戒・定・慧を學べば、その修行に依りて道と證と涅槃とを知ることができよう。その道の性相《ありかた》は生なく滅なきものである。故に捉持し難い。道には色像《いろかたち》なければ量り知ることはできぬものではあるが、しかも實に其の用《はたらき》

佛の經典云々・—十二部經より修多羅をいだす。修多羅より方等經をいだす。方等經より般若波羅蜜をいだす、般若波羅蜜より大涅槃をいだす（原）。

賢者　聲聞と緣覺。

聖者　菩薩（原）。

はある。それは恰も我等の心のように、是れ色《もの》でないから、長でなく短でなく、麁でなく細でなく、縛ばられてもなく解かれてもない。要するに見られる法《もの》ではないが、しかも是れ有であるのである。

また言う。大樂があるから大涅槃という。涅槃は世の樂でないが四樂に依りて大涅槃と名《よ》ばれる。その四とは、

涅槃は安樂。

一には諸樂を斷つから大樂である。樂を斷たぬのは苦である。苦あれば大樂とはいわれない。樂を斷つから苦はない。無苦無樂は大樂である。涅槃は無苦無樂である。故に涅槃は大樂といわれる。それで大涅槃というのである。また樂に二種あり、一は凡夫のもの、二は諸佛のものである。凡夫の樂は無常であつて敗壞《やぶれる》する。故に樂はない。諸佛のは常樂であつて變易がない。故に大樂である。また三種の受（感覺）というものがある。一は苦受、二は樂受、三は不苦不樂受である。その不苦不樂も（受であるから）苦である。然るに涅槃は不苦不樂ではあるが（受でない）大樂である。故に大涅槃と名《よ》ばれる。

二には大寂靜であるから大樂といわれる。涅槃の性は大寂靜である。何故ならば一切の喧騷《さわがしさ》を遠離しているからその大寂の故に大涅槃と名ばれる。

三には一切智であるから大樂といわれる。一切智でなければ大樂とはいわれない。諸佛如來は一切智であるから大樂であり、大樂であるから大涅槃と名ばれるのである。

四には身不壞であるから大樂といわれる。身が壞れるようでは樂とはいわれない。如來の身は金剛のように壞れない。煩惱の身、無常の身でないからである。故に大樂あり、大涅槃と名ばれるのである。

また言う。量られず思議されないから大涅槃といわれる。大涅槃はその純淨さに、四つの意味を有つ。その四とは、

涅槃は清淨。

一に有《まよい》の世界は不淨である。その諸有を斷つから淨といわれる。淨は卽ち涅槃である。涅槃もまた有と名《よ》ぶことあるも、涅槃は實に有なるものではない。諸佛は世俗に隨て涅槃を有と說かれる。それは譬えば世人は父でないものを父といい、母でないものを母というようなものである。實に父母でないものを父母という。涅槃もそのように世俗に隨つて諸佛は大涅槃は有りと說かれる。

父でないものを云々　人間關係において父母というも假の稱呼であるという意か。

二には業が清淨であるから。凡夫の業は清淨でないから涅槃がない。諸佛如來は業清淨であるから大淨といわれ、それ故に大涅槃と名ばれる。

三には身清淨であるから。身もし無常ならば不淨である。如來の身は常であるから

大淨といわれる。大淨であるから大涅槃と名ばれるのである。

四には心清淨であるから。心もし漏《けがれ》あれば不淨である。佛心には漏がない。故に大淨といわれる。大淨であるから大涅槃と名ばれるのである。

また言う。如來には煩惱が起らないから涅槃という。その智慧は法に於て礙りがないから如來という。また佛性と名ばれるのは、凡夫・賢人・聖者を超ゆるものであるからである。如來の身心、智慧は無量無邊の國土に遍滿して障礙《さわり》がない。それを虚空（の如し）という。また如來は常住であつて變易がないから實相といわれる。この義《いみ》で如來には涅槃するということもないのである。（それは本來涅槃であるから）

悉有佛性

一

また言う。迦葉問う。（一）佛性は常なること虚空のようである。それを何故に世尊は「佛性は未來」と言《のたま》うのであろうか。（二）世尊は斷善根者には善法なしといわれる。されど斷善根者も同學・同師・父母・親族・妻子には愛念の心を生ずるであろう。この愛念の心は善ではないであろうか。

（一）佛、答えたもう。よい問である。迦葉よ、佛性は過去でも未來でも現在でもないものである。しかし衆生の身には過去・未來・現在がある。その未來に清淨の身を成就し佛性を見るをうるであろう。故に我は「佛性は未來」と説くのである。例えば食を命というは、因を以て果を顯わすものであり、また物を感で名《よ》ぶは果を以て因を語るものであるように、佛性は未來ということで、その常住なることを顯わしたのである。

迦葉問う。然らば何うして一切の衆生に悉く佛性ありと説かれたのであろうか。佛答う。衆生の佛性は現在に無くとも無とはいえぬこと、虚空を無といえぬと同じである。佛性は現在に無くとも無とはいえない。衆生は無常ではあるが、佛性は常住で變りなきものである。故に我は此處で「衆生の（佛）性は内にあらず外にあらざること虚空の如し」と説くのである。もし虚空に内外あらば虚空は一でも常でもないであろう。また一切所に有りということもできない。虚空に内外はないが、もろもろの衆生に遍在する。佛性もまたそのように、衆生に悉く有るのである。

（二）次に斷善根の者に就ては、其の身、口、意の業として、何かを修行し、或は布施し、また理解する等の事を爲しても悉く是れ邪業であるといわねばならない。何故なれば因果を信ぜぬから。それは恰も訶梨勒果の未熟の時には其の根・莖・枝・葉・華・實、悉く苦《にが》いように、斷善根の者の業も惣べて邪といわれるのである。

「食を命という。」食物で生命を繋ぐことを、食物（因）が生命（果）という。

「物を感でよぶ」物（果）を温かいものとか、冷めたいもの（因）ということ。

訶梨勒　印度産の薬用樹。

また言う。迦葉よ。如來は諸根を知る力を具足しておられる。故に善く衆生の上・中・下の根を分別し、能く是の人は下を轉じて中と作し、是の人は中を轉じて上と作し、是の人は上を轉じて中と作し、是の人は中を轉じて下と作し得るということを知る。これで衆生の根性に決定のないことが知られよう。決定の性がないから善根を斷ちてもまた生ずることもあるのである。若し根性に定りあらば善根を斷ちたるものにまた生ずることなく、したがつて「斷善の者は地獄に墮ちて一劫を經」と限りを附けて說くこともできぬであろう。迦葉よ。一切の法には定まれる相はないのである。

迦葉問う。世尊よ、如來に諸根を知るの力を具足せられるならば、善星の善根を斷つであろうことも知つておられたであろう。然るに何故に出家をゆるされたのであろうか。佛、答う、迦葉よ。我れ初め出家せる時に、わが弟の難陀、從弟の阿難と提婆達多、子の羅睺羅等みな我に隨つて出家し修道したのである。それで若しわれ善星の出家を聽《ゆ》るさぬということになれば、彼は當然王位を紹《つ》ぐことになるであろう。而して其の力は自在に佛法を壞るに相違がない。それで我は其の出家し修道するをゆるしたのである。迦葉よ。善星は若し出家せぬとしても善根を斷つのである。しからば後の世をかけて、何の利益もないこととなる。然るに今、出家すれば善根を斷つとも、

善星　釋迦の子、羅睺羅の異母弟と傳えらる。

已に一度は戒を受持し、耆宿・長老の有德の人を供養し恭敬し、禪定をも修習せることである。この善因あれば善法を生じ、善法生ずれば能く道を修習し、遂には無上道を成ずることもあろう。故に我は善星の出家をゆるせるのである。したがつてわれ若し善星の出定をゆるさぬならば、かえつて知根の力を具えぬものとなるのである。

世尊は國土と時節とに應じ、他語に應じ人と根とに應じて一法に名と義を說かれる。それには一(一)法を無量の名で說くと一(二)義を無量の名で說くと無(三)量の義を無量の名で說くことがある。その一(一)法を無量の名で說くとは涅槃に就てである。涅槃は無生とも、無作とも、無爲とも、歸依とも、窟宅とも、解脫とも、光明とも、彼岸とも、無畏とも、無退とも、安處とも、寂靜とも、無相とも、無二とも、一行とも、清涼とも、無闇とも、無礙とも、無諍とも、廣大とも、甘露とも、名《よ》ばれる。これは一法に無量の名あるものである。

また無(三)量の義に無量の名あるものは如來に於て見られる。如來を應供といい、無上正眞道といい、船師といい、正覺といい、明行足といい、大師子王といい、沙門といい、婆羅門といい、寂靜といい、施主といい、到彼岸といい、大醫王といい、大象王といい、施眼といい、大力士といい、大無畏といい、寶聚といい、商主といい、得解

他語　敎を受ける人の用いている言葉。

脱といい、大丈夫といい、天人師といい、大分陀利といい、獨無等侶といい、大福田といい、大智海といい、具足八智という。これらはすべて義も名も異るものである。これ即ち無量の義を無量の名で説くものである。

また一(三)義の無量の名あるものがある。それは陰である。陰は顚倒とも、諦とも、四念處とも、四食とも、四識住處とも、有とも、道とも、時とも、衆生とも、世とも第一義とも、三修（即ち身・戒・心）とも、因果とも、煩惱とも、解脱とも、十二因縁とも、賢聖とも、地獄・餓鬼・畜生・人・天とも、過去・現在・未來とも名ぶことである。それが一義に無量の名を説くものである。

迦葉よ。世尊はまた衆生の爲に廣の中に略を説き、略の中に廣を説き、第一義諦を説きて世諦とし、世諦の法を説きて第一義諦とせられる。

また言う。第一義諦をまた道といい、また菩提といい、また涅槃という。

また言う。經中に如來の身を説くに二種あり、一は生身、二は法身である。生身というは即ち方便應化の身である。その生身には生・老・病・死あり、長短・黒白あり、彼れと此れとあり、學びつつあるものと學び終えたるものがあるというをえよう。然るに我が弟子この説を聞き我が意を解らず、佛身は有爲の法であるということを定説

具足八智　四聖諦の法と義とに明らかなること。

陰　色・受・想・行・識の五より成るもの、倒置、これに依りて顚倒の心あり、これを對象として四聖諦あり、四念處（身は不淨、受は苦、心は無常、法は無我）。

四識住（五陰中識陰を除く）も皆な陰の異名である。

とする。法身は卽ち是れ常・樂・我・淨である。永く生・老・病・死を離れたもう。黑白・長短にあらず、彼・此、學・無學でない。佛の出世と不出世とに拘らず、常に動ぜず變易なきものである。我が弟子、この説を聞き、我が意を解せずば、佛身は是れ無爲の法であるということを以て、如來の定説であるというであろう。

また言う。我が經説には自意に隨う説と、他意に隨う説と、自他の意に隨う説とがある。「等覺の聖者は少しく佛性を見る」と説く、これは他意に隨う説である。等覺の聖者は勇健と名《よ》ばれる禪定と、全法界に達する智を得ておる。それ故に了々《あきらか》に自身の無上正眞道を得べきを知る。されど一切衆生が決定して無上正眞道を得ることを見ない。故に我は等覺の聖者は少分佛性を見ると説くのである。

「一切衆生には悉く佛性あり」と宣説する。これは自意に隨う説である。一切衆生は斷えることなく滅することなく、ついに無上正眞道を得という。これ自意に隨う説である。

「一切の衆生は悉く佛性あれども、煩惱に覆われて見ることができない」。我もかく説き、他もまたかくいう。これは自他の意に隨う説である。

また言う。一切法を覺るを佛性という。等覺の聖者は一切覺とはいわれない。故に

他意　教を受けるものの意。
等覺の聖者　十住の菩薩(原)。

佛性を見るも明了ではない。凡そ見には二種あり、一は眼見、二は聞見である。諸佛は眼に佛性を見ること掌中に阿摩勒菓を觀るようである。等覺の聖者は佛性を聞見するも了々であることができぬ。ただ自身はかならず無上正眞道を得ることを知るも、一切の衆生は悉く佛性あることを知ることができぬ。また眼見は諸佛と等覺の聖者とにあり、聞見は一切の衆生より等覺已前の聖者に至るまでにありともいわれる。しかし一切衆生は悉く佛性ありと聞くも信心を生ぜずば聞見とはいわれない。

問「世尊よ。一切の衆生は如來の心相《みこころ》を知ることができませぬ。何う觀ることに依りて、それを知るを得るのであろうか」。

答「一切の衆生は實に如來の心相を知ることができない。そを觀察して知ろうと欲わば二つの因緣がある。一は眼見であり、二は聞見である。如來の身業《みのおこない》を見たてまつりて是を如來と知る、それは眼見である。如來の口業《おことば》を觀て是を如來と知る、それは聞見である、色貌を見れば一切衆生の等しきものはないので是を如來と知る、それは眼見である。音聲は微妙にして最勝なるを聞き、衆生のあらゆる音聲と同じくないから是は如來であると知る、それは聞見である。如來の作したもう神通を見て、これは衆生のためであつて利養のためでないと知る、是は如來を眼見するものである。如來、他心智を以て衆生を觀たもうことを觀たてまつり、これは衆生を化益せんがため

阿摩勒菓　樹名、果は胡桃の如くであるという。

でありて利養のために説こうとせられるものでないことを知る、それは如來を聞見するものである。

淨土の功德

『淨土論』にいう。

世尊われ今　一心に
光　十方に　礙りなき
如來に歸命し　たてまつり
安樂の國に　生まれんと願う。

彼の世の相《すがた》　おもえば
はるか迷の　道を絶ち
大空のごと　究みなく
廣大にして　ほとりなし

『註論』にいう。清淨の功德を成就することは、『偈』に「彼の世の相おもほえばはるか迷の道を絶ち」といわれてある。これは凡夫として煩惱具足せるものも、彼の浄土へ生れ得て三界《まよいのよ》の業に繋がれることなきを顯わすもの。これ卽ち煩惱を斷たずに涅槃の分を得るものである。洵に不思議といわねばならぬ。

またいう。「正道の大慈悲の出世の善を根とし生《な》る」と歌われた。これは性功德といわれるものである。性とは本の義である。浄土は法の性にしたがい、法の本にそむかない。その事は『華嚴經』の性起品の說と同じである。また習い性と成ることがある。浄土は法藏菩薩の行德の積習に依りて成れるものである。また性とは聖種性ということである。初め法藏菩薩、世自在王佛の所《みもと》にて無生忍を悟られた、その時の位を聖種性という。是の性に於て四十八の大願を發し妙土を建立せられた。それが卽ち安樂浄土である。されば性功德とは、浄土の果を得る因を顯わすものである。また性とは必然の義であり、不改を意味するものである。それは海の性は一味なれば諸川も流れ入りては必ず一味となり、河の流に隨つて味は改まるということが無いように。また人身は不淨であるから、種々の美味も人身に入れば皆な不淨となるようなものである。安樂淨土に往生する者には、不淨の身なく不淨の心はない。かならずみな清淨で平等なる無爲の法身を得ることである。これ卽ち安樂國土に性功德が成就しているからである。

『華嚴經』性起品、如來の諸德ことごとく萬法に全現することを說く。

「正道の大慈悲の出世の善」とは、平等の大道である。平等の道を正道という所以は、平等は諸法の體相《まことのありかた》である。故にその平等を體する發心も平等であり、その發心より行われる道も平等であり、その道より現われる大慈悲も平等である。而して其の大慈悲こそ佛道の正因といわれるものである。故に「正道の大慈悲」という。凡そ慈悲というものに三つの縁がある。一は衆生を縁とするもの、これは小悲である。二は法を縁とするもの、これは中悲である。三は無縁を縁とするもの、これは大悲である。その大悲は卽ち出世の善である。安樂淨土はこの大悲より生れるものである。故に大悲を淨土の根という。それで「出世の善を根とし生る」と讃せられた。

またいう。問 法藏菩薩の本願と、聖者龍樹の讃歌とを見るに、いずれも安樂國には聲聞の多いことを其の土徳としてある。これはいかなる意味があるのであろうか。

答 聲聞は空寂の實證に滿足するものであるから、更に佛道の根芽の生じようのないものである。然るに佛は本願の不可思議力を以て其人を淨土に生れしめ、必ず其人に無上道心を起さしめたもう。それは恰も鴆鳥が水に入ると魚類は悉く死ぬが、犀牛がこれに觸るれば、死せる魚類は皆な活《よみが》えるようなものである。このように生ずる筈のないものを生ぜしめることは不思議である。世に不思議は多いことであるが、その中にも佛法は最も不可思議である。佛、能く聲聞に無上道心を生ぜしめたもう。眞に不可

聲聞　賢者、佛弟子。

思議の至りである。

またいう。不可思議力というは、彼の佛國の種々の功徳力がすべて不思議なるを指示するものである。諸經に說く不可思議は五種に攝まる。一は衆生の數の不可思議、二は業の力の不可思議、三は龍の力の不可思議、四は禪定の力の不可思議、五は佛法の力の不可思議である。今この佛土の不可思議には二種の力がある。一は業力、これは法藏菩薩の出世の善根と、大願業力に成れるものである。二は覺者、彌陀法王の善く住持したもう力に攝められるものである。

またいう。自利利他を現わすということ『論』に「略して彼の彌陀佛國の十七種の功德を說き、如來の自身の大功德力と、他を利益せられる功德との成就を現わす」といわれてある。そこに「略」というは、彼の淨土の功德は無量なれば唯だ十七種のみではないことを彰わすものである。それ須彌を芥子に入れ、毛孔に大海を納《い》れるということがある。それは山海の神《ふしぎ》でもなく、毛孔の力でもないであろう。ただそうあらしめたものの神力である。（佛力の不思議もその通りである）

須彌を芥子に入れ……『維摩經』の說。

またいう。住持の虛しからざる功德を成就することは『偈』に

本願力に遇いぬれば
空しく過ぐるものあらじ

功德の寶すみやかに
その身の內に滿さしむ

と讚えられた。その住持の德とは、阿彌陀如來の本願力である。卽ち本《むかし》の法藏菩薩の四十八願と、今日の阿彌陀如來の自在神力とである。願によりて力は成り、力によりて願は就《と》げられる。これによりて願は徒《むだ》なものでなく、力は虛《むな》しきものでない。力と願と相かなうて畢竟たがうことがないから、それを住持の德の成就というのである。

『讚阿彌陀佛偈』にいう。　曇鸞和尚の造

南無阿彌陀佛　この偈を『無量壽傍經』と名ぶ。これはまた安養淨土を讚えしものである。

彌陀みほとけとなりまして　今に十劫をへたまえり
法の身ひかりきわみなく　盲いたる世を照らします
智慧の光は量りなし　量りあるもの明らかに
曉をうけぬものぞなき　眞實の德をあおぐべし

なやみのつなを解きたもう
有無を離るとのべましぬ
大空のごとさわりなき
さわりなき身とならしむる
光は清くならびなし
なずむ心も解くるべし
尊き光あおぎては
迷の闇をひらきます
清浄光とよびまつる
そのみてらしを仰ぐもの
慈悲の光ははるかにて

そのみひかりに觸るるもの
平等の覺かしこけれ
光はものをうるおして
不思議の德をたたうべし
そのみひかりに遇いぬれば
歸依のきわみの尊けれ
光の王とよびまつる
その御まえに跪まずく
道の光はほがらかに
つみ除こりて世をさとる
光をうくるものみなに

法の喜びめぐみます
安慰の德の大いなる

無明の闇を破りては
智慧光佛と名のります
よろずの佛ひじりたち
みなもろともにたたうなり

光てらしてたゑざれば
不斷光佛とよびまつる
そのみ光をきき得ては
こころ不斷にみ國ゆく

難思光佛と名のります
そのみ光は量り得じ
よろずの佛み名たたえ
彌陀の功德をほめたもう

いろもかたちもましまさぬ
光をいかで說き得べき
その光にてさとる法
よろずの佛たたえます

月日の光及ばねば
超日月と呼びまつる
釋迦の御言につきざりし
ならびなき德あおぐべし

聖者龍樹世に出でて　頽《すた》れし法を理《ただ》しては
邪正を分つ眼となりて　人天の師と仰がれつ
世尊のみ言うけつたえ　喜び彌陀に歸したもう

われ久しくもさすらえて　空しく世々をへめぐりつ
つくりし罪の絶え間なく　よろずの巷にまみれしか

慈悲の光よ願くは　わが道念《まごころ》を護りませ
縁あるものにみ佛の　徳音たたえきかしめん

浄土を願うものみなに　おもいの如くとげしめん
あらゆる功徳ほどこして　共に生れんみ國へと
南無や不思議の御光に　一心に禮したてまつる

十方三世の佛たち　一如の徳にましまして

智慧はまどかに道ひとし　縁に隨い世を救う
彌陀の淨土に生るるは　すべての佛に歸するなり
一佛ほむる一心に　すべての佛あらわるる

本願の世界

光明寺の和尚はいう。問彌陀の淨國は報土であるか化土であるか。答報土であつて化土ではない。『大乘同性經』の説では、西方の安樂國、阿彌陀佛は報佛報土であるとなつている。また『無量壽經』には、法藏比丘、世饒王佛の所《みもと》に在りて菩薩の道を行いましし時に、四十八願を發された。その一一の願に「もし我、佛とならば生きとし生けるものみなに、わが名を稱えしめ、わが國に生れんと願わしめよう。それは可《よ》し、十聲をかぎりとしても。もしそれで生るることなくば、われも佛とはなるまい」と。而して今や既に成佛せられた。然れば是れ願に酬われた身である。また『觀經』の中に、上輩三品の往生人には、その命終の時、阿彌陀佛は化佛と共に來迎せられると説かれてある。化佛を伴うものは眞佛でなければならない。これらの經證に依りて、報佛・報土であることが知られる。

然るに其の報身を應身というも別なものではない。眼を目というようなものである、前代には報身を應身と譯し、後代には應身を報身と譯せるのであつた。凡そ因として の行いが虚でないならば必ず其の果を招くものである。果は因に應ずるから報いという。また長時に修する萬行は必らず成道を得ることである。今や既に道を成ぜられた。既ち是れ應身である。過去、現在の諸佛の三身といつても、この應報の他に別の體はない。たとえ、さまざまの名に於て身相を示現せられるということがあつても、それらは惣べて化身というべきである。今の彌陀は現に是れ報身である。

問 既に報といわれる。報身ならば常住で、永く生滅なきものであろう。然らば何故に『觀音授記經』には阿彌陀佛もまた涅槃に入られる時があると說かれてあるのであろうか。答 入滅と不滅とは諸佛の境界であつて、賢聖の淺き智では窺うことはできぬ。ましで凡人の知り得ることではない。しかし強いてとあれば、佛經を以て明證としよう。『大品般若經』の「涅槃非化品」には次のように說いてある。

佛「須菩提よ。汝はどう思うか。ここに化人ありて化人を作つたとするならば、その化は實か空か」

須菩提「空である」

佛「須菩提よ。色は空である。受も想も行も識も是れ化である。乃至一切智も是れ

前代 梁眞諦譯『攝大乘論』には三身を自性・應身・化身という、梁已後の譯ではその三身を法身・報身・應身という。

化である」

須菩提「世尊。しかれば世間の法も化であり、出世間の法も化であるか。八聖道・四無礙智といわれる行法も、學人・智者・聖者・諸佛といわれる賢聖の人も、皆な化であるか」

佛「その通り、一切の法は皆な化である。法の中には賢者の法の變化あり、聖者の法の變化あり、諸佛の法の變化あり、煩惱の法の變化あり、業緣の法の變化がある。それで一切の法はみな是れ化である」

須菩提「それでは煩惱を斷じ、煩惱の習氣を斷ぜるものでも變化なのであるか」

佛「須菩提よ。法は生滅する限りは、皆な是れ變化である」

須菩提「しからば何の法か變化でないものがあろうか」

佛「もし法に生なく滅なきものあらば、それは變化ではない」

須菩提「その不生不滅にして變化でないものとは何であるか」

佛「いつわりの相なき涅槃、この法のみは變化ではない」。

須菩提「世尊は曾て、諸法は平等であつて賢者の作るところでもなく、聖者の作るところでもなく、諸佛の作るところでもない。諸法の性は常に空である。性空すなわち涅槃なりと說きたもうた。さらば何うして涅槃の一法のみ化でないといわれるのであ

八聖道　正見・正思・正語・正業・正命・正勤・正念・正定。

四無礙智　法・義・詞・辯について礙りなき智。

原文その他になお多くの出世間法を擧ぐるも今は略す。

ろうか。」

佛「その通り、諸法は平等であつて、その性の空なること、卽ち是れ涅槃である。されど初心の求道者は、一切の法は皆畢竟して性空である。乃至涅槃もまた化であると聞かば驚き怖れて道心を失うであろう。その初心の道人の爲にここに生滅するものは化であり、不生不滅のものは化でないと分別せることである」と。

この聖教に依れば、彌陀に入涅槃あることを説かれた意も知ることができよう。これで驗《あきら》かに彌陀の報身なることが知らるることである。

問 彼の佛と土とは既に報ならば、報の法は高妙で初心の聖者では達《さと》られない。まして垢障の凡夫はどうして歸入することができよう。答 衆生の垢障を論《あげつらう》ずることになれば實に趣入し難いことである。されど正しく佛の本願に乘託するに由り、それが强縁となりて賢聖も人天も齊しく往生せしめられるのである。

またいう。經には韋提希夫人が世尊に對して、「われ今極樂世界の阿彌陀佛の所に生れんと樂《ねが》う」と申しておられる。この夫人が特に彌陀佛國を選んだことは、彌陀の本國が四十八願によりて成ることを顯わすものである。彌陀は一一の願によりて勝れた因を發し、因によりて勝れた行を起し、行に依りて勝れた果を感じ、果によりて勝れた報を成じ、報によりて極樂は感成せられ、樂によりて大悲の敎化を顯わし、悲化に依りて智慧の門を開かれた。然るに悲心は盡くることなく智もまた窮りがない。その悲と智とが雙び行われて、廣く甘露の法雨をそそぎ、普ねく群生を潤おされる。それで諸經にも願生を勸むること多く、衆聖も心を齊うして彌陀を讃せられるのである。これに依りて世尊は、密かに韋提希夫人に彌陀佛國を別選せしめられたのである。

またいう。

静寂の彼方　無爲のたのしみ
心にかない　かかわりはなる
大悲のかおり　こころうるおし
身を分ちては　ものをみちびく

いざゆかん
ここは魔のさと住るまじ
永き世をかけさすらいて
よろずの巷を　めぐりしも
たのしみとてはあらずして

きくは嘆きの　聲をのみ
いざやこの世をかぎりとし
涅槃の城に入らんかな
またいう。
極樂は　涅槃のさかえ
濁りある　善は生れじ
ここをもて　世尊はおしう
もはらただ　彌陀を念えと
またいう。
佛《ぶつ》にしたがい　自然に遊ぶ
自然は彌陀の　み國のさとり
煩いはなれ　ものみな眞《まこと》
止るも行くも　佛にしたがい
無爲の身となり　涅槃をさとる
またいう。彌陀の妙果《さとり》を無上涅槃という。

憬興師はいう。

無量光佛　算えることのできぬもの

無邊光佛　緣あるものを照らさぬということがない

無礙光佛　人も法も障ゆるものがない

無對光佛　もろもろの聖者の光は及びもつかぬ

光炎王佛　自在にして、その上となる光明はない

清淨光佛　無貪の善根より現われしもの、また衆生の貪濁の心を除く、貪濁の心がないから清淨という

歡喜光佛　無瞋の善根より生ずるもの、能く衆生の盛りなる瞋恚の心を除く

智慧光佛　無痴の善根より起れるもの、また衆生の無明の心を除く

不斷光佛　佛の常光であつて、恒に照らして利益を惠む

難思光佛　もろもろの賢者の測り得ざるところ

無稱光佛　よろずの教では說き得ぬもの

超日月光佛　日月は恒に周ねく照らすものではない、この世界だけのものである

これ等の光を身に蒙ることは、「身心柔軟の願」に依ることである。

結　釋

しかれば如來の眞說と宗師の釋義とは、明らかに安養の淨土は眞の報土であることを顯わすものである。されど惑染《まよい》の衆生《われら》は、此所で佛性を見ることはできない。煩惱に覆われているからである。それで經には十住の聖者ならば少分の佛性を見ると說かれた。故に安樂佛國に到りてのみ、必ず佛性を顯わすことが知られよう。本願力の廻向に由るからである。それで經に、また衆生は未來に淸淨の身を具足するようになつて、佛性を見ることができると說かれた。

『起信論』にいう。若し說いても說き得るものではなく、念じても念じ得るものでないと知らば、それは隨順といわれる。若し念を離るれば得入という。得入とは眞如の心境である。まして無念の位ということになれば、それは妙覺《ほとけ》である。妙覺とは迷の初を了るものである。迷の初を了《し》るは無念である。故にそれは十地の聖者も知ることができない。然るに今の人は、十分の信にさえ達せぬものである。されば說より無說に入り、念より無念に入れと教えられた馬鳴大士の說に依らねばならない。

ここに思うに「報」とは如來の願海に由りて酬報せられた果成の土ということである。然るにその願海には眞と假とがある。それで佛土にも眞と假とがある。選擇の本

十地　證卷參照。

願の正因に依つて眞佛土は成就せられた。その眞佛とは『大經』に無邊光佛・無礙光佛といい、また諸佛の中の王であり、光明の中の極尊であると説かれたものである。それを『論』には歸命盡十方無礙光如來といわれた。

眞土というは『大經』には無量光明土といい、或は諸智土と説かれたものである。それを『論』には「大空のごときはみなく廣大にしてほとりなし」と嘆えられた。往生というは『大經』にみな自然なる虛無の身、無極の體を受くといわれている。それを『論』には「淨きさとりの華の上に多くのひじり生れます」と嘆えられた。また同一に念佛する他に道はないともいわれてある。また難思議の往生ともいわれたものである。

假の佛土のことは後に記すこととする。しかるに既にいう如く、眞假というもみな是れ大悲の願海に酬報するものである。その意味では惣べて報の佛土と知られよう。良《まこと》に假の佛土の業因は千差であるから、佛土もまた萬別である。それが方便の化身・化土と名ばれるものである。その眞假を知らないから如來の廣大の恩德を見失うのである。これに依りて今ここに眞佛・眞土を顯わした。これ卽ち眞宗の正意である。經家・論家の正說、淨土宗師の解義、仰いで敬信すべく、特に奉持すべきである。

經家　經を傳えた人、卽ち經典。

頌　解

光明と壽命

光明は十方を照らし、壽命は三世を攝めたもう。したがつて光明を常に今にあらしめるものは壽命であり、壽命に普ねくものみなを攝めしめるものは光明である。されば「光明は智慧のかたち」といい、壽命は慈悲の體というも、本來は別なものではない。これに依りて攝取不捨ということにも、光壽不離なる佛身が感知せられるのである。

如來にありては攝取不捨といい、凡夫にありて轉惡成善という。畢竟これ同一の事實である。ここを以て凡夫に轉惡成善あらしめるものは如來の光明であり、如來に攝取不捨あることを感知するものは凡夫の念佛である。ここに「無礙光如來の名を稱する」もののみに身證せられる不可思議光如來が在すのである。

いのちは息の内を意味するということである。經には「呼吸の間にあり」と說き給うた。然ればそれは今ここに生きてあることに他ならぬであろう。壽というは、その命が特に慶びに満たされてあることである。したがつて壽命無量とは永遠に今に在することであろう。これに依りて如來は、呼吸の間にある我等の今に、永遠なる眞實を内感せしめたもうのである。

光明は十方の衆生を照覽したもう。さればこそ此の身に攝取不捨の喜びを得るのである。全人の道の開けないところに、個人の救いはないからである。

「如來は一切の衆生を盡く佛と作さんと願われる。されど衆生は盡く佛と作るということはない。それ故に如來は常住である」(聖德太子)といわれる。そこには衆生の業に由る世界は、いかに動亂し破壞しても、如來の大悲眞實は永遠であるということを感知せしむるものがあるようである。その如來の壽命無量によりて、今ここにある命は滿されるのである。

照覽の眼に見出されたものは煩惱業苦の相である。ここを以て光明は清淨・歡喜・智慧の色を分ち、十二の德ともなり、無量の力をも現わされるのである。而して其の光明を受容する時、われらは光明の世界にあらしめられる。これ卽ち「土はこれ無量光明土」といわれる所以であろうか。

この世は淨土ではないが、淨土の光はこの世を照らしたもう。念佛するものは、その光を受用する身にしていただくのである。

光明は「多」を捨てず、壽命は「一」に攝取したもう。ここを以て我等の喜びとするところは種種の業苦を捨てたまわない光明を仰ぐことであるが、更に深く懷かしむべきは壽命に攝取せられる境地ではないであろうか。それは卽ち一如の世界である。その一如なるものを、念佛する身は、差別の世界に內感せしめられる。それは洵にほのかなる感じである。執えんとすれば見失われ、否まうとすれば現われる。それが我等の法の身を養育しつつあるのである。

食物を攝取するとは食物を消化することである。他なる物を自なる身と同じにすることである。されば念佛衆生攝取不捨とは內なる愛憎も、外なる順逆も、みな念佛に於て彌陀に攝取せられて、其の大悲心に同化せられることであらねばならない。

それ故に阿彌陀佛卽是其行といわれる。卽是其行とは攝取不捨したまうことであろう。攝取せられぬ佛は現に在す佛ではない。如來は我等を攝取不捨したもうて、現に我等の上に在すのである。

光明は普く照らす智であれば、壽命はその智を常にあらしむる行であらねばならぬ。されば法藏因位の思惟と修行とは、正しく如來の光・壽無量の誓願によりて行われたものであろう。したがつて、我等の行信となりたまいし本願の名號は、卽ち光壽無量の如來の來現と仰がれることである。

洵に念佛の衆生を攝取して捨てられない。それが名號を成就せられ、煩惱具足の凡夫の生活を攝取して捨てたまわない光明無量の現行である。

智見に依る鍛錬は身心を剛直ならしめ、思惟に依る修行は身心を柔軟ならしめる。その身心の柔軟を惠むものは如來の光明であると説かれた。しかれば智慧の念佛はおのずから思惟を爲し、信心の智慧は喜んで自身の分を行わしめるものであろう。

その思惟と修行とに依りて、人とも成り、佛とも作るのである。

身に貪・瞋・痴があるから境に地獄・餓鬼・畜生あり、境に三惡道があるから、身の三垢は彌々增長する。その身と境とは如來の光明でなくては救われる道理はない。

如來の光明は、內なる三垢を消滅して歡喜を惠むと共に、外なる三苦を解脱せしめて柔軟の身たらしめたもう。

その光に遇うことこそ、特に今日の時代に有難いものではないであろうか。

大涅槃界

如來卽涅槃

「それ」なければ何物も眞に「有」ることができない。しかし「それ」は「有」として把えることのできぬものである。それ故に「有」を離れることのできない我等は、「それ」を「無」というより他ないであろう。「それ」が如來である。

我等は「有」に繫がれているのである。愛憎といい苦樂という。すべて「有」に縛られているのである。その繫縛は人智に依りて解脱することはできない。ただ「それ」のみが「有」の繫りを解き、その縛から脱れしめる。「それ」は眞解脱であり、眞解脱は如來である。

眞に解脱せしめるものは智慧の光明といわれ、眞に解脱せるものは如來の法身といわれ、眞に解脱せる境地は寂靜の涅槃といわれる。しかれば智慧・如來・解脱・法身・涅槃という。畢竟これ一如である。

これに依りて光明と壽命との一體も知られ、佛・法・僧の三寶も別體ないことが領解せられるのである。

萬物を包容し、萬物に透入し、萬物に其の所を得しめるものは虛空である。群生を光照し、群生に廻入し、群生に覺りを得しめるものは如來である。生死を超越して生死の歸依となり、生死に隨順せしめるものは涅槃である。

いずれも是れ無爲自然である。故に虛空は卽ち如來、如來は卽ち涅槃といわれるのであろうか。

凡夫は佛ではなく、この世は淨土ではない。されば佛土は彼岸の世界でなくてはならぬ。されど如來は群生界に廻入し、彼岸の光明はこの世へと透徹する。しかれば佛土は群生界の底を潤おすものでなくてはならぬであろう。それは正に佛性の世界ともいうべきであろうか。

彼岸の世界は遙かにして見がたく、佛性の世界は深くして究めがたい。されどこの二つの世界ありて我等は「世界內淨土」というものを感知することができる。それは念佛の世界である。世界は淨土ではなく、また淨土とすることもできない。されど其の世界內に於て感得せられる淨土がある。世界は永久に虛僞であっても、この淨土は見失われることはないであろう。たとえ見失われることがあっても、念佛の智慧は、何所かに見出すに違いはない。それは念佛者としての同朋が呼應して、護育する眞實の世界である。

大行の念佛は世界內淨土を感じ、大信心は佛性の世界に徹し、眞實の證は彼岸の世界へと歸入する。されど、三者また別なるものではないであろう。

今ここに知られたことは、一如といい涅槃というも、全く我等の分限を絶した境地ではない。本願の行信に依りて感知せられる世界內淨土の功德に他ならぬことである。

死しても滅びない生を身證し得れば、その生は不死の生といつて可いであろう。その生こそ永遠に繫るものである。されば永遠といい不滅というも、それは生の連續ではなく、生の眞實を意味するものであらねばならない。この身は滅びる時がある。されど身證は永遠に滅びない。而して滅びる身のみが滅びないものを身證せしめるのである。それ故にまた滅びない身證のみが、滅びる身の意味を感知するのである。

常樂の淨土

如來の智は其の說きたもうた法に歸一して眞に常恒不滅であり、師教は弟子に傳統せられて實に相續不斷である。されば理と智と行との一味なることに於てのみ、眞實に常住ということを得るのであろう。その法と一如なる涅槃、その傳統を貫ぬく佛性、それを身證するものは眞の佛土を知るものである。

經典の說くところは佛道を教訓するものである。それ故にそれに依りて自覺すべきであつて、知識的に分別すべきものではない。また其の教訓は普遍の道理を顯わすものであるから、釋迦の一家言として受持すべきものではないであろう。その普遍の道理とは必ず身證の智慧となるものでなくてはならない。その智慧に身證せられるものは佛性の世界である。それ故にその身證の智慧は大涅槃へと歸入するのである。

道は眞實を理想とすれば常といわれ、快樂を目的とすれば無常といわれる。これ佛道と外道との別れるところである。

成道は悟りに止るところにあるのではなく、無窮に大悲を行ずるところにあるのである。これ賢者の成道は無常といわれ、諸佛の成道は常といわれる所以である。

涅槃は生死の外に求むべきものではない。生死の内に感ぜらるべきものである。これ外の解脫を無常といい、內の解脫を常と說かれる所以である。

これに依りて、すべて眞實に常なるものは、ただ修行に於てのみ身證せられると說かれた。永遠といい常住というは、單なる道理でないことを思うべきである。

永遠の眞實を身證するものは、涅槃の樂を感受するものである。その樂は苦と交替するものではないから常樂といわれる。しかも樂と感ぜられてある限り不苦不樂というようなものではない。それは人間の意欲に依る無常の小樂ではなく、法爾自然の大樂といわれるものである。

常樂は動亂を離れているから安樂といわれる。安樂は一切の喜憂の浪の届かない靜寂の深淵にある。激越の快樂も逼迫の苦惱もない。その大涅槃の世界を安樂國と名ぶのである。

安樂は智慧の心境である。一切に一を知り、一に一切を知るものは、物に動亂せられるということはない。廣く萬象を包み、深く諸法に徹する智慧の樂しみは大いなるものである。その大樂は卽ち大涅槃と一如なるものである、それは正に涅槃の法樂ともいうべきであろうか。

法樂は妙樂である。それは煩惱の身に感ぜられるような不淨のものではない。如來の法身に受用せられるものであるからである。しかれば我等は念佛の行信に於てその妙樂を感知せしめられることは、これ卽ち如來の御名に於て法身の功德を廻向したもうに依ることであろうか。

業に依りて身は形成せられ、身に依りて業は造作せられる。而して其の業は煩惱の心に汚され、これに依りて身は有の世界を感得しているのである。ここを以て其の業を浄むる他に我等の救われる道はない。これ即ち念佛の淨業に依りてのみ、大涅槃の淨土に生ると説かれた所以である。

念佛によりて感知せられる世界は、これ如來の大願業力の成就するところである。その如來は常住であり、その業力は純淨にして漏《けが》れがない。その大淨の德あるが故に、佛土は大涅槃界といわれるのである。

如來は卽ち涅槃ではあるが、如來は畢竟して涅槃せられることがない。常に菩薩の行を行じて涅槃の德を成就したもう。ここを以て煩惱なき身を以て煩惱に應化する行を修し、生死の中に入りて凡夫の佛性を呼起せられるのである。

我等、如來を彼岸に感ずる時、如來は此岸の我等に來りたもう。大涅槃界は遠く西方にありて、しかも去此不遠と說かれた所以である。

悉有佛性

衆生には過去・現在・未來はあるが、佛性には三世というものはない。恰も晝夜は地上にあつても日光にはないようなものである。されば佛性は未來にありということは、暗夜に曙光を期待するようなものであろうか。
世尊は本來なるものを未來にありと説きたもう。これ卽ち無窮の期待に於て久遠の佛性を信知せしめたもうものである。ここに彼岸の世界は常樂の家鄕として、我等の生死の歸依の所となる所以があるのである。

一度び佛法に歸した者が、それを捨てて世智に執えられる、それを斷善根者という。その人は容易に佛法に立ち歸ることはできない。世智それ自體にも道德があるからである。されど一度びは佛法にも歸したものである。いつかは立ち歸る時があるであろう。その人に就て佛性は未來にありと説かれるのである。それだけ深く本來の佛性が憶念せられてあるのである。
その人に取りては、佛性は忘れられたるものである。埋れるものである。その忘れられたる一境、その埋れる淨域、それが悉有佛性の涅槃界である。

世尊は善星の斷善根を豫知しつつ、その出家を聽《ゆ》るされた。ここに終生、世智を離れることのできない我等も、常に佛法を聞思せしめられつつあることを思う。されば悉有佛生は唯だ佛智の照覽である。したがつて斷善根の悲しみも未來佛性の喜びもみな如來にあることであろう。その如來の悲しみを悲しみ、その如來の喜びを喜ばせていただく。それより他に我等の信心はないのである。

涅槃の體は說くことはできない。されど其の量りない德は語ることができる。それ故に、其の德を呼ぶ名もすべては涅槃の一法を明らかにするの他はないであろう。一法に無量の名を說くといわれる所以である。畢竟これ生死にあるものに取りて涅槃は何を意味するかということである。したがつて無量の名も、また一法へと涅槃するのである。

涅槃は生死の歸依となり、安處となる。寂靜無爲にして動亂の畏れがない。煩惱の濁りなき清涼、苦樂の風雨の入らない窟宅である。それは生死の彼岸にある不死甘露の境であり、かえつて生死にあるものの光明となり、燈明となるものである。

如來の體は其の德と一如である。それ故に其の德は量りなくして、其の名も亦た盡くすことができない。而して其の名はすべて其の德を具えているのである。

その如來は寂靜といい、到彼岸といい、得解脫といい、大無畏といい、無相といわれる。ここにその名に於て如來と涅槃との別ないことが思はれる。されど殊に如來の德と仰がれるものは、船師・導師といい、また大師子王・大象王・大醫王と呼ばれることにあるのであろう。

その中にも「施眼」の名は意味深くいただかれる。その施された眼こそ信心の智慧といわれるものではないであろうか。

われらの身心には涅槃がない。それ故に顚倒といわれ、衆生といわれ、煩悩といわれる。されどこの身心は涅槃を得ることができる。ここに四念處ともいわれ、賢聖ともいわれ、また第一義とも解脱ともいわれる所以があるのである。

これに依りて如來の德もこの身心に行信せられ、涅槃の境もこの身心に證得せられる。これ世尊に種々の名義の說ある所以であろうか。

多くの教を聞きて一つの理に達せば、慧眼は開けていかなる動亂の世にも惑うことはない。世諦も第一義諦に歸するからである。一つの理を念じて多くの教を思えば、法眼は惠まれて見聞ことごとく法樂となる。第一義諦も世諦の中に感ぜられるからである。

生身を見失える悲しみに於て法身の不滅を思い知らしめられる。その法身に歸することに依りて生身は永久に我等の內に生きたもう。有爲の衆生を救う佛身は無爲にして有爲を示現したもうのである。

如來の境地は賢聖といえども見證することはできない。眼見は下より上へ向うものであるからである。されど如來の悲智は凡夫も聞信することができる。聞見は上より下へ向うものであるからである。

それ故に「一切衆生に悉く佛性あり」ということは、ただ是れ如來の知見であつて我等はただ聞知するのみである。或は自身の成佛に就ては、聞信の中に自からなる見證もあることであろう。されど惣べての人の救われることは、唯だ仰いで聞信するの他ないのである。

これ卽ち世尊は「佛性は未來にあり」と說きつつ、本來の佛性を知見せらるるも、我等は本來の佛性を聞きつつ、偏えに未來の成佛を期せしめられる所以である。

如來の御言を聞いて、その御心を見る。これを聞見という。如來の御言は微妙であつて世の音聲と同じではない。そこに聞ゆるものは、我等の胸に徹《とお》る大悲の音聲である。眼見の道絕えたる我等には、生身も法身もすべて緣なきものである。されど聞見の道は開かれて光壽無量の佛身にも、今現に値遇せしめられる。廣大難思の恩德である。

淨土の功德

人間生活を離れたる心を以て人間生活に隨順しゆくは聖者の道である。煩惱を斷たない身に涅槃の分を得しめたもうは淨土の法である。ここに惣べての凡夫の救われる一境がある。「虛空の如く究みなく、廣大にして邊際がない」。

大慈悲は煩惱を融解し、正道は涅槃を身證せしめる。淨土とは其の正道の大慈悲に成れる世界である。

ここを以て淨土は一如の道理に隨順して、發心し修行して成就したもうた大慈悲を「根」とするものと說かれた。

これに依りて煩惱の衆流も大慈悲に歸入すれば、一味の涅槃に同化せしめられることとなるのである。

涅槃を性として大悲の習《ならい》を起したもう。そこに無爲自然が感ぜられる。自然は精進を須いないものではない。大悲の習は涅槃の性を現わしたもう。そこに純淨無漏は偲ばれる。純淨は煩惱を融化するものである。

煩惱を斷たなければ憂苦は盡きず、煩惱を斷てば空寂に沈む。その煩惱あるものに涅槃の光を與えて憂苦を超えしめ、その煩惱なきものに大悲の命を惠みて空寂を離れしめる。淨土はただ著世の凡夫にのみ感ぜられるものではない。遁世の賢者にも願われねばならぬところである。

春秋、節を分ち、風雨、時に應ず、自然の現象は不可思議である。その間に禽獸虫魚ありて盡くることはない。生物の存在は不思議である。その生物には、或は空を飛び、或は水に棲むものがある。業力の不可思議である。その業力を制止すればまた別の力が現われる。禪定力の不可思議である。然るにそれらの實相を究め覺る者には、更に大いなる力が成就せられる。佛法力の不可思議である。而して其の佛法力の不可思議に依りてのみ、我等は救われてゆくのである。

淨土は佛法力の不可思議の成就せるところである。したがつて其所に自から二種の力が感ぜられる。一は法藏の大願業力であり、二は彌陀の智力である。その業力に依りて衆生は攝化せられ、その智力に依りて涅槃に住持せられる。これに依りて本願を信ずるものは、業苦の身にも一如の境を感じ、淨土を願うものは、煩惱の心にも大悲を行ぜしめられるのである。

本願の世界

親は子の爲にと家を建つ。それは子の家であつて其まま親の家である。その家に於て親は親であることを忘れて親であり、子は子であることを忘れて子であることができる。

淨土は往生人の爲に莊嚴せられた。それは往生人の世界であつて其まま彌陀の佛國である。そこに於て如來と衆生とは一味同證せしめられる。それこそ大悲の本願に應じたる眞實報土といわれるものである。

聖者の智見にだけ映《う》つる世界は、いかに廣大無邊といつても、畢竟それは觀念界であるといわねばならぬであろう。したがつて事實としては、かえつて智見に限定せられたる變化の世界といわねばならない。

大悲の本願にて一切の群生を攝化したもう淨土の外に、眞實に廣大無邊なる世界は無いのである。

われらは淨土に往生する資格があるのであろうか。本願を信じ、念佛するものはその資格を得るのである。

往生人は凡夫であつても淨土は形成されるであろうか。凡夫を攝取せられる如來の誓願に依り、淨土は成就するのである。

しかし往生人は何うして眞實に彌陀の佛國を感見し得るであろうか。如來は其の大悲と智慧とに依りて、淨土を感見し得る眼を念佛の行信に廻施したもうからである。

すべての法は變化するが、ただ涅槃のみは常住である。されど其の常住とは凡人の知識するようなものではない。したがつて常住という執情は當然否定されねばならぬものである。それ故に涅槃もまた化と説かれた。

「彌陀の妙果を無上涅槃という。」その淨土の常住であることは明かである。されど其の常住は生死の歸依となるものであるから、此の世の知識で把握せられるものではない。この意味に於て彌陀の入滅を説く經意も畢竟は執情を離れしめんがためであろうか。

されば入滅の經説に依りてこそ、いよいよ不滅の旨趣を知らしめられることである。

宿世といい來生という。これ行智の內容である。東方といい西方という。この身根の所感の他にはない。されば淨土を未來に期する心も、本來の家鄉の懷かしさであり、西方に靜寂を慕うことも、遍界の本國に歸する思いである。その懷かしみに於て我等の業障は淨化せられ、その慕わしさに我等の苦惱は解除せられる。法爾自然の道理である。

われらの自覺は佛性に依ることであろう。されど佛性はわれらの自覺の達し得ない深みにある。その自覺の屆かない無念の境に於て初めて佛性を見ると説かれた。それは畢竟、この世に於ては佛性を見ることができないということであろう。そこに偏《ひとえ》に淨土を願うべき所以があるのである。

この世より佛の國への道は斷絶している。そこは永遠に未來なる彼岸の世界である。その世界へと超證せしむるものは、願力廻向の行信である。通路は如來に依りて開かれたのである。それは斷絶に卽する通路として念佛するものに內感せらるるものである。

淨土への往生を願う、それは此世の業苦を離れようとする心である。その心に於ては淨土も種々の相に憧憬せられ、したがつて往生の業因も種々あることと思われるであろう。されどそれでは淨土というも、凡夫業感の境地に他ならぬこととならぬであろうか。然るに大悲の願心は、この凡情を捨つることができない。これに依りて其の願に應じつつ、其の願を超えしめようという「悲願」を顯わされた。それが方便の願といわれるものである。それ故に方便の願がなくては、眞實の願に歸入することはできない。しかし眞實の願に歸入すれば、方便の願もまた眞實と領解されるのである。

眞佛の世界は「無量光明土」である。廣大無邊にして無障無礙である。されば「業因は千差であるから佛土もまた萬別である」という方便化身土も、畢竟これ無量の光明の變化に他ならぬであろう。それ故に機感の固執を解除し終れば、方便化身土は、其ままに眞實報土に外ならぬのである。

如來と淨土との實在、及び靈魂不滅の證明を要求するということは、そこに人間の深い願いがあることを意味するものであろう。淨土教の歴史はそれに依りて成立せるのであつた。

されど眞佛報土は證明を無用とする大涅槃界である。「他力というは如來の本願力」なれば、特に彌陀の實在を論證する必要がない。難思議の往生は「無生の生」である。洵に其の眞實へと導かんが爲に方便の願が建てられたのであつた。されば淨土教の歴史もまた、方便より眞實へと領解すべきであろうか。

方便に依らなくては眞實に歸することができない。されば我等の救われることも、偏えに方便攝化の眞實に由ることであろう。洵にここにこそ「如來廣大の恩德」の感ぜられることである。

化身土の巻

至心發願の願

邪定聚の機
雙樹林下の往生
無量壽佛觀經の意である

至心廻向の願

不定聚の機
難思往生
阿彌陀經の意である

第十八願は至心信樂の願といわる、これに對して第十九願は至心發願の願であり第二十願は至心廻向の願といわる、至心信樂は正定聚の機で難思議往生する。至心發願では眞實の淨土へ生れられない。化身土の往生に定まる。故に邪定聚の機といい、その往生を釋迦の入滅の所に思い合せて雙樹林下という。恐らく臨終正念を期することを彰わすものであろう。至心廻向は進退不定の機である。依つて難思議の議の一字を除いて難思往生という。

大意

序言

つつしんで化身土を顯わさば、佛は『觀無量壽經』に說かれた眞身觀の佛である。土は『觀經』の淨土であり、また『菩薩處胎經』に說かれた懈慢界であり、また『大無量壽經』に說かれた疑城胎宮である。

然るに濁世の群萠、穢惡の有情は、すでに種々の邪道を出でて佛法に入つても、眞なることは難く、實なるものは希れである。僞なるものは滋く、虛なるものは多い。ここを以て釋迦は福德の法藏を開いて群生を誘引したまい、彌陀は、誓願を發して、普ねく諸人を化したもう。ここに悲願あり、修諸功德の願と名づく。また臨終現前の願といい、また現前導生の願といい、また來迎引接の願といわれる。また至心發願の願と名ぶべきである。

本願と成就

ここを以て『大經』の願に言う。われ佛とならば、生あるものみな、道念を發し、もろもろの功德を修め、心を至し發願して、わが國に生れようと欲う者あらば、その人のいのち終る時、聖衆と共に其の人の前に現われ、圍繞して迎えることとしよう。

眞身觀の佛　眞佛は不可思議光如來、化身佛は種々の身相を示すもの、『觀經』の眞身觀は、その身相を說く。

懈慢界　眞實の道を求むることを懈り、あなどるもの〻生る〻世界。

疑城・胎宮　本願を疑うものの居るところ、疑に包まれた宮殿。

福德　『觀經』に諸善を三福に攝む、福德は即ち諸善の功德である。

現前導生　臨終に行者の前に現われ、導いて往生せしむ。

しからずば覺の身とはなるまい。

『悲華經』の大施品に言う。願くは我れ無上正眞道を成就する時、無邊の世界のあらゆる衆生が、もし無上の道心を發して、もろもろの善根を修め、我が界《くに》に生れようと欲わば、その臨終に、我れは大衆と共に其の人の前に現われよう。其の人は我れを見て心に歡喜し、もろもろの障礙《さわり》を離れ、そこで身を捨てて我が界に來生することとならしめよう。

この願の成就は、卽ち三輩の文である。また『觀經』の定散九品の文である。

また『大經』に言う。無量壽佛の道場樹は、高さ四百萬里あり、其の幹の周圍は五十里で、枝葉は二十萬里四方を覆うている。その樹は衆寶の自然に合成せるもので、如意珠を以て飾られてある。阿難よ。もし彼の國の人この樹を見れば三の法忍を得るであろう。一は音響忍、二は柔順忍、三は無生法忍である。これみな無量壽佛の威神力により、本願力により、滿足願により、明了願により、堅固願により、究竟願に依ることである。また講堂と精舍と宮殿と樓閣とはみな七寶もて莊嚴せられ、自然に成れるものである。また眞珠・如意等の寶を幔幕としてある。その內外の左右に浴池があつて、大きさ十里、二十里、三十里乃至百千里のものがある。縱横も深淺も等しく

三輩　『大經』に往生人に上・中・下の三輩あるを說く。

定散九品　『觀經』には定善（心を靜めて、淨土と佛とを觀想する）と散善（さまぐの善）とを說く。九品はその散善の分類である。

道場樹　佛がさとりを開かれた場所（釋迦佛の場合と同樣）。

三法忍　『月燈三昧經』に隨順音響忍、思惟隨順忍、修習無生忍と說く。その經意に依れば三法忍は聞・思・修に依る智慧である。

て、八功徳の水は満ち湛えている。その水の味も清く香りて甘露のようである。

また言う。其の胎生の者の處《お》る所の宮殿は、百里また五百里あつて、そこで受ける快樂は帝釋天のようである。これみな自然である。

その時に彌勒は佛に尋ねた。世尊よ。どういう因縁で彼の國人に胎生のものと化生のものとがあるのであろうか。佛は答えられた。彌勒よ。もし衆生に疑惑の心ありながら、諸の功徳を修して彼の國に生れようと願う者あらば、其の人は佛智、不思議智、不可稱智、大乘廣智、無等無倫最上勝智を了らず、これらの智を疑惑し信じないにもかかわらず、なお罪福の因果を信ずるが故に、善本を修習して其の佛國に生れようと願うものであろう。そういう衆生は彼の宮殿に生れて五百歳の間、常に佛を見ず、經法を聞かず、聖衆を見ることができない。それで彼の國土では、これを胎生というのである。彌勒よ。彼の化生の人は智慧勝れ、その胎生の者はみな智慧がない。譬えば大王の國に七寶の牢獄あつて、美しき床を敷き、麗わしき帳《とばり》がかけられてある。もし王子に罪ある時は、彼の獄に入れられ、金鎖に繋がれる。そのように、佛智を疑惑して往生するものは、彼の胎宮に止まるのである。若しこの衆生は、その疑惑の罪を識らば、深く自ら悔責して、彼の胎宮を離れようとするであろう。彌勒よ。されば疑惑することは、大利を失うものといわねばならぬ。

八功徳水　（一）澄淨（二）清冷（三）甘美（四）輕軟（五）潤澤（六）安和（七）除飢渇（八）長養諸根。

大乘廣智　廣く一切を知る大乘の智慧。

罪福の因果　罪は禍を招き、善は福を生ずるということ。

『如來會』に言う。佛「彌勒に告げたもう。もし衆生が疑悔《あやぶみ》しながら善根を積み、佛智、普徧智、不思議智、無等智、威德智、廣大智を希求するものあらば、それは自の善根に信をもたないものである。故に五百歳の間、宮殿の中に住《とど》まることとなるのである。彌勒よ、汝、殊勝智の人を觀よ。彼は廣慧の力に依りて化生し、蓮華の中に結跏趺坐している。汝、下劣の輩を觀よ。もろもろの功德を修習しないから、無量壽佛に奉事することができない。これはみな昔の疑悔に依ることである。佛、彌勒に告げたもう。若し疑悔しながら善根を種《う》え、佛智乃至廣大智を希求せば、自の善根に信を生ずることができぬ。その人も佛の名を聞きて信心（罪福の信）を起したのだから、彼の國に生れるのであるが、開いた蓮華の中に坐することはできない。彼等は華の胎内に處《お》りながら、園苑宮殿のように想うているのである。

『大經』に言う。もろもろの小行の聖者、及び少功德を修習するものは無數である。みな往生し得よう。

また言う。少善根によりて彼の國に生れるものは數しれぬ程である。

師釋

光明寺の釋にいう。或は華に含まれ、或は邊界に生れ、或は宮胎に止まる。

憬興師はいう。佛智を疑うから、彼の國に生れても邊地に在り、聖化にあずかるこ

殊勝智の人　念佛者。

下劣の輩　諸行人。

功德を修習し得ない　疑惑の故に修習が徹底せぬ。

邊界　又は邊地、中心地でないということ。

とができぬ。もし胎生せば自責して疑を捨つべきである。

首楞厳院の『要集』に感禪師の釋を引いていう。問う『菩薩處胎經』には、西方こ
こを去ること十二億萬里に懈慢界がある。人、意を發して彌陀佛國に生れようと欲う
もの、みな深くこの懈慢國に著して前進することができない。億千萬衆の中に希に一
人ありて能く彌陀佛國に生ると説いてある。その經説に依りて思うに、眞に佛國に往
生するということはできることであろうか。答う『群疑論』には善導和尚の説を擧げ
て、それを助釋していうよう。『處胎經』に懈慢界に止まる所以を「みな懈慢にして
執心牢固ならざるによる」と説いてある。それで知られることは、雜修の者は執心不
牢であるから懈慢界に生れるのである。されば雜修しないで專ら淨業を行ずれば、そ
の人は卽ち執心牢固であるから必ず極樂國に生れるのである。また報の淨土に生れる
者は極めて少く、化の淨土に生れるものは少くはないとも説いてある。故に經説には
間違はないのである。

歸　結

ここに源信和尚の解義を思うに、その『往生要集』の念佛證據門には、第十八願を
別願の中の別願であると顯開せられてある。而して『觀經』に説いてある定散の機類《ひとびと》
も、極重悪人と信知してただ彌陀を稱せよと勸勵せられた。濁世の僧俗、よく自ら己

が能を思い量るべきである。

『觀經』の敎意

顯彰の二義

問う。『大經』の三心（至心・信樂・欲生）と『觀經』の三心（至誠心・深心・廻向發願心）とは一であるか異であろうか。

答う。善導の解釋に依りて『觀經』の説意を考えれば、顯と彰（隱密）との二意が見られる。その顯とは定散の諸善を説き、三輩の三心を開くものである。されど其の二善・三福は報土の眞因ではなく、諸機の三心は各人の自利（自力）であつて、利他（他力）の一心ではない。釋迦の方便で淨土を欣慕せしめる爲の善根である。これ此經の顯説である。彰とは彌陀の本願を彰わして、利他へと通入する一心を演《の》ぶるものである。ここに提婆・阿闍世の惡逆を縁として、釋迦は出世の本懷を彰わし、韋提希夫人が淨土を選ばれた正意に因りて、彌陀の大悲の本願を開説せられることとなつた。これ此經の隱彰の義である。

ここを以て『經』には「我に清淨業の處を觀ることを敎えたまえ」と言う。その清

彰隱密　隱れたる密意を彰わす。

三福　一、世福（父母に孝養し、師長に奉事し、慈心ありて殺さず、十善を修む）二、戒福（佛・法・僧に歸依し、衆戒を守り威儀を亂さない）三、行福（道心あり、深く因果を信じ、大乘の經典を讀み、行人を勸勵する）。

浄業の處とは卽ち本願の成就せる報土である。「我に思惟を教えたまえ、我に正受を教えたまえ」と言う。その思惟とは方便であり、その正受とは卽ち金剛の眞心である。「諦らかに彼の國の淨業を成ぜるものを觀よ」と言う。それは本願成就の盡十方無礙光如來を觀知せよということである。「廣く衆譬を說く」と言う。それは定善の十三觀のことである。「汝は是れ凡夫にして心想羸劣なり」と言う。それは惡人が往生の機であることを彰わすものである。「諸佛如來には異の方便あり」と言う。それは定散の諸善は方便の教であることを顯わすものである。「佛力を以て彼の國土を見る」と言う。それは他力の意を顯わすものである。「佛滅後の衆生」と言う。それは未來の衆生は往生の正機であることを顯わすものである。「觀もし經說に合えば麁想と名ばれる」（經說に合わざれば妄想）と言う。これ定觀の成り難きを顯わすものである。「觀もし成らば現身の中に念佛三昧を得」と言う。是れ定觀の成就はただ念佛の身となることを顯わすものである。しかれば定觀は明らかに方便の教である。「三種の心を發して卽便《すなわち》往生す」と言い、また「三種の衆生あり往生す」と言う。この經文に依れば三輩（上・中・下）に就て三種（定善と、散善と、本願との三機）の三心あり、また二種の往生（自力と他力）がある。これに依りて此經に顯彰（隱密）の義あることが知られる。されば二經の三心の一か異かを談るに就ても、善く思い量るべきであ

衆譬　形あるものを以て形なきものを知らしめる。

三種の心　『觀經』では至誠心・深心・廻向發願心である。また三種の衆生とは戒行を具うるもの、大乘經典を讀誦するもの、念佛・念法・念僧等を修むるものである。ここでは三種の衆生の語に於て定・散と本願の機を感じ、その三種の衆生の心を三種の心と領解せられた。したがって定・散の三心は『觀經』の顯說の如く至誠心等であり本願の三心は至心・信樂・欲生である。

る。『大經』と『觀經』と顯の義では異であり、彰の義に依れば一である。

善導の指示

これに依りて光明寺の和尚はいう。此土の釋迦は（韋提希の）請に應じて廣く淨土の要門を開き、彼國の彌陀は弘願の本意を顯彰したもう。其の要門とは此の『觀經』に説く定・散の二門である。定とは慮を息め心を凝らすこと、散とは惡を廢し善を修むることである。この二行にて往生を求願する、それが『觀經』に説く要門である。弘願とは『大經』の説かれた通りである。

またいう。今この『觀經』は即ち觀佛を宗とし、また念佛を宗とし、一心に思を回らせて淨土の往生を願うを體とするものである。この經は大小二藏の中では大乘教であり、漸頓二教の中では頓教に攝まる。

またいう。經の初に如是という。その如是とは定・散の法を指すものである。是とは決定する辭である。機ありて行えば必ず益がある。如來の説きたもう言《みこと》には錯謬《あやまり》がない。故に如是という。また如とは衆生の意の如くということである。衆生の心の樂《ねがい》にしたがいて佛はそれを度《みちびき》したもう。その機とその教と相應するを是という。それで如是というのである。また如是というは、如來の説は漸を説くこと漸の如く、頓は頓の如く、相は相の如く、空は空の如く、人法は人法の如く、天法は天法の如く、小

二種の往生　下に説いて即往生（他力）便往生（自力）という、即便往生の語を二種に分てるのである。

顯には觀佛を宗とし彰には念佛を宗とす。

は小の如く、大は大の如く、凡は凡の如く、聖は聖の如く、因は因の如く、果は果の如く、苦は苦の如く、樂は樂の如く、遠は遠の如く、近は近の如く、同は同の如く、別は別の如く、淨は淨の如く、穢は穢の如く、一切の法を説くこと千差萬別なることを明らかにしようとするものである。如來の法を觀る智は明了であるから、其の教に依り、心《おもい》のままに行をなさば、それぞれの益あることである。その業の果は自然で錯失がない。それを是という。故に如是というのである。

またいう。『經』に「彼國に生れようと欲わばまさに三福を修すべし」と説かれたのは、正しく三福の行を修することを勸むるものである。これは衆生の機に定と散との二種あるから、定行だけでは衆生を攝し盡すことができない。依て如來は方便して三福を顯開し散動の機根に應じられたのである。

またいう。眞實に二つある。一は自利の眞實、二は利他の眞實である。その自利の眞實にまた二つある。一は眞實心もて自他の諸惡を制し穢國を捨て、起居動靜、すべて一切の聖者の諸惡を制捨せられるようにありたいと期することである。二は眞實心もて自他の善を勸修することである。即ち口業としては眞實心もて彼の阿彌陀佛と其の國土と聖衆とを讃嘆し、また三界・六道の自他の業苦と果報とを毀厭《いとい》し、一切衆生の行爲の善を讃嘆し、もし善業でなくば敬して遠ざかり隨喜せぬことである。また身業としては眞實心もて合掌し禮敬して、衣服・飯食・臥具・湯藥の四事を以て彼の阿彌陀佛と其の國土と聖衆とを供養し、また此の生死三界の自他の身と土との果報を輕《いや》慢《しめ》し厭い捨てることである。また意業としては眞實心もて彼の阿彌陀佛と其の國土と聖衆とを思想し觀察し憶念して目の前に現われるようにすることであり、また此の生死三界の自他の身と土との報を輕賤し厭い捨てることである。

　また釋迦佛はこの『觀經』に三福・九品、定・散二善を說き、彼の佛の身・土の二報を證讃して人をして忻慕せしめたまうと決定して深信せよ。

　また深信とは自心を堅持し、敎に順い修行して永く疑錯を除き、解を別にし、行を別にし、學を異にし、見を異にし、執を異にするものに、動轉せられぬように決定することである。

　また行に就て信を立つるとは。行に二種あり、一は正行、二は雜行である。その正行とは專ら淨土經の說によりて行うものである。それは（一）一心に專ら此の『觀經』『彌陀經』『無量壽經』等を讀誦し、（二）一心に彼の國の身・土の二報の莊嚴を專注思想し、觀察憶念し（三）一心に專ら彼の佛を禮し（四）一心に專ら彼の佛を稱し（五）一心に專ら讃嘆供養することである。この正行に就て、また二つある。一は一

「行に就て信を立つ」は「人に就て信を立つ」るに伴う、下四三九頁参照。

心に彌陀の名號を專念して、行・住・座・臥に時節の長短を問わず念々に止まないもの、是を正定の業という。正定業というは彼の佛願に順うからである。二は禮拜・讀誦等で、それは助業といわれる。この正助二業を除いて已外の諸善は悉く雜行である。若しこの正助二業を修すれば、心、常に彌陀に親近し憶念は斷えない。それを無間という。若し雜行を行ずれば心は常に間斷する。故に廻向して往生し得ても、それは疎雜の行といわねばならぬ。

廻向發願心というは、過去と今生との身・口・意に修せし世・出世の善根と、及び他の一切の凡・聖の身・口・意に修せる世・出世の善根に隨喜する、其の自・他の善根を悉くみな眞實の深信の心もて廻向し彼の國に生れようと願うことである。故に廻向發願心というのである。

またいう。定善は觀を示す縁である。

またいう。散善は行を顯わす縁である。

またいう。淨土の要は逢い難い。

佛と淨土とを觀想する定善は、本願のこころをおもいみる縁となり、惡を止め善を修めようとする散善は唯だ念佛するの他なきを顯わす縁となる。

またいう。『觀經』には「三心を具うれば必ず往生を得」と說かれた。その三心とは、一に至誠心である。身では彼の佛を禮拜し、口では彼の佛を稱揚し、意では彼の佛を專念し觀察する。その三業が必ず眞實心によるを至誠心という。乃至三に廻向發願心である。それは一切の善根を悉くみな回《めぐら》して往生を願うものである。故に廻向發願心といわれる。この三心を具うれば必ず往生ができる。若し一心を缺かば生ずることができない。これが『觀經』の說である。また聖者は巳に生死を免れ、善法を行うて覺りを求められる。是れ自利である。衆生を敎化して未來の際《はて》を盡くされる。是れ利他である。然るに今の時の我等は、煩惱に繫縛せられて未だ惡道の生死の苦を免れていない。されば緣にしたがいて、できるだけの善を行い、速かに阿彌陀佛國に往生するようにと願うべきである。彼の國に到れば更に畏るるところなく修行も自然に增進し、自利・利他も具わらぬことはないのである。

またいう。若し專修を捨てて雜業を行えば、百の中に希に一二(の往生)を得、千の時には希に五三を得るのみである。何故なれば雜緣に亂動せられて正念を失い、佛の本願と相應せず、敎と相違し、佛語に順わず、係けた念《おもい》は相續せず、憶想は間斷し、願は慇重眞實でなく、貪瞋と諸見との煩惱は來りて間斷《へだて》し、慚愧・懺悔の心がないからである。

懺悔には上・中・下の三品がある。上品の懺悔とは身の毛孔から血を流し、眼から血の出るものである。中品の懺悔とは熱き汗は全身の毛孔から出で、眼から血の流れるものである。下品の懺悔とは全身に熱が徹り、眼から涙の出るものである。かように三品の別はあるが、いずれも久しく解脱の善根を種えた人にあることである。今生では法を敬い人を重んじ、身命を惜しまず、小罪すらも懺悔して心髄に徹せしめる。能くこのように懺悔すれば、時の長短に拘わらず、あらゆる重障は皆な頓《たちまち》に滅盡するのである。されど若しそうでなくば、たとえ日夜十二時に勵み行うても其の益はない。然るに其の懺悔の涙を流し血を流すことのできぬ者も、ただ能く眞心《ほとけのまごころ》の徹到《とおる》せるものならば、其の德は三品の懺悔するものと同じことである。

またいう。如來の光明は念佛の外なる雑業の行者を照らし攝めるということはない。

またいう。

佛　濁世に出でまして
たくみにわれらを導きたもう

多くの法きき　まことをいただき
少しく學びて眼を開く
德と智慧にて障を除き
こころ禪《しず》めて佛を念う
それらの法みな繫縛《きづな》たつ

またいう。

よろず世かくる修行はかたし
一時《ひととき》の間《ま》も百千《ももち》まどう
この世にさとる時をまちなば
ついに其期を得ることあらじ

はげみて進むよろずのおしえ
よろず世かけてようやくさとる
いのちをかぎり御名を稱えよ
佛は來りて迎うなり

しばしのひまも貪りたえず
いかでながき世いかりなからむ
愛と憎みは人の道さゆ
その身は悪しき巷はなれじ

またいう。

よろずの善を淨土の道と
世尊は導びきいざないたもう
みこころ受けし韋提は女人
愛と憎みを具えし凡夫

『論註』にいう。二種の功徳がある。一は凡俗の善とし福とするものである。それは穢れたる心より生じて眞理に順わないから、因も果も皆顚倒であり虚僞である。故に、不實の功德といわれる。

『安樂集』にいう。『大集經』の月藏分には、わが末法の時には、千億の衆生が佛道を修行しても、一人も覺り得るものはないと説かれてある。今やその末法であり、五濁の惡世である。さればただ淨土の一門のみが通入すべき路である。

またいう。聖道の修行では一萬劫を滿たねば火宅を免れることができない。その間に惡道へと顚落する怖れがある。その功勞は至て重く、しかも其の報は僞を離れない。

修善の諸相

第十九願と『觀經』

然るに今『大經』に據れば、彌陀は「眞實より方便へ」と願を超發《おこ》したもうた。これに依りて釋迦は『觀經』に「方便より眞實へ」の教を顯彰《あらわ》し『小經』ではただ眞門を開いて方便の善を説いてない。これ即ち三經の眞實は選擇本願を宗とし、また三經の方便は諸善を修するを要とするものである。

これに依りて方便の願を思うに、假と眞と（の二意）あり、また行と信とがある。その願は即ち臨終現前の願であり、行は即ち修諸功德の善であり、信は即ち至心發願欲生の心である。この願の行・信に依つて淨土の要門なる權假の方便は顯開せられ、またその要門に正・助・雜の三行が見出される。その正・助には專修と雜修とがある。また機には定と散との二種あり、したがつて二種の三心と二種の往生とがある。二種の三心とは一は定の三心であり、二は散の三心である。この定散の心即ち各人の自利

諸行による往生を要門といい、念佛しつつ自力心の離れざる往生を眞門といゝ本願を信じ念佛するを弘願という。要門は『觀經』の教、眞門は『小經』の教、弘願は『大經』の教である。

心である。また二種の往生とは一は即往生であり、二は便往生である。その便往生とは即ち邊地に胎生する雙樹林下の往生であり、即往生は即ち報土への化生である。

また此經には眞實がある。これ乃ち金剛の眞心を開き、攝取不捨を顯わそうとせられるものである。その意で濁世の教主釋尊は至心信樂の願心を宣説したもうた。これ報土の眞因は信樂を正とするからである。ここを以て『大經』には信樂という。如來の誓願には疑心の雜ることがないからである。さればこそ信といわれる。これを『觀經』には深心と説かれた。諸機の淺信に對してである。『小經』には一心という。二行まじわることとないからである。また一心に深と淺とがある。深は利他眞實の心であり、淺は定散自利の心である。

宗師（善導）の意に依れば、心にしたがい行を修めて入るべき門は八萬四千に餘ることである。その根機に依つて漸進と頓悟とあるも、それぞれの緣にしたがつてみな解脱を得るといわれる。されど常に迷える凡愚には定心は修め難い、慮を息め心を凝らさねばならぬからである。散心も行じ難い、惡を廢し善を修することであるからである。かように相を想いて心を住めようとすることすら成り難い。それではたとえ千年の壽があつても法眼は開けないと説かれた。ましてや相を超え念を離れるというようなことは實に難いことである。故に如來は豫《かね》て末世の凡夫の罪障を知ろしめして、

經に發三種心即便往生という、その三種心に方便と眞實とがある。したがつて往生に二種ありとして、即便の二字を分たれたのである。

「相を立て心を住める」ことすら難い、まして相を離れて事を求むるは、通力のない人が空中に舎《いえ》を立てようとするようなものであると説きたもうた。（ここに宗師の「門は八萬四千に餘る」といわれたことを思う）その門とは卽ち八萬四千の假の門であり、餘とは卽ち本願一乘である。

聖道より淨土へ

凡そ一代の教に就て、此の世界で聖果を得ようとするを聖道門と名び、難行道という。この聖道門に大・小、漸・頓、一乘・二乘・三乘、權・實、顯・密、竪出・竪超というものがある。すなわち是れ自力の教化地なる方便の道路である。（これに對して）安養淨土にて聖果を證るを淨土門と名《よ》び易行道という。この淨土門にも横出・横超、假・眞、漸・頓、助・正、雜行・雜修・專修の別がある。その正とは五種の正行であり、助とは名號を除いて已外の四行である。雜行とは正・助を除いて已外のものを悉く雜行というのである。それは卽ち横出の漸教といわれる定・散、三福、三輩九品の自力の假門である。（これに對して）横超とは本願を憶念して自力の心を離れるもの、專修とはただ佛名を稱念して自力の心を離れるもので、それは横超他力と名ばれるのである。これ卽ち專の中の專、眞の中の眞、乘の中の一乘である。これ卽ち眞宗である。その事は已に眞實行に於て顯わせることであつた。

自力の教化地　「聖道というは已に佛になりたまえる人の、吾等が心を勸めんが爲に佛心宗等の大乘至極の教なり」（『末燈鈔』）。

それ雑行と雑修とは、其の言は一で其の意は別である。その雑という語には萬行が攝まる。ここに五種の正行に對して五種の雑行というものがある。その雑という所以は人・天・賢・聖等の解行が雑《ま》じるからである。それは本より往生の因種《たね》ではなく廻心し廻向して（淨土の行となる）善であるから雑行というのである。その雑行に於てもまた專行して專心なるものあり、雑行して雑心たるものがある。專行とは專ら一善を修するもの、專心とは一筋に淨土へ廻向するものである。また諸善を兼行するは雑行であり、定・散の心の雑るは雑心である。

また正・助の業に於ても專修と雑修とあり、その雑修に專心のものと雑心のものとがある。さらに專修に就てはただ佛名を稱うるものと、五正行のそれぞれに專らなるものとの二つがある。而してそれぞれの專修にも專心と雑心とがある。その五專修とは一に專禮、二に專讀、三に專觀、四に專稱、五に專讚嘆である。しかしこの五專修はただ佛名を稱する專修と其の語は一で其の意は異つている。それは五專修は定の專修であり、散の專修であるからである。專心とは五正行を專らにして二心なきをいう。これ卽ち定の專心、散の專心である。この五正行を雑修するとは、助・正を兼行することであり、雑心とは定・散の心の雑ることである。よくよく分別すべきことである。

凡そ浄土の諸行に就ては、道綽和尚は「萬行」といい、善導和尚は「雑行」といい、懐感禪師は「諸行」といい、源信和尚は懐感にしたがい、源空聖人は善導和尚に依られた。いま經説に依りその師釋を思うに、雑行の中の雑行雑心なるもの、雑行專心なるもの、專行雑心なるもの、また正行の中の專修專心なるもの、專修雑心なるもの、雑修雑心なるものは、皆な邊地・胎宮・懈慢界の業因である。それ故に極樂に生れても三寶を見ることができない。佛心の光明は雑業の行者を照らし攝められないのである。ここに「假令」と宣いし誓願の意も思い知られる。假門と教え、忻慕と解かれし所以もいよいよ明らかである。

これに依りて二經の三心は顯の義では異であり、彰の義に依れば一であるということとなる。これで三心一異の義は答え終つた。

『小經』の教意

顯彰の二義

また問う。『大經』『觀經』の三心と『小經』の一心とは一であるか異であろうか。

答う。方便眞門の誓願には行と信とがあり、また眞實と方便とがある。その願は卽ち

方便眞門　眞實の二字を分け、眞は法を顯わし實は機に徴するものとすれば、念佛しながら自力心の離れないものは眞を教えられながら實を得ないものといわねばならない。依てただ念佛を勸められたものを方便眞門という。

植諸徳本の願である。行には二あり、一は善本、二は徳本である。信は即ち至心廻向欲生の心である。第二十の願 その機には定と散とがあり、往生は難思往生である。佛は化身、土は即ち疑城胎宮である。

『觀經』に准じて此經にもまた顯と彰との義あることが知られる。顯とは一切の諸行を少善と嫌貶《おとしめ》して善本德本の眞門を開示し、自利の心を勵まして難思の往生を勸めるものである。それを經には多善根・多功德の因緣（によりて往生す）と說き釋（善導の）には「九品みな念佛して不退を得」といい、また

西ゆく道はひたすらに
み名となうるに勝るなし
三聲に應え五聲に
佛は來り迎うなり

といわれた。これ此經の顯の義を示すものである。これ乃ち眞門の中の方便である。

彰というは眞實難信の法を彰わすものである。これ乃ち不可思議の願海を明らかにして無礙の大信心海に歸せしめようとの意である。良《まこと》にこれ恒沙の諸佛の勸めたもうところであるから、それを信ずることもまた恒沙の諸佛の證誠するものである。故に經には「甚だ難し」といわれた。また釋（善導の）には

善本德本　下の四三五頁の本文に解說あり。

彌陀の誓のまことは重く
み名よぶ凡夫かならず生る

といわれた。これは隱彰の義を開くものである。これ經は「名號を執持して一心に亂れず」と說かれた意である。執持というは、執は心堅牢で移轉しないことであり、持は散失しないことである。一心とは一は無二ということ、心は眞實に名づくるものである。この經は大乘經の中で特に問うものなく自意のままに說かれた經である。しかれば如來の世に出でまし所以、諸佛の證誠し護念せられる正意は、ただここにあることである。ここを以て信賴すべき弘法の聖者、相承の淨土の宗師は、眞宗の念佛を開いて、濁世の邪僞を導きたまえるのである。

かように三經の教相には顯と隱との義はあるが、所詮は信心を彰わすものである。故に經の始には「如是」という。如是とは善く信ずる相である。今、ここに三經を思うにみな金剛の眞心を最要としてある。眞心は卽ち大信心である。大信心は希有にして最勝であり、眞妙にして淸淨なるものである。故に大信心海へは甚だ入り難い。何故なれば佛力より發起するもので凡夫のはからいでないからである。また眞實の樂邦へは甚だ往き易い。何故なれば願力に依りて生れるのであるからである。今、一心に就て顯と彰とを語れるもこの意である。これで三經に於ける一心の義は答え終った。

弘法の聖者　原文、四依弘經の大士。

專修念佛の勸め

大意

しかれば濁世の僧俗は、速に至德の眞門に入つて難思の往生を願うべきである。眞門の方便には善本と德本とがある。また定の專心と散の專心と定散の雜心とがある。雜心というのは凡夫も聖者も、善人も惡人も各々助・正の雜る心もて名號を稱念することである。良に教は頓であつて機は漸であり、行は專らであつても心は雜である。それを雜心というのである。定・散の專心というは罪福（善惡の因果）を信ずる心にて本願力をたのむものである。それは自力の專心といわれる。善本とは如來の嘉名である。この嘉名は萬《よろず》の善まどかに備《そなわ》り、一切の善法の本である。故に善本という。德本とは如來の德號である。この德號は一聲稱念すれば至德は成就し滿足し、衆の禍はみな轉じて德となる。故に德本というのである。

本願と成就

これに依りて釋尊は功德の法藏を開演して十方の濁世を勸化したまい、彌陀如來は本と果遂の誓第二十の願を發して、あらゆる群生を悲引せられた。ここに悲願あり、植諸德本の願となづけ、また係念定生の願といい、また不果遂者の願という。また至心廻向の願と名づくべきである。

功德の法藏　念佛は大善大功德と說かれた。諸善を福德藏というに對していう。

ここを以て『大經』の願に言う。われ佛とならば、生あるものみな、わが名號を聞き、念をわが國にかけて、もろもろの德本を植え、心を至し廻向して我が國に生れようと欲うものあらば、その念を果遂せしめよう。しからずば覺の身とはなるまい。

また言う。佛智を疑惑して信じない。しかも罪福を信じて善本を修習し浄土へ生れようと願う。その衆生は彼の宮殿に生れる。

また言う。

もし人善本あらざれば
このみおしえを聞くを得じ
まこと戒《おきて》をまもるもの
正しき法をきき得べし

『如來會』に言う。われ佛と成らば、よろずの國の衆生の中には、わが名の説《おしえ》をきき、それを己が善根として極樂へと廻向することもあるであろう。その人も生れぬならば我は覺りの身とはなるまい。

『平等覺經』に言う。

その身に功德あらざれば
この經の名を聞くを得じ

きよき戒《おきて》をまもるもの
いまし正しき法を聞く

邪智と誇りある人は
正しき法を信《う》けがたし
遠き世　佛にあえるもの
教を聞くを樂しまん

人の命は受けがたく
佛にあうはいとかたし
信をうることかたければ
聞くものつとめて求むべし

『觀經』に言う。佛、阿難に告げたもう。汝よく是の語を行持せよ。この語を行持せよとは、即ち無量壽佛の名を行持せよということである。

『阿彌陀經』に言う。小善根・小福德の因緣では彼の國へ生れることはできない。

されば阿彌陀佛の說《おしえ》を聞きて、その名號を執持せよ。

善導の勸勵

光明寺の和尚はいう。善と名ばれる多くの行はあるが、念佛とは比較にならない。故に諸經の中には所々に廣く念佛の功德が讃えられてある。『無量壽經』の四十八願の中には、唯だ彌陀の名號を專念して往生を得ることを明かし『彌陀經』には一日乃至七日、彌陀の名號を專念すれば往生を得と說かれた。また十方恒沙の諸佛の證誠も虛しくないことである。また『觀經』には定・散を說く中にもただ名號を專念せば往生を得ることが標示されている。かかる例は多い。以て念佛の德を知るべきである。

またいう。決定して『彌陀經』に十方の佛たち一切の凡夫に勸めて必ず往生し得と證明せられてあることを深信せよ。諸佛の言行には間違がない。故に釋迦は一切の凡夫に勸めて、一生をかけて專心に念佛すれば死後に必ず彼の國に生れると說きたまえば、十方の諸佛もみなそれを同讃し同勸し同證せられる。諸佛の大悲は同體であるからである。したがつて一佛の所化《みちびかれるあいて》は卽ち一切の佛の所化であり、一切の佛の所化は卽ち一佛の所化である。故に『彌陀經』には釋迦が一切の凡夫に勸めて、一日乃至七日、一心に彌陀の名號を專念せば必ず往生できると說かれ、それに次で、十方に各々恒沙の如き諸佛ましまして同じように釋迦が「よく五濁の時、惡世界の惡衆生、惡煩惱、惡邪、無信の盛なる時に、彌陀の名號を讃え、衆生に勸め勵まして稱念すれば必ず往生す」と說かれることを讃めたもう。これ諸佛の說が一つである證據である。また十方の佛は衆生が釋迦一佛の說を信じないことを慮り、共に同心に同時に各々大千界に徹る誠實の言をもて「汝等衆生よ、釋迦の說き讃え證せられるところを信ぜよ。一切の凡夫、罪と福との多少と修行の時節の長短に拘らず、上は百年の壽《いのち》を盡し、下は一日乃至七日にても、一心に彌陀の名號を專念すれば往生することに疑いはない」と證明せられた。かく一佛の說を一切の佛は同證せられる。この事を疑わぬを「人に就て信を立つ」というのである。

「人に就て信を立つ」上、四二二頁「行に就て信を立つ」と對應するもの。

またいう。佛の願意に思い合わせば、『觀經』の說もただ正念に稱名を勸められるものである。往生の疾《はや》さも雜業と同じではない。これに依りて此の『觀經』及び諸經の中に所々に廣く稱名を嘆えて勸め、それを大益とせられるのである。

またいう。經に「佛、阿難に告げたもう。汝、是の語を持《たも》て」と說かれた。これは正しく彌陀の名號を阿難に付囑して末代に流通せしめられるものである。されば經には定・散二門の益を說かれてはあるが、佛の本願と思い合わせば、その意旨は衆生に一向に專ら彌陀佛の名を稱えしめようとせられるものである。

またいう。

極樂は無爲涅槃のさかえ
はからいの善にては生れがたし
佛すぐれし法をえらびて
專《もは》ら念《おも》いを彌陀にかけしむ

またいう。

終末の世　亂れ濁りて
邪しまのちえ信《まこと》をはばむ
もはら西ゆく路を示せど
さえ破られて故《もと》へとかえる

遠き世よりかわることなき
今にはじめぬ微力のさとり
尊き縁にあわで來れば

輪廻の巷のがれ得ざりき

またいう。

よろずの法にて解脱《さとり》は得とも
み名よび西へ往くにはしかじ
一生かくるも　十《と》聲五《いつ》聲
三聲かぎりも迎いたもう
彌陀の誓のまことは重く
み名よぶ凡夫かならず生る

またいう。

よろずの佛《ぶつ》のみちびくたより
今の世尊の敎におなじ
機根にかなう法にしたがい
すべて眞の道へとさとれ
敎の門は八萬四千
根機ことなる我等が爲ぞ

とわに安ろうところ願わば
その道もとめ眞《まこと》へと入れ

またいう、日頃、諸方の僧俗を見聞するに、各々解行は同じでなく、專・雜の異あることである。ただ專心に行うものは十人は十人ながら生れ、雜修して至心ならぬものは、千人の中に一人も往生しない。

元照、孤山の說

元照律師『彌陀經義疏』にいう。如來は持名の功の勝れることを明らかにする爲に、先ず餘の善を貶しめて少善根とせられた。されば布施、持戒、立寺、造像、禮誦、坐禪、懺悔、苦行等の一切の福業も、もし正信なくば、廻向して往生を願うても、みな少善といわれる。それは往生の正因ではない。然るに此經に從い名號を行持すれば決定して往生する。そこに稱名は多善根であり多功德であることが知られるのである。私はそのように領解したが人はなお疑いを狹んでいた。然るに近頃、襄陽の石碑の經文が出て、其の經說の文は全く私の解釋と符節を合せたようである。これに依りて人人も深く信ずるようになつた。かの經文にいう。「善男子・善女人ありて阿彌陀佛の說を聞かば、一心に亂れず專ら名號を稱えよ。稱名に依りて諸罪は消滅する。卽ち是れ多功徳・多善根・多福徳の因縁である」と。

孤山の『疏』にいう。特に執持名號という、その執とは執受すること、持は住持することである。信力で執受して心におき、念力で住持して忘れぬことである。

孤山の疏　智圓の『彌陀經疏』。

難信の法

師教に信順して憍慢を離れよ

『大經』に言う。如來の出世には値いがたく見がたく、諸佛の經道は得がたく聞き難い。聖者の勝法とその行智も聞き難く、善知識に遇いて法を聞き能く行うということもまた難いことである。特に此經を聞きて信樂し受持することは、難中の難であつて、この難に過ぐるものはない。故に我はかくの如く佛となり、かくの如く說き、かくの如く敎うる。まさに信順して法の如く修行せよ。

『涅槃經』にいう。一切の梵行《よきおこない》の因は善知識である。一切の梵行の因は無量ではあるが、すべては善知識に攝められる。また一切の惡行は邪見である。一切の惡行の因は無量ではあるが、すべては邪見に攝められる。或は無上道は信を因とすといわれる。無上道の因は無量ではあるが、すべては信心に攝め盡される。

また言う。信には二つある。一は信、二は求である。人もし信があつても推求しないならば信不具足といわねばならぬ。また信に二つある。一は聞より生じ二は思より生ずるものである。その信心は聞より生じても思より生ぜぬならば信不具足といわれる。また二つの信がある。一は道ありと信ずるものであり、二は道を得る者を信ずることである。もしただ道ありと信ずるのみで道を得る人あるを信ぜぬならば、信不具足といわねばならぬ。また二つの信がある。一は正しきを信ずるものであり、二は邪を信ずるものである。因・果あり佛・法・僧ありというは正しきを信ずるものである。因果はない、佛・法・僧はそれぞれ其の性の別なものであるという、外道の邪語を信ずるものは、邪を信ずるものである。その人は三寶も信じているといつても佛と法と僧とは一體であることを信じない。また因果を信じても其の理を體得している人を信ぜぬならば信不具足といわねばならない。その人は不具足の信を固執するものである。

善男子よ。四つの善事でありながら惡果を得るものがある。一は名聞の爲に經典を讀誦すること。二は供養を得る爲に禁戒を受持すること。三は他人の物で布施を行うこと。四は解脱でない安穩の境を求めて坐禪し思惟することである。これらの四の善事は惡の果報を招く。もし人この四事を修習せば、それは沒みては出で、出でては沒むものといわれる。何故に沒というか。惡道を樂《ねが》うているからである。何故に出というか。明《あかり》を見ているからである。明りとは卽ち戒と施と定とに就て聞き知ることである。何故にまた沒むというか。邪見を增し憍慢となるからである。それ故に經の偈に說く、

いつわりの世を樂《ねが》いつつ
つくる善惡のおこないは
涅槃に反くものなれば
「出でては沒む」と名《よ》ばるなり
闇き生死の海わたり
苦を脫れてはさらにまた
惑いて惡しき報い受け
しばし「出でてはまた沒む」

如來には二種の涅槃がある。一は有爲、二は無爲である。有爲の涅槃には常・樂・我・淨がない。無爲の涅槃には常・樂・我・淨の德がある。若し人、善戒も惡戒も倶に善果を得るというならば、それは戒不具足のものである。その人は信と戒とを具えていない。また教を聞くということも具足せぬものである。その人は如來の說の一部を信じて全部を信じないものである。また經說を受持しても眞に讀むことができず、

したがつて他の爲に解脫しても、その利益はない。それも聞不具足である。また經說を受持するも、解說に是非を論じ、名聞と利養との爲にする。それは聞不具足というものである。

また言う。眞實の善知識は佛と聖者とである。常に三つの方法で根機を調え導びかれる。その三の方法とは、一は軟かなる語であり、二は嚴しい訶責であり、三は軟語と訶責とを兼ねたるものである。この義に於て佛と聖者とを眞實の善知識というのである。また佛と聖者とは大醫であるから善知識といわれる。それは病を知り、藥を知り、病に應じて藥を授けられるからである。良醫は八種の術を善くするものである。先ず病の相を觀る。病相には風と熱と水との三種がある。その風病の人には酥油を與え、熱病の人には石蜜を授け、水病の人には薑湯をすすめる。かく病根を知りて藥を用いるから病は治するのである。佛と聖者もそのように、凡夫の病に三種あることを知つておられる。その三種とは貪欲と瞋恚と愚痴とである。その貪欲の病には骨相を觀ぜしめ、瞋恚の病には慈悲を教え、愚痴の病には因緣を知らしめられる。それで佛と聖者とを善知識というのである。また船師は善く人を渡すから大船師と名ぶように、佛と聖者も衆生を乘せて生死の大海を渡らせる。それで善知識というのである。

良醫八術『涅槃經』の諸注、それを傳えないので不明。診察、施藥、手術、解熱、等であろうか。

『華嚴經』に言う。

善知識こそありがたき
眞心《まことごころ》の父母となり
また乳母のごとはぐくみて
道へと此身を育てては
惡しき疾のいゆるごと
天の甘露のそそぐごと
日の正道を示すごと
月のさやかに照るごとし

また言う。

如來は大悲のみこころに
この世の中に出でたまい
迷えるわれらのためにとて
無上の法を説きたもう
如來の長き世をかけし
勞苦はわれらがためなりき

われらいかにか今ここに
大師の恩にむくうべき
光明寺の和尚はいう。
浄土は對《むか》いたがわぬを
疑う心ぞうらみなる
大悲の攝護知らまくば
己が心の向を省《み》よ

佛のさとりひらくまで
長くめぐみをたたえなん
彌陀の誓にあわざれば
いずれの時か世を超えん

思いやかけし浄土へと
まこと世尊の力なり
本師のすすめあらざれば

いかでか入らむ彌陀の國
またいう。
佛ある世に値いがたく
信の智慧うることかたし
希有のみ法をきくおりに
もうあうことはいとかたし

自ら信じ信ぜしむ
かたきがなかにいやかたし
大悲をつたえ法說くは
まことめぐみにむくうなれ
またいう。さあ歸ろう。異鄕には停まつてはならない。佛に從つて本家に歸ろう。本國に還りさえすれば、一切の行願は自然に成し遂げらるることである。
悲喜の淚に此の身を思う
み佛釋迦の悟《さとし》あらずば
いずれの時か彌陀の名きかん

大悲のめぐみまことかしこし

またいう。六道に輪廻して際《はて》しなく、愛欲の波に流され苦悩の海に沈む。佛道の人身は得がたきを今已に得、淨土の法は聞き難きを今已に聞き、信心は發し難きを今已に發せるのである。

眞に知る、專修しながら雜心であつては大慶喜心をうることができない。故に宗師善導は、其人を佛恩を念報することなく、行法を修めながら心に輕慢《たかぶり》があり、常に名利に執えられ、我執に覆われて、同行善知識に親しまず、好んで雜緣に近づいて、往生の正行を自ら障え他をも障ゆるものといわれた。悲しい哉、垢障の凡愚、遠い昔から助・正を雜え、定・散の心が離れないために、生死超脫の期がない。その流轉輪廻の有様を自ら思えば、更に長き世をかけても、佛の願力に歸することは難く、大信海に入ることは難いことである。良に傷み嗟むべく深く悲しみ嘆くべきことである。凡そ賢聖といわれる人も一切の善人も、本願の名號を自身の善根と思うから正しき信が生ぜず、佛智を了らず、佛の定められた淨土の因を了知することができない。故に報土に入ることができぬのである。

三願転入の表白

是を以て愚禿釋の鸞、論主世親の解義を仰ぎ、宗師善導の勸化に依り已に久しく萬行諸善の假門を出でて雙樹林下の往生を離れ、善本德本の眞門に廻入して偏に難思往生の心を發せることであつた。然るに今、特に方便の眞門を出でて選擇の願海に轉入し、速かに難思往生の心を離れて難思議往生を遂げようとするのである。果遂の誓はまことに由《ゆえ》あることである。　ここに久しく願海にあつた身として深く佛恩を知り、至德を報謝する爲に眞宗の簡要を集め、恒に不可思議の德海を稱念し、いよいよこれを喜愛し、特にこれを頂戴することである。

親鸞は已に祖師たちの教により諸善を以て臨終の來迎を期する心を捨てて念佛往生に專念せるのであつた。しかるに今あらためて大悲の願心に徹して自力の心を離れ、大涅槃を期することになつた。その有難さ洵に報じて報じつくせぬ佛恩である。

聖道自力の法は時機に相應しない

ここに思う、聖道の教は佛の在世、正法の時のものであつて、全く末の世、法滅の時機に應ずるものではない。已に時を失い機に乖けるものである。淨土眞宗は在世・正法と像末・法滅とを通じ、濁惡の群萠を齊しく悲化するものである。

ここに思い合わされることは、諸經の說人に五種の別あることである。五種の說とは一は佛說、二は聖弟子の說、三は天仙の說、四は鬼神の說、五は變化の說である。その四種の說は信用ができない。この三經は大聖の自說である。

五種の說　『大智度論』二（一）佛自口說（二）佛弟子說（三）仙人說（四）諸天說（五）化人說という。それに從えば意通じ易い。

また『大論』には四依の說がある。佛、入滅の時に弟子達に語られた。今日からは（一）法に依りて人に依るな（二）義に依りて語をたよるな（三）智に依りて識に依るな（四）了義の經に依りて不了義の經によるな。（一）法とは經の教である。その教の法に隨いて、その教えた人を賴んではならない。（二）義とは好惡と善惡と虛實とを諍う餘地のない道理である。その義を現わすものは語であるが、しかし語は義ではない。恰も指を以て月を指すは月を見せしめる爲であつて、その指は月ではないように、語は義を示す指であつて語そのものは義ではない。故に語を執してはならない。（三）智とは能く善惡を思慮し分別すものである。識とは常に樂のみを求めて要領を得ないものである。故に識に依つてはならぬ。（四）了義經とは一切の智人の中では佛は第一であり、一切の經書の中では佛法は第一であり、一切の道人の中では眞僧は第一である。故に無佛の世の衆生を佛は重き罪あるものと說かれた。それは見佛の善根を種えなかつた人である。

しかれば末代の僧俗よく四依を知りて法を修すべきである。

時機の勘決

道綽の教旨

ここに正眞の教意により、古德の傳說を披き、聖道と淨土との眞・假を顯わし、邪僞異執の外教を誡しむる爲に、如來涅槃の時代を勘え、正・像・末の意旨を開示しよう。

玄忠寺の綽和尚はいう。たとえ修道の身が絶えず相續し得ても、一萬劫を經なければ不退の位を證ることができない。然るに當今の凡夫は現に吹けば飛ぶ輕毛の如き薄信のものであり、假名《なばかり》の道人といわれ、進退の定まらぬものといわれ、法位の外にある凡夫といわれて、未だ火宅を出でないものである。その事は『菩薩瓔珞經』に詳《つまびら》かに道に入る行位を説くところに示されてある。故に難行道といわれるのである。

　またいう。教法の興起は時と機とに制約せられる。若し時・機が教法に反けばいかに修行しても證入することができない。『正法念經』にいう。行者、一心に道を求むるならば、時と方法とを考慮せよ。その時を得ず方法を誤らば失あつて利はない。濕《しめ》れる木を攢《もみ》て火を求めても火を得ることはできまい。時を得ておらぬからである。乾ける薪を折て水を求めても水は得られまい。智のない方法であるからである。『大集月藏經』にいう。佛の入滅の後の第一の五百年には弟子たちの慧學は堅固であり、第二の五百年には定學は堅く、第三の五百年には經典を讀誦すること堅く、第四の五百年には寺院を造り福德を修め懺悔の意を表わすこと堅く、第五の五百年には佛法は隱れて諍訟は多くなるも、なお多少の善法は殘ると。この經説に依りて今の時を思うに、即ち佛、世を去りたまいて後の第四の五百年に相當している。しかれば正しく懺悔し福德を修め佛名を稱うべき時である。一念、阿彌陀佛を稱うれば能く八十億劫の生死の罪が除かれる。況んや常に念佛すれば、是れ恆に懺悔する人というべきである。

またいう。經には住《とど》まるものと滅ぶるものとがある。釋迦佛の一代の教は、正法五百年、像法千年、末法一萬年と劃期されてある。その末法に於ては衆生の數も減じ、諸經は悉く滅ぶるのである。如來は其の時の苦惱の衆生を悲しみ哀れみて、特に此經『大經』を留むること百年ならしめらる。

またいう。『大集經』に依れば、末法の時に於ては億萬の衆生ありて行を志し道を修めても、一人として證得するものはないといわれてある。當今は其の末法の濁世である。さればただ淨土の一門のみ通入し得る路である。

末世の佛法

然るに濁世の群生は末代の有り方を知らずに僧尼の行狀を非難することであるが、今の時の僧俗は、よくよく己れの分を思い量らねばならぬ。

ここに三時の教を思うに、如來涅槃の時代は周の第五の主、穆王の五十三年の壬申に當つている。その壬申から、わが元仁元年甲申までは二千一百八十三歳である。また『賢劫經』『仁王經』『涅槃經』等の説に依れば已に末法に入つてから六百八十三年になつているのである。

『末法燈明記』最澄の制作　にいう。それ一如を範《のり》とし教化するものは法王であり、四海に臨みて美風を布くものは仁王である。然れば仁王と法王とは互に其の德を顯わして衆生を導びき、佛法と政治とは相依りて正法は行われるのである。これに依りて經典は世界に弘まり、善言は天下をうるおすことである。ここに愚僧最澄等は聖主の制定を畏《かしこ》み、自身の安逸を欲うものではない。然るに佛法には三時あり行人にも三品がある。したがつて敎化・制裁も時によりて緩急あり、毀譽褒貶も人によりて取捨されることである。されば政治も古今に依りて盛衰ある如く、佛法も五百年每に其の智慧を異にするのである。それを一途に一理に整えることはできない。これに依りて正・像・末の別を詳《つまびら》かにし持戒・破戒の僧風を彰わそうと願う。それには初に正・像・末を決し、次には僧風を定め、後には敎と事實とを對應して見ることとしよう。

初に正・像・末のこと、種々の說がある。その一說に依れば、慈恩は『賢劫經』を引き、佛滅後の五百年を正法として其後の一千年を像法としてある。その千五百年の後、釋迦の法は滅盡するといつて末法の事は說いてない。餘所の說に尼僧が八敬戒を守らば正法は一千年なるべしというのがある。されど尼僧は其の戒を懈怠《おこた》つたから其說には從うことができぬ。また『涅槃經』には末法に於て十二萬の聖者あり、法を持ちて滅びないようにすると說いてある。されどそれは上位の聖者のことであるから通

八敬　比丘尼の守るべき八法（一）長老の比丘尼も初受戒の比丘を禮すべし（二）比丘を罵ることを得ず（三）比丘の罪をあげ過を說いてはならぬ、（四）大德の僧に從いて具足戒を受け（五）僧殘戒を犯さば僧に從いて懺悔し（六）半月每に僧の敎誨を受け（七）比丘に從いて三月安居し（八）夏滿ちて僧中に詣り自恣（懺悔改惡）の人を求むる。

例とすることはできない。しかれば正法は五百年、像法は一千年、已後は末法ということを以て決定の説とすべきである。

問う。しからば其の千五百年内の行事はいかようなるものであるか。答う。『大術經』に依るに佛入滅の後、初めの五百年には大迦葉等の七人の賢聖僧あり、次第に正法を受持して滅せしめないが、五百年の後には正法は滅盡する。六百年に至れば九十五種の外道は競い起るであろう。その時、馬鳴は世に出でて外道を降伏するであろう。七百年には龍樹、世に出でて邪見の幢を摧くであろう。八百年には比丘たちは放逸《きまま》になり道果を得るものは僅かに一二人に過ぎぬこととなろう。九百年には比丘を奴とし尼を婢とするようになるであろう。一千年には不淨觀を說くを聞き瞋恚するようになるであろう。千百年には僧・尼も嫁娶して律を毀《やぶ》り謗ることとなるであろう。千二百年には僧・尼にも子息あることとなるであろう。千三百年には袈裟を白衣に著かえることとなるであろう。千四百年には出家の僧尼も在家の信者もみな獵師のようになり、三寶の物を賣るようになるであろう。千五百年には拘睒彌《コサンビー》國に二僧ありて是非の爭いから遂に相い殺害するであろう。 教法はこれに依りて、 龍宮へと藏《かく》れるのである。『涅槃』『仁王』等の經には、この事が說かれてある。これらの經文に依れば千五百年の後には戒・定・慧は無いということになる。故に『大集經』にいう。わが滅後、

七賢聖　摩訶迦葉、阿難、優婆掬多、尸羅難陀、青蓮華比丘、手口比丘、寶大比丘。

不淨觀　人身の不淨なることを觀じて色欲を對治する方法。

龍宮　龍王の住む宮殿（想像的のもの）近時「龍」と名づくる種族ありて佛教を護持せりという說あり。

初の五百年には比丘たち、わが正法に於て解脱堅固なるべく、次の五百年には禪定堅固に、次の五百年は多聞堅固に、次の五百年は造寺堅固なるべきも、その後の五百年には鬪諍堅固となりて白法は隱沒するであろうと。この經意は初の三箇の五百年は次第の如く戒・定・慧の三法の堅固に住することを顯わすものである。これ卽ち正法五百年、像法一千年の時である。造寺堅固という巳後は是れ末法である。故に慈恩の『般若會釋』には正法五百年、像法一千五百年、この千五百年の後、正法は滅盡すといってある。しかれば造塔巳後は是れ末法に屬するものである。

問う。然らば今は何の時に當るか。答う。滅後の年代には異説が多い。ここには二説を擧ぐることとしよう。一は法上師等『周異記』に依りていう。佛は周の第五の主、穆王の五十三年、壬申に入滅せらると。若しこの說に依れば、其の壬申から我が延曆二十年辛巳まで一千七百五十歲となる。二は費長房等、魯の『春秋』に依り、佛は周の第廿一の主、匡王班の四年壬子に入滅せられたという。若しこの說に依れば、其の壬子から我が延曆二十年辛巳までは一千四百十歲となる。されば今の時は是れ像法最末の時である。其時の行事は既に末法と同じである。然るに末法には言教のみありて行證するものがない。まことに戒法ありてこそ破戒ということもあるであろう。既に戒法なければ破戒のあろう筈がない。破戒すらないのであるから、まして持戒のないことは言を俟たぬことである。故に『大集經』にいう。佛滅の後は無戒の者が國々に滿つと。

次に持戒・破戒の僧風を明らかにしよう。問う。經律の中に廣く破戒せるものは僧衆に入れることをゆるさぬことが制定してある。破戒にすらそうであるから、まして無戒で可いというわけはない。然るに今、末法の無戒を論ずることは、これかえつて瘡なき身を自ら傷つくることになりはせぬであろうか。答う。そうではない。正・像・末の行事は廣く諸經に出ているから、内・外の僧侶みな披讀している。徒らに自身の生活を求めて持國の正法を隱蔽するものではない。今、論ずることは末法には唯だ名字の僧のみがあるということである。この名字の僧が世の眞寶であつて其の他に福田はない。若しこの末法に持戒の僧あらば是れ恠異《あやしきもの》である。それは市に虎がおるというようなもので、誰にも信ぜられぬことである。

問う。正・像・末の事は多くの經説にあることであるが、末法には名字の比丘が世の眞寶であるというようなことは何の聖典に出でおることであろうか。答う。『大集經』九にいう。譬えば眞金は無上の寶であるが、その眞金なくば銀が無上の寶となる。その銀なくば鍮錫僞寶が、その僞寶なくば赤白の銅、鐵、白鑞、鉛、錫が無上の寶となる。そのように世間に於ては佛寶は無上のものである。されど其の佛法なくば緣覺が無上となり、縁覚なくば羅漢が、羅漢がなくば其の他の賢聖衆が、その賢聖衆がなくば得定の凡夫が、得定の凡夫なくば持戒の凡夫が、持戒の凡夫なくば破戒の比丘が、破戒の比丘なくば剃髪して身に袈裟を著けている名字だけの比丘が無上のものである。その名字の比丘とても九十五種の外道に比ぶれば勝れたるものである。まさに世の供養を受け人の福田ともなるであろう。それは袈裟に魔を怖れしむる徳があるからである。故に其の僧を護持し養育して敬畏するものは、やがて忍智《ちえ》を得るであろうと。この經文には八重の無上がある。如來と縁覺と羅漢と餘の賢聖衆と、得定の凡夫と持戒と破戒と無戒名字とである。而してそれは次第の如く正・像・末の時の無上の寶となるのである。初の四は正法の時、次の三は像法の時、後の一は末法の時である。これに依りて破戒も無戒も眞寶であることが明らかに知られることである。

問う。それで破戒も名字も眞寶であるという經説あることを知ることができた。しからば何故に『涅槃經』『大集經』に國王大臣が若し破戒の僧を供養するようなことあらば、國に水・火・兵の三災起り、ついには地獄にも墮ちるであろうと説かれたのであろうか。破戒にすら、その災があるのであるから、無戒はいうまでもないことである。しかれば如來は、一つの破戒に就て或は毀り或は讃められたということになる。一聖に兩説あることは解せられぬことである。答う。そうではない。『涅槃』等の經

福田　佛と僧とをいう、それに供養すれば幸福を得ること恰も田地に種をまくようであるということで福田という。

は正法の世の破戒を制止されたもので、像・末の代の比丘に關することではない。その破戒という名は同じくとも、時によりて其の價値を異にするものである。その時に隨つて、或は制し或は許されたところに大聖の思召があるのであつて、世尊に矛盾はないのである。

問う。しからば何うして『涅槃』等の經は、ただ正法の時の破戒を制止せるもので、像末の僧に關するものでないと知ることができるか。答う。上に引く『大集經』の八重の眞寶の說はその證據である。みな其時々の無上の寶である。ただ正法の時の破戒僧は清淨衆を穢すから、佛は固く禁制して仲間に入れられなかつた。その理由は『涅槃經』にいう。今、無上の正法を以て諸王・大臣・宰相・僧尼に依囑する。もし戒を破り正法を毀るものあらば王・大臣等はその者を治罰せよ。その王・臣等は無量の功德を得るであろう。是れはわが眞の弟子である。量りなき福を得るであろうと。是のような制文は多いことであるが、みな是れ正法の時のことであつて像・末の教ではない。像季末法には正法は行われておらぬ。毀るべき法がないから何を毀法ということができよう。破るべき戒がないから破戒と名《よ》ばるべきものはない。また國王にしても護るべき正法の僧が無いのに、三災を出すの、戒慧を失わしめたのということはあろう筈がない。また像末の時には證れる人はないのであるから、賢聖の教を聽き其人を

三災 水災、火災、兵災。

護るということもないであろう。しかれば上記の經説はみな正法の世、持戒あるべきの時に破戒あることを制定せられたものであることは明らかである。

次に像法千年に入れば、初の五百年には持戒は漸く減じ、破戒は次第に増して來る。戒行はあつても證果を得るものはない。故に『涅槃經』にいう。迦葉、佛に申していう。世尊は魔というものがあると説かれた。されば若し魔の説というものあらば、それと佛説とを何う區別し得よう。人、若し魔行に隨うものと佛説に順うものとあらば、いかに見分けられるであろうかと。佛は迦葉に答えられた。わが入滅して七百年の後には、其の魔というものが出て我が正法を壞るであろう。恰も獵師が法衣を著るように魔も僧・尼や信者の像に化ける。而して僧たちに奴婢・僕使を雇い、牛・羊・象・馬等を飼養し 乃至 銅鐵の釜や大小の銅盤等の用品を備え、田を耕し種を植え、市場に販賣して穀米を儲ける等の事は、すべて佛の衆生を愍れむ大悲からゆるされたことであるというであろう。そういう經・律は悉く是れ魔説であると。この經には既に七百年の後という。されば其時の僧は漸く八不淨物を貪り蓄えて、その辯明の爲に妄説するのである。卽ち是れ魔の一流である。それは經に明らかに年代を指しての行事であるから疑うことができぬ。

然るに像法の後半となれば持戒は減少して破戒は特に多くなるのである。それ故に

八不淨物　僧家に貯えてはならぬ八種の物（一）田宅園林（二）草木の種植（三）穀帛の貯積（四）人僕の畜養（五）禽獸の養繫（六）錢寶貴物（七）氈褥釜鑊（八）象金飾牀、諸の重物。

『十輪經』にいう。若し我が法に依りて出家し惡行をなさば、それは道人にあらずして道人と稱するものであり、淨行せずして淨行者と自稱するものである。しかしそのような僧侶も能く一切の人・天に一切の善法の功德を開示して衆生の善知識となるであろう。少欲知足であり得なくとも剃髮して法衣を著ているという因緣で能く衆生の善根を增長し、人・天に善道を開示するのである。乃至破戒僧は法界の死人ではあるが、戒の餘德をもつ。それは恰も牛は死しても牛黃は用いられ、麝香も死後に用を爲すようなものである。『涅槃經』には既に迦羅の林の中に一の鎮頭迦樹あるが如しといわれた。これは像運すでに衰えて破戒世に滿ち、僅に一二の持戒僧あることを喩えられたものである。また破戒僧は是れ死人ではあるが、麝香の死して用を爲すように衆生の善知識となると說かれた。これで此の時は漸く破戒をゆるして世の福田となるとせられること『大集經』の說と同じことが明知せられる。

さて像季の後となれば全く是れ無戒である。佛は時運を知ろしめして末世の在俗を濟う爲に、名字の僧を讃めて世の福田とせられた。『大集經』五二にいう。若し後の末世に我が法に於て剃髮し袈裟を著くる名字の僧に對し、檀家が布施し供養すれば、無量の福を得るであろう。また『賢愚經』にいう。信徒は將來の末世に法の盡きんとする時、たとえ妻を蓄え子を有つとも、そのような四人巳上の名字の僧を敬禮すること

迦羅　毒樹。
鎮頭迦樹　薬樹。

と舎利弗・目蓮等に對する如くであれと。またいう。たとえ破戒無戒なりとも身に袈裟を著たるものを打罵すれば、其の罪は萬億の佛身より血を出すと同じである。もし衆生あつて我が法に於て剃髮し袈裟を被《き》るものあらば、たとえ戒を持たずとも彼等は已に涅槃の印に印《しる》せられたものである。『大悲經』にいう。「佛、阿難に告げたもう。將來の世、法の滅盡の時、僧尼でありながら兒の手をひいて共に酒家に遊び、また淫事を爲すものもあるであろう。それでも、この賢劫の中には皆な涅槃を得ることである。この賢劫の中には千佛ありて出世せられる。我は其の第四であり、次は彌勒であり、最後は盧至如來である。阿難よ。たとえ出家でありながら出家の行を汙し、自ら出家と稱し形は出家に似て袈裟を著ているものがあるとしよう。それらのものも彌勒から盧至に至るまでの賢劫に於て、それらの佛の所にて次第に涅槃に入ることができるであろう。何故なればかかる出家も一たび佛名を稱え、一たび信を生ずるならば、その作すところの功德は虛しくないからである。その事はわれ佛智を以て測り知る法界の理である」と。これらの經にはみな年代を指し將來末世の名字の比丘を世の導師としてある。故に若し正法の時の制文を以て末法の世の名字の僧を制するならば、教と機と乖き、人と法と合わないことになる。これに依りて『律』には制することのできぬことを制するは、如來の智慧の明記に反くもので、それはかえつて罪であると說

賢劫　世界の成壞を一大劫として、現在の劫を賢劫という。

かれてある。

後に教と事實とを對應するに、末法には法爾として正法は毀壞し、身・口・意の業行に其の驗なく、行・住・坐・臥の風儀は亂れるのである。その事は『像法決疑經』『遺教經』『法行經』『鹿子母經』『仁王經』等に説かれてあることである。

邪教の批判

一　佛弟子の道

ここで經説に據り、法の眞僞を勘え、外教の邪執を誡しめる。

『涅槃經』に言う。佛に歸依するものは他の天神に歸依してはならない。

『般舟三昧經』にいう。この念佛三昧の教を聞きて學ぼうとおもうならば、自ら佛に歸命し法に歸命し僧に歸命せよ。餘の道に事えてはならない。天を拜してはならない。鬼神を祠りてはならない。日の吉凶を視てはならない。

二　鬼神の護持

『日藏經』の第八「星宿品」にいう。世の初め、キヤルシッタ仙は天衆に告げた。「われは地上の人を初め禽獸虫魚を安樂にする爲に星宿を布置し年月を整える。されば月も星も各々その司どる所に依りて衆生をまもれ」と。かく語つてキヤルシッタは大衆の前に合掌して、其の日月年時と大小星宿とのことに就て次のように説けるのであつた。「先ず一年を分ちて六時とする。正月・二月を暄煖時《あたたかき》とよび、三月・四月を種作時《たねまき》とよび、五月・六月を求降雨時《つゆ》とよび、七月・八月を物欲熟時《みのり》とよび、九月・十月を寒凍時《さむさ》とよび、十一月・十二月を大雪《ゆき》の時と呼ぶことである。次に大星宿の數は八とする。木星と火星と土星と金星と水星と日と月と暗障星とである。また小星宿は廿八とする。それは昴より胃に至るものである。大衆よ。この布列と其の行事とを可として喜ぶか否かを語れ」その時に諸天仙も阿修羅も龍神もみな合掌して答えた。「キャルシッタよ。大仙は天人の間で最も尊重せられているものである。智慧も慈悲も第一である。遠き昔から一切の衆生を忘れないで憐愍し、福徳は満ちて海の如く、能く過去・現在・當來の事を知つておられる。その勝れたる智慧にて年時の法則等を見出されたのである。我等はみなそれに隨喜する。善い哉。大徳は我等を安樂にし、また衆生を安穩にせられる」と。

その時にキャルシッタは語る。「しかれば年月星宿の布列は可いとして、次に四天王の部署を定めよう。須彌山の四方面に各々一王を置いて衆生を守護せしめる。北方の天王は多門天とよぶ。その界内には夜叉が多い。南方の天王を増長天とよぶ。その界内には鳩槃茶が多い。西方の天王を廣目天とよぶ。その界内には諸龍が多い。東方

暗障星　日月蝕をする星。

須彌山　世界の中央にある山。

夜叉等　佛法を守護する鬼神を八部衆という(一)天(二)龍(三)夜叉、威勢あつて人

の天王を持國天とよぶ。その界内には乾闥婆が多い。四天王は其の方面の鬼神を統治して領內の山河を擁護せよ。また外に鬼神を置いて守護せしめよう」これに對して諸の天仙等は隨喜し歡喜せることであつた。

これと同樣のことを、また未來の世に於てカリカ仙が說くであろう。

『日藏經』の第九「念佛三昧品」にいう。離暗という魔女があつた。宿善の催すところ佛法に歸依の心を起していう。釋迦の名は高く、その德は大きい。若し人あり、佛の名を聞き一心に歸依せば、一切の魔は其の人に惡を加えることはできない。まして佛を見、親しく法を聞き、修行を積み、智解の深いものは、たとえ千萬億の魔軍ありても、須臾《しばらく》も害を與えることはできまい。その如來は今、涅槃の道を說いておられる、私は彼所へ往き佛に歸依しようと。そして其の志を父に語る。

三世の佛のみ法を學び
すべての人の惱みを救い
よろずの法に自在を得てぞ
我もいつかは佛とならん

こう歌うと、宮中の魔女の眷屬は、みな道心を起せるのであつた。魔王は其の光景

を惱害する鬼(四)乾闥婆、尋香神(五)阿修羅(六)迦樓羅、金翅鳥、龍を食うという(七)緊那羅、音樂の神(八)摩睺羅伽、人身蛇首の神・

を見て大いに瞋り、また怖れ愁えた。その時、魔女たちは魔王に對して歌うよう。

人もし佛に歸しぬれば
千億の魔も畏るまじ
まして生死の流れ超え
涅槃の岸に到る身は

三の寶をうやまいて
香華ささぐるその人の
堅くも猛き心には
いかなる惡魔も敵し得じ

われらの積みし量りなき
惡も滅びん　餘りなく
すでにまことに佛に歸す
必ず覺りのむくい得ん

と。魔王は是の歌をきき、益々瞋り怖れ、また心をこがし憂に沈み、獨り室內に坐するの外ないのであつた。

世尊は次で念佛の法を說きたもうた。「沐浴して淨衣を著、菜食して辛臭を食わず、靜寂の所に道場を構え、正念に靜坐し、或は行步して佛の身相を念い、心を亂さず、餘事を念わず、一日乃至七日、至心に念佛すれば、小念には小佛を見、大念には大佛を見、乃至無量念には、佛身の無量無邊なるを見るであろう。」

『日藏經』の第十「護塔品」にいう。魔王、その眷屬に圍遶せられ、佛の所《みもと》に往き、世尊の御足に接し頂禮して歌う

三世の佛　大慈悲に
わがつみのさんげうけたまえ
法と法師も　しかあれと
至心に歸依したてまつる

願くはわれけふよりは
三つの寶をうやまいつ
永くよろずの惡を去り

命をかぎり歸しまつる

而して佛に申すよう。「世尊よ。我と衆生とに變りなき平等の心もて、常に喜んで慈悲の心に含忍《いとしみ》たまえ」と。佛はそれを認容せられた。そこで魔王は大いに歡喜し、清淨の心を發し、重ねて佛足を頂禮し恭敬し合掌して厭《あ》くことなく世尊を仰ぎ見たてまつつた。

『月藏經』の第五「鬼神敬信品」にいう。邪見を離れるものは十種の功德を得よう。一には心、柔和となり賢良の人と友となる。二には業報を信ずるから命をかけても惡を作さない。三には三寶に歸依して天神を信じない。四には正しき見解を有つから日月の吉凶を擇ばない。五には常に人天に生れて惡道を離れる。六には心、賢善にして人に譽められる。七には世俗を棄てて常に聖道を求める。八には因緣を信ずるから有と無との執を離れる。九には常に正信・正行の人に相い遇うことができる。十には善道に生れることができる。かように邪見を離れた善を無上道へと廻向すれば、速かに聖道の智と德とを滿足し、淨土にて覺《さと》りを開き、更に其の智德をもて衆生を教化することとなるであろう。而して其の衆生もまた天神を信ぜず、惡道の畏を離れて善道に生れることとなるのである。

『月藏經』の第六「鬼神敬信品」にいう。

佛の出世にあいがたし
法と法師にあいがたし
淨き信うることかたし
障り離るることかたし

ものをあわれむことかたし
足《たる》を知ることまたかたし
法を聞くことかたければ
行うことはなおかたし

かたさを知りて求めなば
世に樂しみをうくるべし
平等の理のあるところ
智者すみやかに知りぬべし

その時に世尊はかの悪鬼神衆に對して法を説かれた。彼の鬼神はむかし佛法を信じたものであるが、悪知識に近づき他の過《とが》を見るようになつた爲に悪鬼神となつたものである。

『大集經』の第六「諸天王護持品」にいう。世尊は娑婆世界の主なる大梵天王に。この四天下を誰か能く護持し養育するかを問いたまうた。その時に大梵天王はお答えしていうよう。大德世尊よ。兜率天王は其の部下と共に北洲を護育し、他化天は其の部下と共に東洲を護育し、化樂天は其の部下と共と南洲を護育し、夜摩天は其の部下と共に西洲を護育する。大德世尊よ。多聞天は夜叉衆と共に北洲を護育し、持國天は乾闥婆衆と共に東洲を護育し、增長天は鳩槃荼衆と共に南洲を護育し、廣目天は龍衆と共に西洲を護育する。大德世尊よ。彼の天仙七宿・三曜・三天童女は北洲を護持する。その七宿とは、虛・危・室・壁・奎・婁・胃であり、三曜とは鎭星（土）歲星（木）熒惑星（火）であり、三天童女とは鳩槃・彌那・迷沙である。その七宿の中、虛・危・室の三は鎭星の分野にあり、鳩槃は其の宮神である。壁・奎の二は歲星の分野にあり、彌那はその宮神である。婁・胃の二は熒惑の分野にあり、迷沙はその宮神である。また天仙七宿・三曜・三天童女は東洲を護持する。その七宿とは昴・畢・觜・

諸天　須彌四洲　須彌山を中心として地上に四洲ある。東弗婆越、西瞿陀尼、北欝單越、南閻浮提という。この南洲がわれらの住むところである。

參・井・鬼・柳であり、三曜は太白星（金）歳星（木）月であり、三天童女とは毗利沙・彌偸那・羯迦吒迦である。その七宿の中、昴・畢の二は太白の分野にあり、毗利沙はその宮神である。觜・參・井の三は歳星の分野にあり、彌偸那はその宮神である。鬼・柳の二は月の分野にあり、羯迦吒迦はその宮神である。また天仙七宿・三曜・三天童女は南洲を護育する。その七宿とは星・張・翼・軫・角・亢・氐であり、三曜とは日・辰星（水）太白星であり、三天童女とは線訶・迦若・兜羅である。その七宿の中、星・張・翼は日の分野にあり、線訶はその宮神である。軫・角の二は辰星の分野にあり、迦若はその宮神である。亢・氐の二は太白の分野にあり、兜羅はその宮神である。また天仙七宿・三曜・三天童女は西洲を護育する。その七宿とは房・心・尾・箕・斗・牛・女であり、三曜とは熒惑星・歳星・鎭星であり、三天童女とは毗離支迦・檀毟婆・摩伽羅である。その七宿の中、房・心の二は熒惑の分野にあり、毗利支迦はその宮神である。尾・箕・斗の三は歳星の分野にあり、檀毟婆はその宮神である。牛・女の二は鎭星の分野にあり、摩迦羅はその宮神である。

　大德世尊よ。この四天下の中でも南閻浮洲は最も勝れている。それは閻浮の人は勇健にして聰《さと》く、佛意にかなう淨行を爲すからである。これに依りて世尊も茲に出でたもう。故に四大天王も特にこの南洲を護育することである。この南洲には十六の大國

宮神、十二辰・戌・丑・辰等と呼ばれているもの。

がある。その中、鴦伽摩伽陀國、傍伽摩伽陀國、阿槃多國、支提國の四大國は多聞天と夜叉衆とが護持する。迦尸、都薩羅、婆蹉、摩羅の四大國は持國天と乾闥婆衆とが護持する。鳩羅婆、毗時、般遮羅、疎那の四大國は增長天と鳩槃荼衆とが護持する。阿濕婆、蘇摩、蘇羅吒、甘滿闍の四大國は廣目天と龍衆とが圍遶し護持するのである。
大德世尊よ。過去の天仙は、この四天下を護持し養育する爲に、かく分布し安置せることである。然るに其の後、その國土・城邑・村落・塔寺・園林・樹下・塚間・山谷・曠野等に胎生・卵生・濕生・化生せる龍夜叉等はいずれの天神にも屬せず、またその部署も敎えられていない。されば願くは佛、彼のもろもろの鬼神たちを、この閻浮提の一切の國土に分布安置して護持せしめ、一切の衆生を護らしめよ。我等は其のお説に隨喜しようと欲う。佛は答えられた。大梵王よ。汝のいう通りである。依りて世尊は重ねて上說の義を偈を以て述べたもうた。

世に示さんが爲にとて
世尊　梵王に問いたもう
この四天下を誰ありて
護持し養育なすべきか

梵王答えていうならく
諸天の王をかしらとし
兜率　他化天　化樂　夜摩
その眷屬ともろともに
この四天下を能くまもり
その國民を育つべし
廿と八の星たちも
分野十二におさまりて
十二童女の宮により
この四天下を護るべし
後に生れる龍　夜叉も
それぞれの部署につかしめん
かくて衆生をいつくしむ
正法の燈《ひ》をかかぐべし

その時に佛は月藏に語られた。この賢劫の初め、人壽四萬の時、鳩留孫《クルソン》佛、世に出で無量の衆生の爲に正法を説き、善道に導びき、生死を解脱せしめられた。而して彼の佛は、この四天下を娑婆世界の主、大梵天王、他化天、化樂天、兜率天、夜摩天等に依囑せられた。護持のため、養育のため、衆生を憐むがため、三寶の種を絶たぬようにするため、地の精氣と衆生の精氣と正法の精氣とを久しく世にありて增長せしむるため、衆生を三惡道を離れて三善道に趣かしむるためである。しかるに時の移るにつれ、人天の果報は次第に盡き、善業は滅び、諸惡は增長し、煩惱は熾盛となつた。かくして人壽三萬歳の時、拘那含牟尼《クナゴンムニ》佛は世に出で、彼の佛もまたこの四天下を大梵天等に依囑せられた。次で人壽二萬歳の時に迦葉《カシヨウ》如來は世に出でたまい、彼の佛もまたこの四天下を大梵天等に依囑して護持せしめ、天仙衆・二十八宿等に護育を委任せられた。かくして次第に五濁增長の惡世となり、人壽百歳の今となりては、一切の善法は盡き、一切の惡は世を暗くし、恰も海水は鹹《しおから》いばかりであるように煩惱の味は世に滿ち、惡黨は手に髑髏をとり、其の掌を血ぬらして互に殺害しあうているのである。われはかかる惡衆生の世に出でて佛陀となり、彼等を護育する爲に、この閻浮提に天・龍等を分布した。これに依りて諸方の賢聖もここへ來集せられるのである。またこの娑婆世界、即ち百億の日月、百億の四天下等のある所を佛土として、われは佛事を作すのである。また娑婆世界中の梵王等も、ここに集まりて法を聞き、またこの娑婆世界のあらゆる賢聖等は悉く、ここに來集して法を聞くのである。われは今、この大集の爲に甚深の佛法を顯示すると共に、また世間を護る爲に、鬼神を分布し安置するのである。

その時、世尊はまた大梵天に問いたもう。過去の佛たちは、この四天下を誰に囑託せられたか。大梵天王は答えた。過去の佛はこの四天下を我と帝釋天とに囑託して護育せしめられた。然るに今、世尊はわれらに何の失ありてか、われらの名を出さず、諸天と星宿に四天下の護育を囑托せられたのであろうか。世尊よ、われらに過失あれば、ここにお詫びする。われらは小兒のように愚かであり、無智である爲に囑托にあずからぬことであろうか。世尊よ、願くはわれらを容恕たまえ。集會の大衆たちも容恕《ゆる》されよ。われらは自分たちの領分に於ては言説もて教令《おしえ》て常に護持養育して衆生を善道に趣かしめまする。われらは曾て鳩留孫佛の時にも已に教勅《おおせ》を受けて三寶の種を熾ならしめた。また拘那含牟尼佛、迦葉佛の時にも教勅を受けて三寶の種を熾ならしめ、地の精氣と衆生の精氣と正法の味なる醍醐の精氣とを長えに增長せしめたことである。されば今、世尊の所に於ても教勅を受けなば、已が領地を言説もて教えて、自在に一切の鬪諍を止め飢饉をなからしめ乃至三寶の種を斷えぬようにし、三寶の精氣を久しく住《とど》め增長せしむる爲に、惡行の衆生を制止し、正行の衆生を護育し、三惡道を閉じ、三善道に向わしめ、佛法を久しく住むる爲に勤めて護持しよう。

佛はその申出を嘉納せられ、而して改めて百億の大梵天王に告げられた。その行うことが、法に基き、法に順い、悪を厭い捨つるものあらば、その者の護育を汝等の手に囑托する。汝等、賢き首《かしら》よ、それぞれの境界なる四天下の衆生を教え説くことに自在であれ。衆生は悪に猛けて、心あらく、他を悩害して慈愍の情がない。後世の畏を知らず、あらゆる階級の人々を悩まし、乃至畜生の心までも悩ますであろう。かかる殺生を作す因縁乃至邪見を作す因縁により、その所作にしたがつて風雨時ならず、乃至地の精氣、衆生の精氣、正法の精氣を損減せしめることである。かような因縁を作るものは、汝等それを遮止して善法に住せしめよ。若し衆生ありて善を求め、法に順い、生死の彼岸に到ることを願いて、智徳を行修するものあらば、汝等よくその衆生を護育せよ。また經論を受持し讀誦しまた他の爲に演説し、種々に解説するものあらば、汝等よくかれらを念持して堅固の力を得せしめよ。而して、聞くところを忘れず、諸法の實相を知信し、生死を離れ、八聖道を修して寂靜の境地にあらしめよ。若し汝等の領界の衆生で、法に基き、止・觀を修行し、動靜一如にして賢聖の道に精進するものあらば、其の修行に魔障なきように攝護し、また布施して缺乏のないようにせよ。また飲食・衣服・臥具を施し、特に病患のものに湯藥を施すものあらば、汝等その施主に五種の功徳を獲せしめよ。その五とは一に壽《いの》ち長く、二に財を増し、三に樂を増長し、四に善行を增進し、五に慧を增長することである。かくすれば汝等は長く利益と安樂とを得、その因緣によりて智德を滿足し、やがては一切智を成就することとなるであろう。

その時に娑婆世界の主なる大梵天王をはじめとして、百億の梵天は異口同音に其の敎勅を奉戴することを申し上げ、佛またそれを嘉納したもうた。その時に其の坐にあつた一切の聖・賢乃至天龍及び諸人等みな稱讃していう。「善い哉、大雄猛士たる梵天王よ。汝等はかくして法を久住せしめ、もろもろの衆生をして惡道を離れて速かに善道に趣かしめるものである」と。その時に世尊は重ねてこの義を明らかにする爲に偈を說かれた。

われ月藏に告ぐるよう
今の世界の成りし時
クルソン佛は四天下を
大梵天にゆだねつつ
よろずの惡をさえぎりて
正法の眼をかがやかし
よろずの惡を離れしめ

法に順う人まもり
三の寶の種たえず
三の精氣をいやまして
迷の道を離れては
善の道へと向わしむ

クナゴン佛もその如く
大梵天に化樂天
他化自在天　四天王
それらの天にゆだねたり

迦葉如來もあいつぎて
梵天王に化樂天
帝釋等の護世の王
過去の諸仙に四天下の
護りをゆだねたまいては

この世の衆生のためにとて
星の分野を定めてぞ
護持し養育せしめけり

いま濁悪の世となりて
正しき法の失せし時
われは無上の佛として
よろずの人を護るべし
惑う大衆のすがたこそ
しばしば我を悩ましむ
法を施し救うべし
諸天よ助けて世を護れ

『月藏經』の第七「諸魔敬信品」にいう。その時にまた百億の魔衆ありて、同時に座を起ち、合掌して佛に向い、佛足を頂禮して佛に白《もう》すよう。世尊よ。我等もまた勇猛の心を發し佛の正法を護育しよう。而して三寶の種を熾んならしめ、久しく世間に住まるようにしよう。また地と衆生と法との精氣を增長せしめよう。もし世尊に聖弟子ありて法に住し法に順い、身・語・意、相應して修行するものあらば、我等はみな悉く護育して、一切の所要のものに缺乏のないようにしよう。

この世の成りしそのはじめ
クルソン佛は四天下を
諸天にゆだね護らしめ
三の寶をひろめしむ

クナゴンムニもその如く
諸天にこの世を護らしめ
迦葉如來もあいつぎて
諸天に行者を護持せしむ

過去の諸仙はそれぞれに
星の座居《くらい》を定めしか
われ世に出でて魔を伏し

集會を作り法を說く
諸天は佛に白すよう
われらの王としあるところ
正しき法を護りては
三の精氣をいやまして
病と飢とたたかいの
なやみなき世とならしめん

「天王護持品」にいう。佛の言わく、日天子・月天子よ。汝等わが法を護育せば、汝等は長壽にして衰患がないであろう。その時に百億の四天王は、同時に眷屬と共に座を起ち、衣服を整え合掌し敬禮して申すよう。大德世尊よ。我等は各々己が天下に於て懃に佛法を護育し三寶の種を熾《さかん》にし、三種の精氣を增長せしめる。

『月藏經』の第八「忍辱品」にいう。佛言わく。己を愛し苦を厭い樂を求むるものは、諸佛の正法を護持するがよい。無量の福を得るであろう。若し出家し剃髮し袈裟を服《き》るものあらば、たとえ戒を持《たも》たなくとも、その人は已に涅槃の印をつけられたるものである。其の出家を非法に迫害し、罵り辱かしめ、刀杖をもて打截し、或は衣鉢その他の資生の具を奪うものあらば、その人は三世の佛の眞實の報身を壊《やぶ》るものである。即ち一切の天人の眼目を排《えぐ》るものである。是の人は諸佛の正法と三寳の種の隱沒を欲うものである。故に諸の天人に利益を得ることなく、地獄に墮し、三悪道を増大にするものである。

またいう。その時にまた一切の天・龍乃至疫病神等あり、みな共に合掌して申すよう。われら佛弟子に對しては、たとえ持戒の僧でなくとも、剃髪して袈裟を著たるものには、師長の想を作し、護持養育して用度に不足のないようにしよう。若し我等の同族の中に、其の出家を惱亂し、憎みの眼で視るようなものあらば、我等は協同して彼等を不具者とし醜陋者として共住し共食することなく、また同處に戲笑することのないように擯斥しよう。

三　邪道の誘惑

『華嚴經』にいう。占相《うらない》を離れ、正見を習い、ただ深く罪福の因縁を信ぜよ。

『首楞嚴經』にいう。もろもろの魔・鬼神・群邪にも徒衆ありて、彼等もその徒衆に對しては自分は無上道を成就したというであろう。わが入滅の後、末法の世には、かかる魔民・鬼神・妖邪、盛んに輩出して善知識と自稱し、衆生を愛見の坑に落し覺りの路を失わしめ、其の心を惑わして辨えなく本心を失わしむるであろう。かかる魔民の過ぐるところは、其の家は離散し、愛見の魔となつて、如來の種を失うであろう。

『灌頂經』にいう。三十六部の神王は、萬億の鬼神を眷屬とし、相をかくして、かわるがわる、三歸依を受くる者を護る。

『地藏十輪經』にいう。佛法に歸依して吉凶の妄執を離れるものは、邪神・邪道に歸依してはならない。

またいう。多かれ少かれ、吉凶に執えられて鬼神を祭るものは、それから重大なる惡業を造り無間の罪に近づくこととなるであろう。このような人はその罪業を懺悔し除滅しない限りは、出家し受戒せしめてはならぬ。もし出家受戒せしむるものは、かえつて罪を得るものである。

『集一切福德三昧經』にいう。餘道に向うてはならぬ、餘天を禮してはならぬ。

『本願薬師經』にいう。浄信の男女は、終生、餘天に事えてはならない。

またいう。世間には邪魔・外道・妖術師ありて、妄りに禍福を説く。人これを聞きて恐れを生じ心の權衡を失い、卜占を頼みて、かえつて禍を求め、犠牲を供して災の解くるようにと神に祈り、諸の魍魎《あやしきもの》を呼んで福を乞い延年を願う。されどそれは滿たされることはない。かように愚に惑い邪を信じ、顚倒の知見に依り、ついに横死して地獄に入り、出ずる時がないこととなるであろう。

横死には、毒藥と厭禱《まじない》と呪咀《のろい》と起死鬼の術に害せられること等がある。

『菩薩戒經』にいう。出家の法としては、國王を禮拝せず、父母を禮拝せず、六親に敬《つか》えず、鬼神を禮せぬのが定りである。

『佛本行集經』にいう。彼の三迦葉の甥に優婆斯那という螺髻梵志があつた。常に二百五十人の弟子と仙道を修行していた。彼は舅たち三人、その弟子と共に佛陀の弟子となり、剃髪し袈裟を著ているということを聞き、それを訪ねて、その通りであることを見ていうよう、

起死鬼の術、死鬼となつたものを起たせる術。

螺髻梵志　事火外道。

火をまつること　むなし百年
修せし苦行も　うつろなりしか
いぶかし　法を捨てし形は
ふるき皮ぬぐ蛇《おろち》の如し
その時に彼の三迦葉は歌もて優婆斯那に答えていう。
われら空しく火神をまつり
また徒らに苦行をなしき
きよう邪《よこ》しまの法を捨つるは
まこと蛇《おろち》の皮ぬぐごとし

『起信論』にいう。衆生に善根力がないと、諸魔・外道・鬼神に誑惑せられる。例えば安坐の中に、異形を現わして恐怖せしめ、或は端正の男女の相を現わすことがあろう。その時には「心を離れて外境はないこと」を念うがよい。そうすれば異形は滅して悩まさぬであろう。それらの魔神は時に或は天像・聖像を現わし、また如來の相好具足の像《かたち》を作して陀羅尼を説き、布施・持戒・忍辱・精進・禪定・智慧を説き、空・無相・無願・無怨無親、無因無果、畢竟空寂と説くこともあるであろう。或は人に宿世の事を知らしめ、また未來の事を知らしめ、他心を知りて礙りなく言い當てしめ、それに依りて世間の名利に貪著せしめることもあるであろう。また人をして瞋と喜びとに止度《とめど》なく、或は他を慈愛すること度に過ぎ、また睡り過ぎ、食い過ぎ、病も多く、その心を懈怠ならしめることもあるであろう。或は俄かに精進してはまた休《や》めて終い、正法に不信を生じて疑多く慮り多くもならしめるであろう。或は本の勝行を捨てて更に雜業を修せしめ、また世事に著していろいろと引き廻わされ、また人にいくらか禪定に似たものを得せしめるということもあるであろう。その定は勿論、外道のもので眞のものではない。或は人をして一日乃至七日、定中に自然に香美の飲食を得、身心適悅して飢えもせず渇きもしないことに愛樂せしめ、または食事に制限なく過食したり減食したりする爲に顔色が變るというようなことにもならしむるであろう。故に行者は常に智慧もて冷靜に觀察し、心を邪網にかからしめてはならない。勤めて正念に取著を離れ、これらの業障を遠ざけねばならぬ。要するに外道の修定はみな見愛・我慢の心を離れず、世間の名利恭敬に貪著するものである。

四　道教批判

『辯正論』法琳撰の「十喩九箴篇」は李道士の「十異九迷」の說を反駁せるものである。

十喩篇

彼李道士は老・釋の第一異としていう。太上老君は神《たましい》を玄妙玉女に託し左腋を剖きて生れ、釋迦牟尼は胎を摩耶夫人に寄せて右脇を開き出ずと。法琳、喩《さと》していう。老君は常に逆《さから》い牧女に託して左より出で、世尊は世に順いて聖母に因り、右より生れたもうた。

解說。盧景祐等の『老子』の註に依れば、太上といわれるものは三皇と堯舜とのみである。上古にこの大德の君あり、萬民の上に臨まれた。故に太上というのである。郭子玄の『莊子』の註には時の賢とするものは君と爲し、材が世に稱せられるものを臣という。然るに老子は帝でもなく皇でもない。されば何を典據として太上というを得よう。道家の『玄妙』等の經と『出塞記』を檢べても、老子は李母の生めるものであつて玄妙玉女の子とはいつてない。しかれば玉女に託すというは正說ではなく假謬の談といわれねばならぬ。『仙人玉籙』に依れば仙人は妻なく、玉女には夫がない。その玉女が子を產むということあらば奇瑞とすべきであると。老子に果してこの奇瑞あつたならば『史記』や『周書』に、何故にそれを記載されなかつたか、畢竟これ虛を實とする矯妄者の言といわねばならぬ。『禮記』には、官を退きて位なき者を左遷という。『論語』には左衽《ひだりまえ》は禮にあらずという。若し左が右より勝るならば、道士の儀式の行道には何故に左に旋らずに右に轉《まわ》るのであろうか。國家の詔書にはみな「右の如し」という。これ天然の常理に順うものである。

彼の第四異にいう。老君は文王の日、隆周の宗師となつたが、釋迦は莊王の時、小國罽賓の教主に過ぎなかつた。

喩していう。老子は職低く僅かに祕書となれるのみである。文王の代に周の宗師となつたという史實はない。釋迦は位、太子にして特尊の證を得られたものである。周の昭王の隆盛時代に生れ、世界の教主となりたもうた。

彼の第六異にいう。老君の出世は早く周の文王の日に始り、孔子の時代に終るものである。釋迦の出世は小國王たる淨飯の家であり、わが周の莊王の世に當るのである。

喩していう。老子は桓王の丁卯の歳に生れ、景王の壬午の年に逝く。孔子の時代まで生きてはいたが、文王の時代に出たものではない。釋迦は昭王の甲寅の年に生れて穆王の壬申の歳に入滅せられた。淨飯の子として莊王の時代より遙かに前に出世せられたのである。

解說。孔子、周に至りて老子にあい禮を問う。その事は『史記』に顯われている。

されど文王の師であつたという典據はない。周末に出でたることは知られるが、周初に居つたという史實はない。

彼の第七異にいう。老君は初めは周の代に生れたが、晩年には流沙にゆき、その後は何うなつたか分らない。登仙せられたのである。釋迦は西國に生れて跋提河の邊りで終つた。弟子たちは胸をうち、人民は泣き叫んだということである。凡人であつたからである。

喩していう。老子は賴鄕に生れ槐里に葬られた。『莊子』の傳うるところでは、奏佚、老子の死を弔いて「遁天の形」でないと非難したということである。

解說。『莊子』の內篇に依れば、老子の死を弔える奏佚は、習俗《ならわし》に順い三たび號泣して出て來た。弟子はその餘りに型ばかりであることを怪しみ「先生の舊友ではないか」と問う。奏佚はいう。われ入りて見るに少者は其の父を失えるように哭き、老者は其の子を亡えるように哭いていた。それを見て曾ては「遁天の形」とは老子のようであると思うていたが、今は全くそうでないことを知つた。「遁天の形」とは「遁」は隱れること、「天」は縛を免れたこと、「形」は身である。自分は老子を縛を免れた隱身の仙人と思うていたが、死後に殘された者共から哭かれるようでは「遁天の形」

ではない。平常、諂曲で人情を執えたからであろう。それで死をも免れ得なかつたのである。わが友とするに足らぬものである。

再　説　十　喩

⑴　生誕の左右優劣論

左衽《ひだりまえ》は戎狄の尊むもの、右命《みぎにしたごう》は中華の尚ぶことである。故に『春秋』に宰相に命《おおせ》なく補臣に命ぜられるは左《たがうこと》ではないかといい、『史記』には藺相如の功は大きく、位は廉頗の右にあり、廉頗はそれを恥としたとある。また『史記』にいう。宰相張儀は秦國を右とし魏國を左とし、犀首相は韓國を右にし魏國を左としたと。これ左右で親疎を分けるものである。『禮記』にいう。左道にして亂を起す徒黨は殺すべしと。已上はみな右は優れ左は劣ることは現わすものではないか。

皇甫謐の『高士傳』に依れば、老子は楚國の占人で渦水の北に住居し、常樅子という者に師事し、常子の疾める時に、老子は見舞うたということである。また嵆康に依れば老子は涓子という者から九仙の術を學んだということである。已に『史記』等の書には老子が左腋より生れたということが記してない。その無稽の説であることは明らかである。

ここに驗《あきらか》に知られることは武人が戈を揮うも、文人が筆を執るも右に依ることである。天地の精氣も日月の運行も右より左へである。されば釋迦の出生の右脇であつたことは習俗に從うものであり、張陵の左道は天理に逆うものである。これ卽ち釋迦は無緣の大悲を以て有緣の機に應ずることを意味するものである。かように釋迦は天上天下の至尊にて在し、三界・六道に並ぶものなき者として、その威德を仰がれたものである。

⑵　釋・老の道德觀　　彼の論にいう。老子は忠孝を規範として世を救い、人に教うるに慈愛を極めた。ここを以て其の名聲は長く傳わり萬世に變りがない。その玄《ふか》き遺風は今に至つている。しかればその教こそ國家を治むる常道といわねばならぬ。然るに釋迦は國を棄て親を捨てた。これ不仁・不孝である。その教をうけた阿闍世は父を殺したが廻心したので罪がないこととなつた。提婆は從兄の釋迦を射たけれども罪を得たということを聞かない。かような教で凡人を導かば、惡を增すばかりである。この法を世の範として善を生ずる筈がないと。

喩していう。老莊の說では、義を立つるは眞の道德としては卑しむべきであり、禮は忠信の薄きより生ずるものである。小仁は匹婦の情であり、大孝は富貴であるということである。而して其の行う所を見れば、弔に往きて歌い、喪にありて舞うている。これは中國の風でなく、華俗の訓えでない。（一）原壤は、その母の死に際し、棺に跨りて歌うた。孔子は其の喪祭に會しながらそれを非難しない。（二）子桑が死んだ時、子貢が弔にゆくと、四人の子供が相視て笑うていた。（三）莊子の妻が死んだ時に莊子は盆を叩いて歌うた。かかる徒輩の爲に孝の敎あつて、天下の人に其の父を敬わしめるのである。また忠の敎あつて、天下の人に其の君を敬わしめるのである。その敎化が萬國に周くば卽ち明君といわれ、その仁慈の四海に現わるは、實に聖王の德である。

　佛經には衆生は生々世々の間、互に父母となり、流浪三界の中、交々怨親となると説く。また無明が智慧の眼を覆うて生死の中に來往せしめ、業緣の催すところ互に父子となる。その間、怨《あだ》がしばしば親屬となり、親屬がしばしば怨《あだ》となることである。ここを以て僧侶は世俗を捨てて眞諦の道に入り、一切衆生を父母のように敬い、榮華を棄てて佛道を求め、萬人を自身のように親しむのである。平等の心もて親しみを普くする道を行う

　且つ道は淸虛を尙ぶべきであるのに、汝は恩愛を重しとし、法は平等を貴ぶべきを汝は怨親を簡ぶ。惑いではないか。また勢の及ぶところ親を滅ぼすことあるは歴史の事實である。齊の桓王、楚の穆王の如き其の流《たぐい》である。これを以て聖者を誹ることは謬りといわねばならぬ。

九　箴　篇

(1) 周の世、法機なし　伏羲、女媧の二皇『須彌四域經』にいう。應聲菩薩は伏羲となり、吉祥菩薩は女媧となるは敎化を

司りて淳朴の初代におり、老、孔、顔回の三聖（『空寂所問經』にいう、迦葉は老子となり、儒童は孔子となり光淨は顔回となる。）は言教を立てて濁悪の末世に道を興した。幽玄なる恬淡の旨は、黄帝、老子の談るところ、詩書禮樂の文は周公、孔子の教うるところである。浮華を避け質朴を守るは聖となる階梯であり、三畏（天命と大人と聖人の言とを畏る）と五常（仁・義・禮・智・信）は人天の道程である。それらは暗に佛理にも符《かな》うものではあるが、しかし正道を極説せるものではない。されば道を瘖や聾に訪ねるようなもので、方向は示されても遠近が知れない。水先を兎や馬に問うても渡れるというだけで淺深は分らぬようなものである。これに依りて思うに、殷や周の世は釋敎の行われる時機ではなかつたのである。恰も太陽の輝には童子は正面を視ることができず、迅雷のふるうには儒夫は耳を張つて聽くことができぬようなものである。ここを以て釋尊降誕の日、河や池の水の涌き溢れた奇瑞を見て、昭王は西方に神が誕《うま》れたかと懼れ、佛の入滅の日、天日暗く、白虹空にかかる怪異を見て、穆王は西方の聖人が隱れると欣《よろこ》んだということである。（『周書』異記にいう。昭王廿四年四月八日、江河泉水悉くみな泛漲した。穆王五十二年二月十五日、暴風起りて樹木くだけ折れ、天くもり、雲黒くして白虹の怪あり）かかる時代に於ては、いかで葱嶺流沙を越えて化益に浴し、雪山の險を踰えて大法に接することができよう。『淨名經』にいう。見えぬは盲者の過《とが》であつて日月の咎ではないと。されば微妙の道理を説くことは、かえつて汝等の野性を傷うことになるであろう。

⑵　中夏への流傳　漢の明帝より齊梁の時まで諸王、公卿、群守、信男、信女、僧、尼等、心に至聖を感じ、目に神光を覩たもの凡そ二百餘人といわれている。佛陀の遺跡を嵩山の地に現わし、佛像の光を滬瀆《トドク》の水に輝かし、また清臺殿に佛像を安置しては満月の容《みすがた》を見たてまつり、雍門の外に白馬寺を立てて相輪塔の影を仰いだことである。また南平王は奇瑞ある佛像に感應を得、文宣帝は佛牙の渡來を夢に見、齊の蕭王は一度び大佛を鑄て完成し、宋の大宋は四度び佛像を鑄たるも成就しなかつた。かかる例は甚だ多く數え盡されぬことである。汝の無信の目を以て彼の崇敬の人々の心を斥けてはならぬ。

然るに德の備わらぬものなきは涅槃であり、道の通らぬことなきは菩提であり、智の周からぬことなきは佛陀である。その事は此方の漢語で、彼方の梵言を譯することに依りて明らかとなろう。佛陀とは大覺、菩提とは大道、涅槃とは無爲ということである。しかれば汝等は已に終日、菩提の地を踐みつつ、大道は卽ち菩提の異名であることを知らず、形を大覺の境に稟けつつ、未だ大覺は卽ち佛陀の譯名であることを閑《なら》わないものといわねばならぬ。故に『莊周』は「大覺ある者にして始めて大夢を知る」という。それを『郭註』には、覺とは聖人である。それは心に患を懷くものはみな夢であるからといつている。また『郭註』にいう。孔子と子游とは未だ言を忘れて

佛像みずから高山に往つて足跡を殘したことあり、また石佛がトドク河で船に乘せたれば輕いこと羽の如くであつたということがある。

心解するまでには至らなかつたから大覺ではない。故に、知識人は孔子の教も、ここに限界があると見ていると。涅槃の寂光は識の識り得ないところ、智の知り得ないところである。則ち言語斷え、心の行《はたらき》の滅びたところ、したがつて言を忘れるところである。法身は智・斷・恩の三德と常・樂・我・淨の四德とより成れるもので、何物にも累《わずらい》されないものである。故に解脱という。ここに神《こころ》解《と》けて患い息むものがあるのである。されば老子は聖人といわれても、その功績は佛陀に讓るべきものである。何故なれば劉向の古舊二錄を見ると、佛經、中夏に流布して百五十年の後に老子は五千文を說いたと記されてある。それで『莊子』と『老子』とには佛經の影響を受けた跡が見られ、その言教で留意すべきものもあるのである。

(3)　正法の行わるる所　　『正法念經』にいう。人、戒を守らずば諸天は減じ、阿修羅は盛んになり、善龍は力なく、惡龍は勢を加える。惡龍が力あるようになれば、霜や雹を降らし、時ならぬ暴風疾雨ありて五穀は實《みの》らず惡疫は流行して人民は飢え、互に害しあうこととなる。若し人、戒を守れば諸天は威光を增し、修羅は減少し、惡龍は力を失い、善龍は勢を得ることとなる。善龍に力あれば風雨も時に順い、四季も和らぎ、時には甘雨《よき》ふりて百穀の稔りは豐かに、人民は安樂にして兵戈は止み、疫病は流行しない。

⑴　道士の作れる僞經　　道士大霄の『隱書』『無上眞書』等にいう。無上大道君の治は五十五重無極大羅天の中なる玉京の上、七寶玄臺、金床玉机に在りて、仙童、玉女に侍衛せられ、三十二天、三界の外に住在するものである。『神仙五岳圖』にいう。大道天尊は大玄の都、玉光の州、金眞の郡、天保の縣、元明の郷、定志の里を治むるもので、そこに災の及ばぬ所である。『靈書經』にいう。大羅は五億五萬五千五百五十五重の上天である。『五岳の圖』では都は覩であり、太上は大道で道の中の道神である。明君は最も靜を守りて大玄の都に居ると説いてある。『諸天內音』にいう。天は諸仙と樓都の皷を鳴らし玉京に朝宴して道君を樂しましむると。

ここに今、道士玄都觀の『道教目錄』を檢するに宋人　陸修靜に依るとして千二百二十八卷を列ねてある。その中には諸子の雜書は入つておらない。然るに現存の道經は二千四十卷ありて、その中には『漢書』や『藝文志』から諸子百家の書を取りて加えしものが八百八十四卷ある。陸修靜の目錄といつても正本がない。さればそれからが已に僞物である。『玄都錄』にいたりてはまさに僞中の僞というべきである。

また道家に陶朱公の作と稱する『變術經』というものがある。陶朱とは范蠡のことである。越王勾踐に事えて君も臣も悉く吳に囚われ、屎を甞め尿を飲んだといわれている。また范蠡の子は齊に殺された。父すでに變化の術あらば何故にその術で子を救うことができなかつたか。『造立天地記』には老子は周の幽王の皇后の胎内に宿つたものといつている。しかれば幽王の子である。然るに彼自身は周の柱史であるという。しかればまたこれ幽王の臣である。『化胡經』にいう。老子は漢にありては東方朔であつたと。若し其の説が眞實であるならば、幽王は犬戎の爲に殺された時に、何うして君父を愛する心から神符を與えて、君父を死せしめぬようにできなかつたのであろうか。

(2) 正道に歸えれ　武帝の誓にいう。『涅槃經』に説きたもう。道に九十六種ある中、ただ佛の一道のみ正道である。その餘の九十五種は皆な是れ外道であると。朕《われ》、いま外道を捨てて如來に事えまつる。若し三公九卿にして、この誓に加入しようと思わば各々菩提心を發せ。老子、周公、孔子等も如來の弟子として教化を爲せるも、正しいものではなかつた。是れは世間の善であつて、凡を轉じ聖とすることのできぬものである。公卿、百官、諸侯、王族、よろしく僞を反《ひるが》えして眞に就き、邪を捨てて正に入れ。經教『成實論』に説く。若し外道につかうる心重く、佛法を輕んずるものは邪見であり、内・外を平等に思う心は無記であつて善でもなく惡でもないと。しかれば、佛につかうる心強く、老子への心弱きものは是れ清信である。清信とは清は表裏倶に清く垢穢と惑累との盡きたるもの、信は是れ正を信じて邪でないものである。これに依りて清信の佛弟子といわれる。その餘は等しくみな邪見で清信とはいわれない。乃至 老子の邪風を捨てて眞教の法流に入れ。

五　鬼神を祠るな

光明寺の和尚はいう。

よろずの佛　舌をのべ
彌陀に歸せよと勸むるは
法を疑い罪つくり
鬼神につかえ犧牲《にえ》を爲し
恩を求めて福を乞い
かえりていよよ災をうけ
病の床に年を經て
ついには不具の身ともなる
報《むくい》に惱むもののため
いかで邪神を見捨てざる

天台の『法界次第』にいう。一には佛に歸依したてまつる。經に說きたもう。佛に歸依するものは、決して惡道には墮ちない。其の餘の天神に歸依してはならぬ。またいう。佛に歸依するものは、理とに歸依し修習せよということである。二には法に歸依したてまつる。それは大聖の說かれし教と理とに歸依し修習せよということである。三には僧に歸依したてまつる。それは心から出家して正行する賢聖に歸することである。故に經には僧に歸依するものは、永えに佛教の外なる道に歸依することはないと說かれた。

慈雲大師はいう。祭祀の法を天竺では韋陀《いだ》といい、支那では祀典という。是等は未だ世を超えず、實をいえば俗を誘う權方《かりのり》である。

高麗の諦觀法師はいう。餓鬼道のこと、梵語では闍黎多という。この有情は人・天の諸界に行き亘つている。福德あるものは山林や塚廟の神となり、福德なきものは不淨の處にいて飲食ができず、常に鞭うたれ、河を塡《ふさ》ぎ海を塞いで、量りなき苦をうくるのである。諂誑の心あり、輕い五逆十惡を作れるもの、この餓鬼の身となるのである。

神智法師、これを解釋していう。餓鬼道とは常に飢えているものを餓という。鬼というは歸ということ。『尸子』にいう。古《いにしえ》は人の死を名《よ》んで歸人とした。また天神を鬼といい、地神を祇ということである。乃至その形は或は人に似たるものあり、或は獸のようなものもある。心正直でないから、諂い誑くものと名《よ》ばれているのである。

大智律師はいう。神とは鬼神である。その惣べては天か修羅か餓鬼か地獄かの四趣のいずれかに收まるものである。

『摩訶止觀』の魔事境にいう。魔にもそれぞれの部屬はあるが、細分すれば三種となる。一は慢悵鬼、二は時媚鬼、三は魔羅鬼である。この三種の魔の發る相はそれぞれ不同である。

慢悵鬼　修羅人に感觸して惑わすもの、時媚鬼、晝夜十二時に應じて道人を樂しましめ惑わすもの　魔羅鬼、修道者を惑わして善を破り惡を增さしめるもの。

源信『止觀』に依りていう。魔は煩惱によりて菩提を妨ぐるもの、鬼は病を起して命を奪うものである。

『論語』にいう。季路、孔子に問う。鬼神に事うべきか。孔子いわく。事えてはならない。人いかで能く鬼神に事え得よう。

後序

ひそかに思うに、聖道の諸教は行證すでに廢《すた》れ、淨土の眞宗は證道いま盛りである。然るに諸寺の僧侶は眞假の別を知らず、京洛の儒者は邪正の道に辨えがない。これに依りて興福寺の學徒は、太上天皇後鳥羽の院尊成 今上土御門の院爲仁 の聖暦、承元丁卯仲春の上旬に、念佛禁止の訴をせるのであつた。而して主上も臣下も法に背き義に違うて忿を成し怨を結ばれたのである。これに依りて眞宗興隆の大祖、源空聖人、幷びに門徒の數人は、その罪狀を吟味せずに死罪となり、或は僧の資格を奪い俗名を附せられて遠流せられることとなつた。予も其の一人である。しかればもはや僧でもなく俗でもない。故に禿の字を以て自稱とするのである。

師聖人と弟子たちは、邊鄙の配所にあること五年、皇帝佐渡の院守成の聖代、建暦辛未歳、十一月十七日、勅免により師は歸京せられた。それ已後は京都東山の西の麓、鳥部野の北の邊なる大谷に居住せられたが、同二年壬申の正月廿五の午時に入滅せられた。その時の奇瑞は稱え盡されない。悉しくは別傳に記されてある。

然るに愚禿釋の鸞は建仁元年辛酉に雜行を棄てて本願に歸し、元久二年乙丑には『選擇集』の書寫を恩恕《ゆる》され、同年の七月十四日『選擇本願念佛集』という内題の字と、並びに南無阿彌陀佛、往生之業念佛爲本と、釋綽空という文字とを師自の手で書いていただいた。その日また師の眞影を圖畫することをゆるされ、同二年閏七月廿九日には、その眞影の銘として南無阿彌陀佛と若我成佛、十方衆生、稱我名號、下至十聲、若不生者、不取正覺、彼佛今現在成佛、當知本誓重願不虛、衆生稱念必得往生という御文を直筆していただいた。また夢の告により、その日、綽空の字を改め、御筆を以て善信と書いていただいた。それは本師聖人の御年七十三歳の時であつた。

『選擇本願念佛集』は禪定博陸月輪殿兼實法名は圓照の教命《おおせ》により撰集せられたものである。眞宗の簡要、念佛の奧義はこれに攝まつている。それを見れば何人にも諭《わか》り易い。誠に是れ希有最勝の華文であり、無上甚深の寶典である。されど長年《ながねん》の間、聖人の教誨《おしえ》を蒙れる人は多いことながら、親疎に拘らず、この書の見寫を許された者は甚だ稀である。然るに今已にその書寫をゆるされ、また眞影も圖畫せるのである。これ專心念佛の德であり、また決定往生の徵《しるし》とも思われて忝けなく、よりて悲喜の涙をおさえて、由來の縁をしるせることである。

慶ばしき哉。心を弘誓の佛地に樹《た》て、念を難思の法海に流すこと。ここに深く如來の矜哀を知り、良に師教の恩厚を仰ぎ、慶喜はいよいよふかく、至孝の念はいよいよ重きを覺える。これに依りて眞宗の詮《かなめ》を鈔《しる》し、淨土の要を集めた。今はただ佛恩の深きを念うのみで、世人の嘲を恥としない。さればこの書を見聞するものには、信順の因となり、また疑謗も縁となつて、願力を信樂して安養の妙果を得ることであろう。

『安樂集』にいう。眞言を採集して往生の利益を助け修めしめよう。それは前に生るるものは後を導びき、後に生るるものは前を訪い、連續して窮りなからしめ、以て無邊の生死海を盡さんがためであると。

しかれば末代の僧俗、仰いで信敬すべきである。

『華嚴經』の偈にいうよう。

道を行うさまを見て
敬う心ある人も
そしる心の人もみな
聖者はおさめ容るるなり

領解

福徳の法藏

邪教に隨うものは現世の福のみを求めて永生の德を顧みず、佛道を學ぶものは德を專念せねばならぬにも拘らず福に迷うている。いつの時代も同じ悲しい事實である。これによつてその人間を導く爲に釋迦は福德の法藏を開かれた。それは德は必ず福を感じ、福は自から德に就くようにとの彌陀の願から顯われたものである。一般に淨土と思念されているものは、この願に依りて現わされた福德の世界である。

福を德の報として要求するものは罪福信といわれ、その要求を支持するものを道念といわれている。さればその道念は卽ち罪福信であるといつてもよいであろう。

その道念に依つて淨土は來世に期待せられた。而して其の期待の誤りなきことを現證せしめるものは臨終の正念である。それは顧みて生涯に悔なからしめたい願に依るものである。

われらの道徳は果して淨土を期待し得るであろうか。廣大なる淨土を感得すべく我等の道徳は餘りに貧弱である。それ故に淨土を願うこころ眞實ならば、道徳を超えて佛智の不思議を信ぜねばならぬのであろう。

然るに其の佛智を信ずることは甚だ難い。人は常に其の小善を執し其の微徳に著するのである。したがつて其の期待する淨土も疑城胎宮であり、邊地に懈慢するものに他ならぬのである。

道徳を超ゆるとは道徳の限界を知ることである。それは道徳を盡すものにのみ身證せられることであろう。ここには道念なきものは淨土を求めず、道徳に執《と》らえられるものは淨土を感じないという矛盾がある。この矛盾を解く方便として臨終現前の願が立てられたのであつた。

さらば身を生涯の終りに措いて回顧して見よう。果して道徳として頼むべきものがあるであろうか。罪障懺悔のみが胸に滿つるように思われることである。ここを以て「定散の機は、すべて極重悪人と信知して、ただ彌陀を稱せよと勸勵せられた」方便の願の背後には、深く眞實の願が潜められてあるのである。

福を徳の報とするものは七寶の宮殿に生れると說かれた。七寶の宮殿には何の不足もないであろう。されど其の人は解脱の法を見聞しようとは思わない。それ故に無邊廣大の世界に出ることができぬであろう。また罪福信には自を是とし他を非とするの餘習が除かれない。それ故に胸襟を開いて萬人を同朋とすることはないであろう。その限り淨土の邊地に在るものである。

涅槃を願わないものは佛智を疑惑するものである。罪福信に反省のないのは、即ち佛智を信じないものである。その疑惑を悔いて自責することは容易ではない。經には「五百歳を經」と説かれてある。しかしその疑に閉じられている時は、また疑を解くべく育てられる時である。

『觀經』の教意

彌陀の本願は純粹なる佛心の表現である。人間の至誠を超えた如來の眞實である。それは人間の道念にも無明あるを照覽しての大悲心である。

釋迦の教説は、その人間の道念を尊重しつつ、その心に如來の大悲を思い知らせようとするものであつた。これに依りてその教説は自から含蓄的となるのである。それは道念を誘導しつつ佛心に歸せしめようとするものである。

『觀經』はこの意味を有つ教説である。それ故に方便教といわれる。方便とは眞實を内含し、眞實を暗示するものである。これ即ち「顯」説に於て隱密の義が「彰」わされているということである。

墨を以て新綠を畫く。顯われたものは墨色であつて、彰わされたものは「靑さ」である。そこに畫家の力量があるのであろう。されど常人は其の妙を感じない。

父母に孝せよと教えて、父母の慈愛を知らしめようとする。教師の心境には深いものがあるに違いはない。されど其の眞意を知らないものは、ただ孝の行にのみ執えられるものである。

『觀經』には定・散の二善を說いて佛心を知らしめようとせられた。それは觀念と福德との限界を契機として大悲の佛心に徹せしめようという敎意である。

顯彰の方式。淨土を欣《ねが》えよと勸めて大悲の願心を信樂せしめたもう。第一の方便心である。往生の心を決定せよと敎えて、如來の本願に疑いなからしめられる。第二の方便心である。經說の如く行えと規定しつつ、かえつて其の成り難きを思い知らせたもう。第三の方便心である。

かくして凡夫の願心を飜えして佛願に歸せしめ、自心の決定し難きを知らしめて佛智を仰がしめ、自力の行の成らないことを覺りて他力の有難さを思い知らしめたもう。この『觀經』の敎說に於て釋尊は、正しく人間に生れられた如來である面目を彰わされたのである。

眞實を求めて虛僞の離れがたきに徹する。その虛僞を痛感する身が、如來の願心を信樂せしめられるのである。さればそこにはまた「眞實を求めた心」も機緣となつているのではないであろうか。

韋提希の要求に應じて定散の道を説きたまいしも、これに依ることであろう。それは人間の良識に應じつつ、如來の願心へと誘導し轉入せしめたもうものである。

修行もし法の如くならば、その功益あること疑いはない。されど其の如法ということは甚だ難いことである。結局は機根に應じて其の身證も別となり、法の如く一味となることはできない。それ故に修行は根機に順うことを以て滿足せねばならない。しかし根機に順うことは自身を策勵することであるから、到底、不安を免れぬであろう。

如法の眞、應機の實、共に成り難い。人間の悲しさである。

「如來は卽ち眞實、眞實は卽ち如來」と教えられた。されば自利眞實とは、自身に於て如來の眞實を行い現わそうとすることに他ならぬであろう。それ故に淨土を願うものは、如來の如き心を以て修行せねばならない。自他の善根を共に廻向するということもこれに依ることである。

その修行の成り難きことに於て、血の涙の懺悔を爲し、而して其の懺悔の心に於てまた修行を勵むのである。そう爲さねばならないのである。しかし其の限りいかに懺悔しても懺悔は徹底せず、いかに修行しても修行は滿足しない。

ここに善導の生涯を思い、また宗祖の比叡時代を偲ぶ。尊くもまた痛ましきものを感ぜずにはおられない。顧みて我身の求道心の眞劍でないことを恥じるのみである。

念佛のみが涅槃への正行である。それは自身を大悲の光明の裡に見出さしめ、如來の本願の正機であるを思い知らしめる。これ卽ち如來の利他眞實である。

これに依りて定善も本願を思い浮べしめる緣となり、散善も念佛の有難さを知らしめる緣となる。而して定善も散善も共に一如の淨土へと往生する機となるのである。

初めから至誠を盡す心なきものには、眞實の成り難きを示す教說も意味を有たない。觀念も修行も徹し得ないという表白は特に愛憎の離れ難きを悲しむ身にのみ痛感せられることである。幾度も凡夫の眞實は畢竟これ虛僞であることを說きたもう宗祖の心境には、身に迫りて胸うたれるものがあるのである。

修善の諸相

大悲の願心は「眞實から方便へ」と現われ、應化の教意は「方便から眞實へ」と導きたもう。これ即ち方便なしには眞實に歸入することができぬからであろう。これに依りて方便は淨土の要門といわれるのである。

それ故に歸するところの眞實は一であるが、應ずるところの方便は種々あることとなるであろう。ここに正行・助業・雜行の別も說かれ、ついには八萬四千の法ともなつた。されど、それらは畢竟、定と散との根機に應ずるものに他ならない。

したがつて方便の意義は、種々の行法と定散心との對決に依て身證せらるべきものである。

定善とは慮を息め心を凝らすことであり、散善とは惡を廢し善を修することであると敎えられた。それは息慮凝心の難きに依りて定心の徹底せぬことを思わしめ、廢惡修善の難きに依りて善心の成就せぬことを知らしめるものである。その心すでに散亂する限り、修善というも虛僞不實であることを免れない。自力の心では到底救われない所以である。

佛前に坐しても心は散り、經を誦しても想は飛ぶ。それは恐らく修道に專一であつた親鸞の深い悲しみであつたのであろう。

正行と雜行、それに對する專修と雜修、さらに專心と雜心との明細なる分別も、悉く是れ比叡修業の時に於て經驗せられたことに違いはない。

「立ㇾ相住ㇾ心すら得がたいことである。況んや相を離れて事を求むることは、通力のない人が空中に舎を立てようとするようなものである」といわれた。凡人の自覺に徹しての言葉である。

自力では覺られないということは、此世では聖者とはなれないということである。それ故に浄土の證を期することは、卽ち本願他力を信樂することでなければならない。

したがつて、此世で覺ろうとするものは、彌々自力の成就しがたいことを思い知らしめられることであろう。これに對して他力本願を信樂する身には、常に浄土の光の照護が感ぜられるのである。

いかに我卽佛といい、娑婆卽浄土という道理を説いても、事實は常に其の識見を破壊している。これに依りて漸次の修行を志しても、貪愛の心は一擧に其の功を空《むなし》くし、瞋憎の心は忽ちに退轉せしめることあるを何うすることもできない。自力聖道を成就することのできない人間である。

それ故に浄土を願うといつても、往生してのち修行しようということであれば、それは眞實なる如來の大悲を知らぬものといわねばならない。

「本願を憶念し、ただ佛名を稱念して、自力の心を離れる」こと、その法に於てのみ、生死を横超する道があるのである。

この世を厭うて淨土を欣うということは、凡夫の情に過ぎぬことであろう。その凡夫の情に應ずるような世界は實在せぬということは、正しい道理であるかも知れない。

しかし欣慕の世界を否認することは、人間の道に就て何ごとをも教うるものではない。凡夫の情に隨いそれを導びきつつ、眞實の境地を證せしめたもう。その方便こそ深い意味のあるものではないであろうか。

淨土を欣慕しつつ、念佛し來れる傳統の有難さが感ぜられる。

『小經』の教意

稱名念佛は敬虔感情の發露であるから、人間生活の基本となる。したがつてその念佛に依りて善も善となり德も德となるのである。されば念佛は善本であり德本であるということも、素直に信知せられることである。

されど稱名に於て大悲の願心を信樂するということは容易ではない。洵に念佛を他にして大悲の願心を信樂する「法」はないのであろう。されど其の法を行えば、必ず願心が信樂せられるとは定まつておらないのである。

その不定を正定ならしめようとの願から果遂の誓は發された。それは念佛するものには必ず眞實の信心を獲せしめたいという大悲心である。

善本・德本と信知して稱名念佛する。その信知は罪福を信ずる心といわねばならない。人間の業苦の悲しみに於て念佛せしめられる。その稱名は卽ち是れ大悲招喚の聲である。

念佛の至境には自他の距てはない。それは佛々相念の境地を思い知らしめるものである。佛を念じて佛に念ぜられることを知る。これ卽ち稱名に依りて本願を信樂せしめられるものである。しかればその本願を信じての稱名に自の念佛、他の念佛という距てはないであろう。されば自他を距てる心を慚愧せしめるものこそ念佛であらねばならない。

稱名によりて念佛は身に卽くものとなる。それ故に稱名は念佛を妨ぐるようなものであつてはならぬであろう。「稱」とは「名」に親しむことである。

如來の廻向としては必然なる信心も、凡夫の獲得としては偶然である。これ卽ち大信心海は佛力より發起するものであるから甚だ入り難いと說かれた所以である。されば希有最勝であることが、卽ち難信難入であることである。

されど念佛を耳にして本願の敎を聞く。それより他に信心を獲る法はない。したがつて我等は、その法に順いつつゆくの他はないであろう。「良に教は頓なるも機は漸である」と説かれたのも、その意であろうか。

ここには「眞實の信心には必ず名號を具す」という身證と「名號には必ずしも願力の信心を具せない」という反省との不離なることが思い知られることである。

淨土へは佛力の「法」で生れられるから、まことに往き易く、信心は佛力が「機」の上に受容せられるものであるから甚だ獲がたい。その獲がたい信心に依りて往き易い道理を喜び、その往き易い淨土を思うて、獲がたき事實を悲しむ。それが念佛者の生涯である。

眞實信心の獲がたいことを諸佛の證誠によつて思い知らしめられ、諸佛の證誠によつて眞實信心を獲得せしめられる。信心の獲がたい道理は卽ち信心の事實となるのである。

諸佛の勸めに依る信心は、卽ち諸佛の信を受容するものである。故に信を得るものは諸佛と等しといわれるのである。

自力の信は人間の心である。それ故に罪福の拘りを離れることができない。したがつて其の受用する世界は有限であることを免れぬのである。その人はたとえ佛法を論説しても、すべて邊地懈慢にあるものである。

他力の信は如來の心である。それ故に本願の大悲が内感せられるのであつて、凡心に執持せられるものではない。したがつて其の功德は甚深微妙であり、其の利益は廣大無邊である。

難信の法

本願を信受することは善知識の敎に依るの他はない。如來の正法は人智の量り得るものではないからである。然るに人は師敎に順わず、自見の思想に依りて本願を信じようとする。これに依りて彌々信を遠ざかる。悲しむべき事實である。

信心とは善知識の敎を奉行することである。その行人の智愚にはかかわりはない。これに對して邪見とは自身の意見を執することである。したがつてその思想の是非に拘らず、自見を執するものは、すべて邪見といわれるのである。

普遍の道理を傳統の敎證として感知する。その人は道と得道の人との一體であることを信ずるものである。その信はやがて其の人をも得道者とならしめるであろう。

妥當の立場を共許の論理の上に見出そうとする。その人は得道の人の有無に拘らず、道ありと信ずるものである。その論理は彌々精密にして、その內容は彌々空疎とならざるを得ぬのである。

自見を執するものは、たとえ其の人は意識しなくとも、名聞と利養とを離れないものである。眞實に謙虚なる求道者ならば、必ず師教を仰ぐものであらねばならぬ。

師教を奉ずる者は、業苦の中にあつても、道を見出すことができる。自見を執するものは、賢明であればある程、種々の思想海に沈みては出で、出でては沈むことであろう。業苦の中に流轉輪回する根本は自見の執に依ることである。

道と道人とは離れたものではない。それ故に佛・法・僧は一體である。佛法を體して僧といわれる。僧を外にして佛法はない。善知識とは、その佛法を體とする僧である。

佛法を信じて僧を信じない。その人は知識を重んじて傳統を尊ばないものである。しかし傳統のないところには生ける佛法はないであろう。したがつて善知識を信じないものは眞實に佛法を身證するものではないのである。

佛法を信受する爲に、知識に課せられてあることは、ただ限りなき自己否定である。四句百非を絕することである。これ卽ち聖道に卽非の論理の用いられる所以である。

これに對して淨土の敎は、卽是の身證を以てせられる。如來卽是眞實、眞實卽是本願、本願卽是大悲心、大悲心卽是信心と限りなく佛法の德を受用せしめたもう。

自見に依るものにも安住はあり得よう。されど、それは有爲の涅槃であつて、常・樂・我・淨の德がない。無爲の靜寂は師敎に依りてのみ身證せられる。その人は眞實に常・樂・我・淨を內感し得るのである。

畢竟これ自見に依る思想は、この世に拘わるものであるからであろう。これに對して師敎は常に永遠の眞實を指示するものである。

業苦の身に引き當てて本願の敎を思う。その御語には大悲の軟さが感ぜられる。現世の執著にかて淨土の敎を聞く。そこには訶責の響があるようである。

ここに我等は、善知識の敎に親しみつつ、常に嚴肅なる態度を取らしめられる。軟語と呵責と畢竟これ一つの御意《みこころ》であるからである。

念佛しながら自力の心の離れないものは、慶喜の心なく、佛恩報ずる思いが無いと說かれた。これこそ已に正法を見出せるものの、特に深い悲しみである。恭敬の心を以て善知識に近づける身も、いつかは雑縁に亂され、名利に執えられ、我執に覆われているのである。良に傷むべく歎くべきことである。

我は已に信あり、彼は未だ信に入らないという。そこに自心を執するものがないであろうか。それがどうして眞に大悲の願心に相應するものといえよう。

「本願の名號を自身の善根と思う。」故に內に潛む疑惑の心は省みられず、我慢勝他の情も伴ているのである。それは今に始まつたものではなく、永劫に我等を流轉せしめたものである。その永劫流轉の迷心が念佛する身にも離れずにおるのである。

されば名號を稱念する身の喜びは、つねに素直に聞法を樂しむことであらねばならない。

聞法の初めありて獲信の時がある。これに依りて「愚禿釋の鸞、建仁辛酉の曆、雜行を棄てて本願に歸す」と自敍せられた。獲信の時ありて聞法に終りがない。これに依りて「今、特に方便の眞門を出でて選擇の願海に轉入す」と表白せられる。かくして念佛相續は常に信の一念へと立ち歸えらしめるのである。

しかるにそこに立ち歸りて見れば、求道といい聞法というも、すべては如來のおんはからいであることが思い知られる。「ここに久しく願海にありし身」の喜びこそ、まことに究りのないことである。

時機の勘決

釋迦、この世を去りて二千餘年、僧俗共に道心を失い、久しく教法に反いている。この時機に於ては、行證を要とする聖道の説は用を爲さない。今日に於て熾烈の道念を求むるは、濕れる木から火を求むる如く、大悲の人を求むるは、乾ける薪から水を求めるようなものである。悲しむべき濁世である。

さればこの悲しい濁世の爲に用意された經説のみが、眞實に我等の救いとなるものであらねばならぬ。

眞實の「法」を説くものは佛である。それ故に佛教を受行する我等は、法に依りて人に依らないことができる。したがつて其の法を領解するにも「義によりて語に執えられない」こともできるであろう。また其の義を會得するにも「智に依りて識に依らない」ことにもなるのである。その智は凡智ではなくて佛智であることは明らかである。されば佛智の不思議を説く、その經のみが了義經といわれるのであろう。淨土の教は其の了義經である。

経道の廢頽は今日の知識人の批判を俟たず、已に如來に依りて滅盡の時機を說かれてあつた。それは何という悲しいことであろう。しかれば曾ては戒・定・慧の堅固であつた時もあつたのであろうか。「寺院を造り福德を修め懺悔の心を表わすこと」の隆んなる時代もあつた。されど今、僧侶の上にあるものは名聞・利養のみであつて、寺院もやがて廢墟となりゆくのである。

その法滅の暗夜に、廢墟の上に立ちて、靜かに合掌念佛せしめられる。不思議や、末代濁世に於て彌々其の永遠眞實なるを思い知らしめられる大悲の教法が在《まし》ますのである。

末代は濁世であり、濁世は末代の感を與うる。今日の我等に取りては、末代と濁世とは、畢竟これ同義語である。

しかれば我等は、濁世に生れた悲しみを轉じて、時機相應の法に遇いし喜びを深くすべきであろうか。

これ卽ち法滅の時に生れて、法興の機とならしめられる感激である。

教ありて行證する人がある。それを正法の時という。教に依りて行うも證る人なき、それを像法の時という。ただ教のみありて行證する者なき、それが末法である。

この說に依れば、證れる僧侶の存在が世の光となるは正法であり、行う道人が世の指導者であり得るは像法であり、ただ敎のみで世を救う法の要求される時は末法である。

正法には持戒の僧あり、像法には破戒の僧多く、末法にはただ無戒名字の僧のみとなる。この説に依れば、その存在が世の光となるものは、眞の人格者であり、その行いが世の指導となるものは道念の人であるということになるであろう。また無戒名字の僧に求められることは、ただ身の善悪を顧みず、偏えに眞實の法を傳うることである。

今日に於て世を誤るものは、自身に指導力ありと自任する者である。特に恐るべきは自身の存在を以て世の救いとしようとする誇大妄想者である。無戒名字は悲しむべきも、その悲しむべき愚悪の自覺に於て、誇らず僻まず如來の正法を受行し得るであろう。末代濁世には有る筈のない人格的指導、聖者としての存在を以て自任する者は、ただ自害害他するのみである。

無戒名字の僧あるをゆるされることは、無戒名字の僧こそ末代濁世に於て佛法の用に立つものであるからであろう。しかし已に無戒である限り在家と簡ぶところはない。何故に名のみの僧を要とせられるのであろうか。

それは恐らく親鸞も答えることができないものであつたのであろう。その答うることのできない悲しみを身に體しつつ、本願念佛の教は弘められたのである。

邪教の批判

一　佛弟子の道

念佛者は天・神に歸依してはならない。これ大悲の恩徳を感ぜるものの自然の情であり、智慧の光明に照らされたものの嚴肅なる道である。

それ故に、それは知識的に天・神の存在を否定するものではなく、また教權的の律法とするものでもない。偏えに念佛者の自覺の道とするべきものである。

二　鬼神の護持

諸天と鬼神とは、佛法に歸依し佛法者を護持せられるものである。されば念佛者は、その護持に感謝しつつ佛法を行うべきである。然るに念佛しながら、諸天と鬼神とを祭祀するものは其の心が佛法に專一でないから、かえつて天・神の護持に反くものとなるであろう。

天神・地祇も「機」となりて佛「法」を受持せられる、その眞義に達しない人は禍福に惑わされることであろう。それ即ち諸天と鬼神とに繋縛されているものである。

悲しき日も念佛してあれば善神も敬伏したまい、好き日も大悲を仰げば惡魔も障碍することがない。ここに吉き日も凶き日も、大いなる惠みの日として感知せられる。洵に無碍の一道である。
自然の現象を以て、神々の支配とする思想は到底支持することはできぬであろう。されどそれに依りて「我が上に星辰の天あり、我が裏に道德の法あり」という感情はかえつて純粹にせられる。されば諸天の護持を說いて佛法に專心ならしめようとする經說も、旨趣洵に深いものがあるようである。

天・神・鬼・魔に於て吉凶禍福を見る。畢竟これ吉凶禍福に於て天・神・鬼・魔を見る人間の心である。それ故に其の人はやがて其の祭祀する如き天・神・鬼・魔となるであろう。そこに陰鬱奇怪なる世界が作られるものである。邪道の盛んなる時代は、百鬼夜行の時代である。
飜つて其の天・神・鬼・魔と稱せられるものの眼から、吉凶禍福に惑う人間を見れば、いかなることになるであろうか。天・神・鬼・魔の佛法歸依を說きたもう敎旨、偏えに人間の自覺を喚起するにあるのである。

人間の興味も罪惡も、賭博を以て究極とするということである。然れば邪敎の信仰は賭博の心に属するものであろうか。神々と賭事をして僥倖をかち取ろうとするのである。それでは眞の幸福を得ないことは言うまでもなく、徒らに生活を昏迷ならしめるのみである。様々の禁忌に執えられて、喜憂に度を失い、その結果は道徳感情を消沈せしめ、人間性の失格に終るのである。念佛でなければ人間を人間にするものなく、正法でなくては世界の平和はあり得ない。ただそれに依りてのみ、眞實の智慧はあり得るからである。

業感の世界では自然も人間生活を象徴するものである。しかれば念佛者のあるところには日月も清明であり、風雨も災害を感ぜしめぬことであろう。神々が在すとすれば、信心の行者ありてこそ、人間を守護するの喜びを感ぜられるに違いはない。「念佛者は無礙の一道」であり「信心の行者には天神・地祇も敬伏」せられることは、これに依るのである。

冥界の神々には顯界の人間と運命を同うするものがある。人、戰う時には神々も戰うということである。しかれば人間を救う法こそは、また神々を救うこととともなるのであろう。佛教にはそのように考えられて來たものもあるのである。

道教批判

その教祖は玉女に誕生したもので、父母の產出したものではない。それ故に死はなく、ただ姿を隱したのみであると說く。これ教祖を「神人」とする邪教の共通思想である。左腋から誕生したということも、それを修飾するものに他ならぬであろう。

佛陀の生死には、何等の常道に異るものはない。ただ其の教法の眞實なることに於て、其の人格の德もまた廣大にて在すのである。

人爲の義理を超えて自然の大道を尊ぶ道教には、佛說に似たるものがある。しかし彼は親屬の死に際して歌う虛無思想であり、此は萬人を世々生々の父母と內感する人間愛を有つ。雲泥の差である。

されど、それは直に儒教と佛說とを同意とするのではない。五常の倫理を說いても、生死の大覺なきものは、道德の依て立つところを究めぬものである。したがつて孔子教の心で佛說を知ろうとしても、「太陽の輝きには童子は正面に視ることができず、迅雷のふるうには儒夫は耳を張つて聽くことができぬ」ようなものであろう。智見の廣狹である。

神人の通力に依る奇蹟を說く、邪教の通說である。その證明は偶然を必然化しているに過ぎない。ただ利益の有無を信徒の責任に轉嫁するのみである。

父母・兄弟・親族の恩愛は美しく好ましいものである。その倫理を說く教は尊ぶべきものに違いはない。されどそれには他人・怨家等が相對せられてあることは悲しいことである。人間の業緣を思えば、愛緣は深いことであるが、憎緣もさらに深いものがあるようである。「怨がしばしば親屬となり、親屬がしばしば怨となる」その怨親の彼方に一如の眞實を見ようとするもの、それが佛法である。

その教説を押して佛法は倫理に違うというのであろうか。されどその佛法がなければ、倫理というものは、爭の本となることを免れぬであろう。

內なる煩惱に應じて外なる誘惑の魔手が動くのである。この眞相を知らなければ天神も惡魔となる。この事實をさとれば「魔界外道も障碍する」ことがない。されば神々をして眞に神々であらしめる道は念佛の他ないのである。

後　序

吉水の教團は解散して念佛は全國のものとなつた。師弟の流離は悲しいが興法の緣となつた喜びは深い。その悲しみの心は、當時の僧俗の無法を歎かずにはおれぬことであるが、その喜びの心はいよいよ師教に遇える感激を新たにする。

思えば初めて師教により「雑行を棄てて本願に歸」したのは親鸞二十九歳の時であつた。次で『選擇集』の書寫をゆるされ、さらに眞影と共にその銘文を賜わつたのである。その『選擇集』こそは今、親鸞に『教行信證』を作らしめたものであつた。

顧みれば親鸞は佛法を總合することを以て智慧とし、念佛を選擇するは凡情であると迷うていたようである。されど師教によれば總合の智慧を賴むものは人間の自力であつて、念佛を選擇するものは如來の本願であつた。この眞理は師教に依らねば永遠に知ることのできなかつたものであろう。この感激はいかに語つても語りつくしえない慶喜である。

「慶ばしい哉。心を弘誓の佛地に樹て、念を難思の法海に流す。」その佛地は曾て宿業の大地であつた。その法海は長く生死の海として浮沈せねばならないものであつた。しかるにその宿業の大地は弘誓の佛地となり、生死の海は光明の廣海と轉じたのである。この佛地に樹てる心は業緣の風雨も搖がすことができず、この法海に流れる念は、いかなる不安も妨げることができない。これ偏に師教の恩德であることを思えば、ただ悲喜の淚あるのみである。

親鸞は師教の據るところを學問として研究するものではない。『教行信證』はただ『選擇集』に對しての領解を記せるのみである。したがつて識者の眼からは、いろいろの非難もあることであろう。佛恩の深きことを念う身は、その世人の嘲を恥ずるものではない。ひとえにこの書を見聞するものは信順も疑謗も同一佛道への機縁となれかしと思うのみである。時代の人々に容れられなくとも、傳統の流れは盡きることはない。而してその傳統の流れはいつか全人類を同一念佛の道へと歸入せしめねば止まぬであろう。これ洵に佛教徒の盡きせぬ願である。

あとがき

この口語譯は『教行信證』をもつと自他に親しめるものにしたいという願いから、着手せるのであつた。しかるに思うて見れば、この願は已に本來は漢文である原典が、一般には延書にして流布されることにも現われているのである。しかればこの口語譯も畢竟は延書のこころを徹底しようとするものに他ならぬものであつた。

それについて先ず心がけたことは原文の訓讀の難かしさと文章の煩わしさとをいくらか緩和することである。『教行信證』の大部分は經・釋の文を編集されたものであるが、その經文には親鸞に覽られたものを現流の本に參照することに依りて訓讀を容易ならしめることのできるものがある。また七祖の釋文にしても『十住論』『論註』『觀經義』の類は、それが註釋書であるという煩わしさを解くこともできるようである。さうしてそれらの操作は原典の意を損することはないであろう。それだけのことは私にも略々爲し得たように思うのである。

されど譯文をもつと平易にということになれば、原典の漢文調を純粹なる國語調にうつさねばならぬのであろう。しかるに漢文の字句にはそれぞれ獨得の味があつて、その語感を失わずに口語とすることは甚だ難い。つくづくと語學の力量の足らないことを感ぜしめられた。したがつてこの口語譯には、依然として漢文口調が殘つているといわれることであろう。されど不足の力量を以て强いて口語に移そうとすればかえてまた原典に對する親しみを失うように覺えることもあつたのである。

私には更に佛教の專門語といわれているものを意譯して見たいという願があつた。佛とか淨土とかいう言葉を使わずに眞宗の敎を說けと要求されている時代である。しかれば本願といい廻向という言葉も意譯し得ないことはないのであろう。されど言葉そのものに傳統的な意味が內含していることを知つているものには、それはできない。ここにどれだけの言葉はそのまま傳えられねばならないか、またどれだけの言葉は意譯してもよいかという問題があるのである。

これに對して私は二つの方法を取つた。一つは原語をそのままにして振假名により、いくらか意味を現わそうとしたのである。それは多含の意味をその所に相應するようにと思うてである。例えば廻向を或いは「めぐみ」とし「たまわる」とし「あらわれ」とせる類である。尤もその他に難解の文字や紛れ易い言葉に振假名せるものもあつた。それはただ原文の語感を惜しんだからである。

もう一つの方法は一つの言葉をいろいろに意譯せるのである。例えば菩薩を或る所では道人とし或る所では聖者とし、また「ひじり」とせる類である。そうしてこれに對して聲聞・緣覺というものを惣べて賢者とせるのであつた。佛教の用語例からいえば聲聞道にも菩薩道にも、凡・賢・聖があるのであるから、この意譯は無理といわれるかも知れない。しかし私の感覺としては、世捨人を賢者とよび、教化者を聖者とよびたいのであつた。しかるにこの譯語も終始一貫することができず、時には聲聞・菩薩の語をそのまま用いた所もあるが、その止むを得ないものであることは讀む人におのずから了解していただけるものと思うているのである。

かような意圖に依つて、この口語譯は作られた。されどそれは勿論『教行信證』の教説そのものを平易にするものではない。眞宗の教を平易にという要求には、別の方法が採らるべきものであろう。口語の意譯にそれを望むことは無理なことではないであろうか。われらの行く道を明らかにする聖教は通俗的のものではない。われらはただ聖教に依りて開かれた眼によりて翻つて聖教を領解するの他ないのであろう。それが私にとつても終生の行であり、また喜びである。その願から各卷に感想を交えての領解を添えることにした。それが口語譯の本意でもあつたのである。されど記錄せるものを省みれば本文を略解したに過ぎないものか、また別の言葉で意譯したまでのものが多いようである。今さらに心の貧しさと感じて、ひたすらに聞思の相續を期する他ないことである。

されどまた思いかえせばその略解も意譯も畢竟は原典の教意を現わそうとせるものであつた。しかれば、それはそれで十分の意味を有つものであろう。感想や反省にはかえつて私意のものが多いかも知れない。その意味においてこの領解も口語譯の願を滿たす用に立つてくれるであろう。ひとえに同法の證成を待つ他ないことである。

　この口語譯は已に數年前に一應つくり終つたのである。されど譯文の生硬であることも感じ、誤譯もあろうかの不安もありて、筆削を名畑應順氏にお願いせるのであつた。ところが氏はそれを快諾し、綿密に原典と照合して修正を施されたのである。その時間を惜しまないでの御協力には深く感激せしめられた。その意味に於ては當然これは氏との合譯とすべきであろう。されど合譯ということになれば、また初めから練り直さねばならないものがあることは明らかである。またこれで十分というものではなく、いずれ大方の是正を待たねばならぬものであることも間違はない。それで私ひとりの名にしていただいた。なお氏の筆削を得たのは證巻までであつて眞假二巻は私の原稿のままである。それが或は前後の不相應を感ぜしめることになつたであろうか、いずれ衆智を集めての決定譯が出るということにもなるであろう。その時の材料ともなり參考ともなり得ば、この口語譯の願も達せられることである。

　こうしていよいよこれが世に出ることになると、また喜びを新たにするものがある。その初に「自他の爲に」といつても、畢竟は老後餘生の自娛樂に過ぎぬものであつた。しかるに今になつて見れば宗祖の七百回の御遠忌も間近である。しかればこれはまた終生の道を開いていただいた聖人の宏恩に報う記念ともしていただけることであろう。その有難さは身に餘り、生き長えし喜びも深いことである。

昭和三十四年八月二十日

金子大榮識

著者略歴

金子大榮（かねこ　だいえい）

1881年新潟県高田に生まれる。真宗大学卒業。1911年浩々洞の雑誌『精神界』の編集担当。東洋大学教授、真宗大谷大学教授、広島文理科大学講師、1951年大谷大学名誉教授に就任。1976年10月20日逝去。

主書『金子大榮著作集』（春秋社）、『金子大榮選集』（コマ文庫）、『四十八願講義』『金子大榮　歎異抄』『金子大榮講話集　全5巻』『正像末和讃聞思録』（いずれも法藏館）など多数。

新装版　口語訳　教行信証　附　領解

一九六一年　七月一〇日　初　版第一刷発行
二〇二一年　三月一五日　新装版第一刷発行
二〇二三年一〇月二〇日　新装版第二刷発行

著　者　金子大榮
発行者　西村明高
発行所　株式会社　法藏館
京都市下京区正面通烏丸東入
郵便番号　六〇〇－八一五三
電話　〇七五－三四三－〇〇三〇（編集）
〇七五－三四三－五六五六（営業）

装幀　山崎　登
印刷・製本　亜細亜印刷株式会社

ISBN 978-4-8318-6578-6 C1015